中国社会科学院学部委员专题文集
ZHONGGUOSHEHUIKEXUEYUAN XUEBUWEIYUAN ZHUANTI WENJI

古巴模式的"更新"与拉美左派的崛起

徐世澄◎著

中国社会科学出版社

图书在版编目(CIP)数据

古巴模式的"更新"与拉美左派的崛起/徐世澄著. —北京:中国社会科学出版社,2013.1

(中国社会科学院学部委员专题文集)

ISBN 978 - 7 - 5161 - 1753 - 8

Ⅰ.①古… Ⅱ.①徐… Ⅲ.①古巴—研究—崛起 Ⅳ.①D616

中国版本图书馆 CIP 数据核字(2013)第 003957 号

出 版 人	赵剑英	
出版策划	曹宏举	
责任编辑	冯 斌	
责任校对	林福国	
责任印制	戴 宽	

出 版	中国社会科学出版社	
社 址	北京鼓楼西大街甲 158 号 (邮编 100720)	
网 址	http://www.csspw.cn	
	中文域名:中国社科网 010 - 64070619	
发 行 部	010 - 84083685	
门 市 部	010 - 84029450	
经 销	新华书店及其他书店	

印刷装订	环球印刷(北京)有限公司	
版 次	2013 年 1 月第 1 版	
印 次	2013 年 1 月第 1 次印刷	

开 本	710×1000 1/16	
印 张	20.5	
插 页	2	
字 数	325 千字	
定 价	62.00 元	

前　　言

　　哲学社会科学是人们认识世界、改造世界的重要工具，是推动历史发展和社会进步的重要力量。哲学社会科学的研究能力和成果是综合国力的重要组成部分。在全面建设小康社会、开创中国特色社会主义事业新局面、实现中华民族伟大复兴的历史进程中，哲学社会科学具有不可替代的作用。繁荣发展哲学社会科学事关党和国家事业发展的全局，对建设和形成有中国特色、中国风格、中国气派的哲学社会科学事业，具有重大的现实意义和深远的历史意义。

　　中国社会科学院在贯彻落实党中央《关于进一步繁荣发展哲学社会科学的意见》的进程中，根据党中央关于把中国社会科学院建设成为马克思主义的坚强阵地、中国哲学社会科学最高殿堂、党中央和国务院重要的思想库和智囊团的职能定位，努力推进学术研究制度、科研管理体制的改革和创新，2006 年建立的中国社会科学院学部即是践行"三个定位"、改革创新的产物。

　　中国社会科学院学部是一项学术制度，是在中国社会科学院党组领导下依据《中国社会科学院学部章程》运行的高端学术组织，常设领导机构为学部主席团，设立文哲、历史、经济、国际研究、社会政法、马克思主义研究学部。学部委员是中国社会科学院的最高学术称号，为终生荣誉。2010 年中国社会科学院学部主席团主持进行了学部委员增选、荣誉学部委员增补，现有学部委员 57 名（含已故）、荣誉学部委员 133 名（含已故），均为中国社会科学院学养深厚、贡献突出、成就卓著的学者。编辑出版《中国社会科学院学部委员专题文集》，即是从一个侧面展示这些学者治学之道的重要举措。

　　《中国社会科学院学部委员专题文集》（下称《专题文集》），是中国社会科学院学部主席团主持编辑的学术论著汇集,作者均为中国社会科学院学部委员、荣誉学部委员,内容集中反映学部委员、荣誉学部委员在相关学科、专业方向中的专题性研究成果。《专题文集》体现了著作者在科学研究实践中长期关注的某一专业方向或研究主题,历时动态地展现了著作者在这一专题中不断深化的研究路径和学术心得,从中不难体味治学道路之铢积寸累、循序渐进、与时俱进、未有穷期的孜孜以求,感知学问有道之修养理论、注重实证、坚持真理、服务社会的学者责任。

2011年,中国社会科学院启动了哲学社会科学创新工程,中国社会科学院学部作为实施创新工程的重要学术平台,需要在聚集高端人才、发挥精英才智、推出优质成果、引领学术风尚等方面起到强化创新意识、激发创新动力、推进创新实践的作用。因此,中国社会科学院学部主席团编辑出版这套《专题文集》,不仅在于展示"过去",更重要的是面对现实和展望未来。

这套《专题文集》列为中国社会科学院创新工程学术出版资助项目,体现了中国社会科学院对学部工作的高度重视和对这套《专题文集》给予的学术评价。在这套《专题文集》付梓之际,我们感谢各位学部委员、荣誉学部委员对《专题文集》征集给予的支持,感谢学部工作局及相关同志为此所做的组织协调工作,特别要感谢中国社会科学出版社为这套《专题文集》的面世做出的努力。

《中国社会科学院学部委员专题文集》编辑委员会

2012年8月

目　录

拉美左派的崛起编

序

收入这本文集的 28 篇文章是本人最近几年发表的有关古巴模式"更新"和拉美左派崛起的文章。

古巴于 1959 年 1 月 1 日取得革命胜利，1961 年正式宣布为社会主义国家。20 世纪 80 年代末 90 年代初，东欧剧变和苏联解体无论在政治上还是在经济上，对古巴来说都是一个沉重打击。与此同时，美国又乘机加强对古巴的封锁。古巴面临革命胜利后最严重的生存危机。但在以菲德尔·卡斯特罗为核心的古巴共产党领导下，古巴坚持走社会主义道路，并逐步实施一系列改革开放措施，使古巴经济逐步好转。2006 年 7 月底，卡斯特罗因肠道出血接受手术，将其所担任的主要职权暂时移交给他的弟弟劳尔·卡斯特罗。2008 年 2 月 24 日，通过选举，劳尔·卡斯特罗当选并就任古巴国务委员会主席和部长会议主席，正式接替他的哥哥——执政长达 49 年的菲德尔·卡斯特罗，古巴最高行政领导层完成了权力的交替。2011 年 4 月 16 日至 19 日，古巴共产党成功地召开了举世瞩目的第六次代表大会，"六大"通过了《党和革命的经济和社会政策的纲要》。这一纲领性文件，决定"更新"古巴经济和社会模式。"六大"选举产生了以劳尔·卡斯特罗为第一书记的新的中央委员会，顺利地完成了党的最高领导的交接。文集头 14 篇文章主要论述古巴经济模式的"更新"。此外，还选了有关古巴选择社会主义道路，古巴党建，卡斯特罗如何从马蒂主义者演变为马克思主义者，卡斯特罗的思考，苏东剧变和卡斯特罗的对策，卡斯特罗的人格魅力、思想和历史功绩和如何正确看待格瓦拉等 7 篇文章。

自 20 世纪末起，拉美左派纷纷崛起，其主要标志是左翼政党领导人通过选举先后在拉美十多个国家上台执政。一些拉美左翼政党领导人如委内瑞拉查韦斯、厄瓜多尔科雷亚、玻利维亚莫拉莱斯和巴西卢拉提出了要在本国实施"21 世纪社会主义"、"社群社会主义"或"劳工社会主义"等主张，力图替代在拉美盛行一时的"华盛顿共识"和新自由主义。这本文集共收录了本人研究有关拉美左派及其主要思潮的文章，以及有关圣保罗论坛、查韦斯的社会政策、委内瑞拉统一社会主义党、查韦斯与古巴的关系和现代拉丁美洲社会主义思潮等 14 篇文章。

本人在 20 世纪 60 年代曾在古巴留学三年，20 世纪 90 年代初以来曾先后七次到古巴访问和考察。不断跟踪古巴政治、经济、社会、外交方面所发生的变化，研究古巴模式的"更新"，已成为本人的职业习惯。

我曾到访大多数拉美国家，接触过不少拉美左翼政党和左翼人士。自 21 世纪初开始，我便关注拉美左派崛起的动向，连续撰写了一些相关的文章，编写了《拉丁美洲政治》、《卡斯特罗评传》、《查韦斯传》，并主编了《拉丁美洲现代思潮》一书。2008 年 12 月，我曾有幸随中共中央对外联络部考察组专门到玻利维亚和厄瓜多尔实地考察拉美的左翼思潮。

我深知我对古巴模式"更新"和拉美左派崛起的研究成果只是初步的，应该进一步深入对古巴模式的"更新"和拉美左派崛起这两个问题的研究。之所以决定把我撰写的这两部分的文章汇编在一起，主要想起一个"抛砖引玉"的作用。

徐世澄

2012 年 6 月

古巴模式的"更新"编

古巴的改革历程及其理论变迁

自 1959 年古巴革命胜利以来，古巴党和政府先后进行了数次不同的改革。迄今为止，古巴党和政府以及古巴理论界并没有系统地阐述古巴有关改革的理论，其改革的理论和指导方针常常体现在其主要领导人菲德尔·卡斯特罗（简称卡斯特罗）和劳尔·卡斯特罗等的讲话、古共历次党代会通过的中心报告及其他文件上。这里简要地介绍一下古巴几个阶段不同的改革历程以及理论变迁。

一　改变旧的经济制度时期（1959—1963）

这一阶段改革的目的是改变旧的经济制度，建立新的生产关系。其间，古巴进行了两次土地改革，对原以美资为主的外资企业和国内大型私有企业实施了国有化，基本完成了社会主义的改造。

1959 年 5 月 17 日，古巴政府颁布了《土地改革法》，即第一个土改法。土改法规定废除大庄园制度，对每个自然人或法人占有 30 卡瓦耶里亚①以上的土地予以征收。这次土改分成两个阶段，第一阶段主要是没收本国大庄园主的土地，第二阶段把在古巴的全部美国垄断资本所占有的土地收归国有。政府没有将征收的大部分庄园的土地在大庄园的农业工人中进行分配，而是成立国营人民农场和甘蔗合作社。对无地和少地的个体农民，政府无偿地分给每户最多达 2 卡的土地。② 这次土改摧毁了大庄园制和外国垄断资本土地所有制，征收了 217 万多公顷的土地，使 10 万名农

---

① 简称卡，1 卡等于 13.43 公顷，30 卡合 402 公顷。
② ［古］埃内斯托·切·格瓦拉：《古巴革命战争回忆录》，上海人民出版社 1975 年版，第 277—278 页。

户得到了土地，并使40%的土地成为国有。① 卡斯特罗在古共"一大"的
报告中说："（1959年）5月17日颁布了第一个土改法。这一果断、必要
和正确的步骤，既是针对本国寡头的，也是针对帝国主义的，因为许多美
国企业在我国拥有大量最肥沃的土地。"② 1963年10月4日，古巴政府颁
布第二次土地改革法，规定征收超过5卡（67.15公顷）的全部私有土
地。这次土改共征收了15 000户富农的201.3万公顷的土地。经过两次土
改，国有土地（主要为国营农场和甘蔗农场）占70%，小农和合作社的
土地占30%。农村中的大庄园制和富农经济均被消灭。卡斯特罗在谈到第
二次土改时说："70%的土地归入全民所有制，由国家经营，专门为造福
全社会而来加以开发和利用。从这个意义上说，我国前进了一大步。鉴于
古巴的出口和发展主要依赖剩余农产品这一事实，这样做是迫切需
要的。"③

古巴政府在头两年对本国和外国企业实行国有化。1960年1月，颁布
没收巴蒂斯塔分子全部财产的法令。9月，政府接管了所有私营烟厂。10
月，宣布将本国资本家经营的382家工商企业和全部私人银行收归国有。
1960年6月，政府接管了3家美资炼油厂。7月，颁布征用美国人在古巴
财产的法律。8月，把36家美国公司收归国有。9月，没收了美国银行。
10月，美国宣布对古巴实行禁运后，古巴把剩下的166家美资企业全部收
归国有。至此，古巴革命政府将价值约15亿美元的400多家美资企业全
部收归国有。

1961年4月，在古巴历史进程的关键时刻，以卡斯特罗为首的古巴核
心领导做出了决定，选择了将革命从民族民主革命转变为社会主义革命的
正确道路。卡斯特罗在群众集会上庄严宣布，古巴革命"是一场贫苦人
的、由贫苦人进行的、为了贫苦人的社会主义民主革命"④。同年5月，卡
斯特罗宣布古巴是社会主义国家。从此，古巴革命进入社会主义阶段。

---

① Ministerio de Relaciones Exteriores. Direccion de informacion: Perfil de Cuba, 1966, p. 125.
② ［古］菲德尔·卡斯特罗:《在古巴共产党第一、二、三次全国代表大会上的中心报告》，人
民出版社1990年版，第25页。
③ 同上书，第40页。
④ 《卡斯特罗言论集》第2册，人民出版社1963年版，第26页。

这一阶段改革的理论指导是工业化理论和主张改变单一经济结构，反对偏重制糖业，提出在短期内实现现代化工业化的目标和农业多样化。自1961年至1963年，古巴试图在苏联和捷克斯洛伐克专家的帮助下，实施高度集中的经济计划。卡斯特罗在《革命的三年》一文中强调要"对经济和各级工作实行严格的计划"，"革命克服了这些障碍，使得计划经济今天成为现实，它将帮助我们战胜帝国主义的封锁，保证国家生产迅速、稳步地发展和充分利用本国资源及国外慷慨援助，避免浪费，避免犯严重的错误"[①]。

这一阶段，由于急于想改变单一经济结构，古巴政府曾一度大幅度削减蔗糖生产，1963年甘蔗种植面积比1958年减少了25%，致使蔗糖产量从1961年的677万吨减少到1963年的382万吨。然而，1963年年底，古巴政府又提出了集中力量发展糖业的新的经济发展战略。

二　激进改革时期（1964—1970）

古巴的社会主义建设事业并非是一帆风顺的。1964—1966年，古巴领导层内就经济发展战略和经济体制问题展开了一场辩论。以当时任工业部部长的 C. 格瓦拉（Che Guevara）为一方，主张实现预算拨款制，通过预算拨款为企业无偿提供资金，而企业的利润全部上缴国库。格瓦拉的主要主张是：完全消灭市场或"商品生产"，其办法是实行生产资料的全盘集体化，采用高度集中并配有电子计算机的计划系统。中央通过预算拨款为所有的国有企业提供资金（这笔拨款不用偿还，不付利息，但企业的全部利润上缴国库），以及逐步消灭货币和"物质刺激"；造就无私的、勇于自我牺牲的、艰苦朴素的、充分社会化的、平均主义的"新人"，通过教育、动员、义务劳动和"精神鼓励"来提高群众的觉悟，格瓦拉认为，这些措施会有利于积累资本和发展经济；格瓦拉还主张将古巴革命的模式输出到拉丁美洲。

而以当时任全国土改委员会主席的 C. R. 罗德里格斯（Carlos Rafael

---

① 《卡斯特罗言论集》第2册，人民出版社1963年版，第304、307页。

Rodríguez，1913—1997）为代表的另一方，主张实现经济核算制，认为中央的计划应建立在控制论和"投入—产出"技术的基础上，企业应有一定的自主权，并应利用市场结构的作用，反对预算拨款的方法，主张国有企业实行自筹资金。这些企业从中央银行获取贷款，使用贷款要支付利息，而且必须偿还；但企业可以保留部分利润用于再投资和扩大再生产；主张经济体制化，建立有效率的国家机构，通过苏联式的劳动定额制度以及物质刺激（如工资差别、超额奖金、加班费、实物奖励等）提高劳动生产率。[①] 虽然格瓦拉本人于1965年4月离开古巴去非洲打游击，但这场争论一直到1966年才基本结束。

卡斯特罗后来承认，当时，在古巴"同时有两种经济领导体制并存：一种是财政预算制，包括大工业部门；另一种是经济核算制，在农业，外贸和一小部分国有部门中实行"[②]。

在这场辩论中，卡斯特罗本人持中间的立场，避免公开参加论战。1975年12月，卡斯特罗在古共"一大"的中心报告中说："革命初期，围绕这两种体制哪个更合适的问题，曾开展过讨论，但讨论没能深入下去，也没有做出任何决定"，"财政预算制无疑是高度集中的，它很少利用经济杠杆、商品关系和物质鼓励的办法"，"结果，我们领导经济既没有实行社会主义国家已普遍实行的经济核算制，又放弃了曾一度开始试行的财政预算制，而是采用了一种新的经济簿记制度。在实行这一制度之前，取消了国营企业之间的商品形式和购销关系，因为我们有些人认为这种关系的资本主义味道太浓"，"看起来我们好像在向共产主义的生产和分配方式日益靠近，实际上背离建设社会主义基础的正确道路愈来愈远"[③]。

1963年年底，古巴政府提出要在1970年达到年产1000万吨糖的生产指标，强调要充分利用古巴生产蔗糖的有利条件和相对优势，集中力量发展糖业，"以糖为纲"，以增加外汇收入、增强进口能力，确保经济的持续

---

① ［美］卡梅洛·梅萨－拉戈：《70年代的古巴：注重实效与体制化》，商务印书馆1980年版，第14—18页。

② ［古］菲德尔·卡斯特罗：《在古巴共产党第一、二、三次全国代表大会上的中心报告》，人民出版社1990年版，第88页。

③ 同上书，第88—90页。

发展。但由于计划指标定得太高，片面、过分强调发展糖业，致使国民经济各部门发展比例严重失衡，经济遭到破坏。1970 年糖产虽然达到创历史纪录的 854 万吨，但未能达到 1 000 万吨的原定指标。后来，卡斯特罗在总结这一经验教训时说："国家把大部分力量集中在争取完成……甘蔗产量达到 1 000 万吨的指标上"，"这一目标没能实现"，"这个严重的问题给国民经济其他部门造成了严重失调"，"我们在经济工作中无疑是犯了唯心主义的错误。我们有时看不到在现实中存在着我们必须遵循的客观经济规律。"[①]

1966 年至 1970 年，格瓦拉的激进的经济理论在古巴占上风。[②] 其表现除了上述的集中一切人力物力财力完成 1970 年年产 1 000 万吨糖的指标外，还表现在 1968 年 3 月古巴政府发动的"革命攻势"。在发动"革命攻势"前，古巴 25% 的零售业在私人手里，而"革命攻势"后，政府接管了几乎所有的私人小企业、手工业作坊和商店，消灭了城市中的私有制。同时，扩大免费的社会服务，如幼儿园、观看体育比赛、低收入者住房、人民食堂用餐免费等。古巴当时甚至声称它正在建设共产主义，在共产主义所有制、觉悟的提高以及平均分配方面都走在苏联前头。[③]

后来，卡斯特罗在评价这场"革命攻势"时说："这一措施不一定就是这一时期社会主义建设的原则问题，而是我国由于处在帝国主义的严密的经济封锁的具体条件下，需要最有效地使用人力物力，再加上一部分城市资本家采取的消极政治行动阻碍了革命的发展。当然，这并不能使我国革命推脱掉由于对人力物力管理不善而造成的后果所应负的责任"[④]，"从 1967 年起，免费政策的实行开始进入高潮，1968—1969 年达到顶峰。但在某些方面，实行免费是不妥当的。"[⑤]

---

① 《在古巴共产党第一、二、三次全国代表大会上的中心报告》，前引书，第 40—41、87 页。
② 美国著名古巴问题专家卡梅洛·梅萨－拉戈把这一阶段称为"格瓦拉模式的采用和激进化"，参见 Carmelo Mesa - Lago: *Breve historia económica de la Cuba Socialista Políticas，resultados y perspectivas*，Alianza Editorial，Madrid，1994，pp. 60—81.
③ ［美］卡梅洛·梅萨－拉戈：《70 年代的古巴：注重实效与体制化》，商务印书馆 1980 年版，第 17 页。
④ 《在古巴共产党第一、二、三次全国代表大会上的中心报告》，前引书，第 40 页。
⑤ 同上书，第 89 页。

三　照搬苏联模式时期(1971—1985)

　　20世纪60年代古巴激进改革的失败，使古巴在随后的15年中，走上了全方位实现苏联模式的社会主义道路。1970年8月，卡斯特罗宣布："古巴革命现在正进入一个新的阶段，这是一个更加严肃、更加成熟、更加深刻的阶段"①，1971年5月，卡斯特罗强调，"不能陷入理想主义，认为觉悟提高了，我们已经有了必要的物质基础……事实绝非如此"，"走向共产主义不仅仅是一个觉悟的问题，还必须发展生产力"，"必须懂得，我们是处在过渡阶段……我们不能装作似乎已经进入共产主义……假如为了实现共产主义，我们只凭主观愿望走得很远，超过了可能，迟早还得退回来"②。

　　从70年代初开始，古巴进入了以苏联政治经济模式为榜样，在古巴建立政治经济体制为中心的制度化和合理化时期。古巴领导人总结了60年代在社会主义革命和建设中的经验和教训，对国家的政治、经济和对外关系进行了一系列的改革和调整。

　　1975年12月，卡斯特罗在古共"一大"报告中承认："最初10年经济工作没有被放在首位"，"古巴革命在社会主义建设方面，没有从一开始起就吸取其他早在我国之前就进行社会主义建设国家的丰富经验"，"我们不能忽视其他国家革命者为此作出的贡献。"他强调，"现在已经到了建立一种更好的经济领导体制来推动经济发展势头的时候了"，"提交本届大会讨论的这个经济领导体制，是在所有社会主义国家的实践基础上制定出来的"，"我们的做法是：先实事求是地把这些国家的经验收集起来，然后根据我国的情况加以改造"，"这个体制完全注意到了社会主义建设时期的不

---

　　①　菲德尔·卡斯特罗1970年8月23日《在纪念古巴妇女联合会成立十周年大会上的讲话》，Discurso pronunciado en el acto por el X Aniversario de la constitución de la Federación de Mujeres Cubanas, efectuado en el Teatro "Chaplin", el 23 de agosto de 1970, http://www.cuba.cu/gobierno/discursos/.

　　②　菲德尔·卡斯特罗1971年5月1日《在庆祝五一节大会上的讲话》，Discurso pronunciadoen el acto central por el 1ro de mayo, efectuado en el Teatro de la CTC, el 1ro de mayo de 1971, http://www.cuba.cu/gobierno/discursos/.

以我们的意志和志愿为转移的经济规律，比如价值规律，即指所有企业之间，包括国营企业在内，都应建立购销关系；在这种关系以及在其他所有经济关系中，都要使用货币、价格、财政、预算、税收、信贷、利息及其他商品形式作为必要手段，来估计生产资金的使用情况，仔细地、一分不差地计算每件产品的成本"，"实行经济领导体制，是为了提高经济效率和劳动生产率，进一步大力挖掘现有资源的潜力"①。从以上讲话中可以看出，此时卡斯特罗主张向苏联学习，建立苏联式的经济领导体制。

1970 年卡斯特罗发表多次讲话，强烈批评政府过度集权和官僚主义化、古共承担行政职责，提出若干分散行政权力的措施，强调党的作用应限于协调和监督行政职责，并允诺要使工会和其他群众组织恢复活力和民主化，允许群众参加决策和对国家职能进行监督。

在政治体制改革方面，1970—1977 年古巴参照苏联等社会主义国家的模式实行政治结构体制化，其主要措施有：（1）成立部长会议执行委员会和增设副总理。1972 年 12 月，根据古共中央政治局的意见，建立了部长会议执行委员会，执委会由总理（任主席）和 8 名副总理组成。古巴部长会议原来只有 1 名副主席，即劳尔·卡斯特罗，现增加到 8 名，每名副总理协调若干个部委。（2）召开古共"一大"。古巴共产党虽于 1965 年 10 月正式成立，但一直没有召开党的代表大会，也没有制定党纲和党章。1975 年 12 月古共召开"一大"，大会通过了社会主义宪法草案、第一个五年计划、新的经济领导和计划制度、古巴行政区的调整、党纲。大会选出了新的政治局、书记处和中央委员会，其成员均比以前有所扩大。（3）1976 年 2 月，通过全民投票通过了新宪法。（4）根据新宪法，1976 年 12 月在地方人民政权代表大会的基础上，召开了全国人民政权代表大会，大会选出了由 31 人组成的国务委员会，卡斯特罗当选为国务委员会主席和部长会议主席，成为国家元首兼政府首脑，原有总统职位被取消。（5）对武装部队进行重大改组，将从前的劳动部队从正规军中分出，成为准军事机构，使军队日益正规化、专业化和现代化。1973 年 4 月，将全部民兵转入预备役。1973 年 12 月、1976 年 11 月和 1978 年 7 月 3 次颁布新的军衔

---

① 《在古巴共产党第一、二、三次全国代表大会上的中心报告》，前引书，第 92—94 页。

制，使军队正规化。(6) 恢复和加强工会、青年、妇女、学生、小农和保卫革命委员会等群众组织，使它们的作用得到加强。

1976 年年底，卡斯特罗宣布古巴政治结构体制化改革进程已基本结束，作为一个标志，把 1977 年称为体制化年。在经济体制改革方面，建立了经济领导和计划体制。70 年代，古巴参照苏联和其他社会主义国家的模式，进行了经济体制的改革。主要反映在以下方面：(1) 1971—1972 年间，古巴调低了糖业在国民经济中的比重，注重各部门的比例关系，逐步调整了国民经济结构；(2) 自 1972 年起，加强宏观经济管理，执行由中央计划委员会制定的 3 年经济计划，1976 年起又开始执行 5 年计划；(3) 恢复了预算制度，并陆续设立了国家财政、统计、价格等委员会，建立了全国财会体系，整顿了银行；(4) 1972 年古巴加入了经济互助委员会，并同苏联签订了到 1980 年的长期经济协定，实现了同苏联、东欧国家的经济一体化；(5) 古共"一大"正式批准实施新的经济领导和计划体制 (sistema de direccion y planificacion de la economia，SDPE)。根据这一体制，古巴逐渐完善和加强国家计划体制，加强中央计划委员会的职权，注意发挥市场机制的作用；把企业作为基本核算单位，实行自筹资金制，使企业有较大的自主权；利用价值规律和其他经济杠杆来调节经济。

在经济领导和计划体制框架内，1977 年开始实行经济核算制，同年，允许职工从事第二职业，开设了平行市场；1978 年开始实行价格、税收和银行信贷等新制度；在企业中进行自筹资金的试点工作；企业中普遍实行劳动定额，1979 年还实行集体奖励基金制。

1980 年 12 月，卡斯特罗在古共"二大"的报告中肯定了 70 年代体制改革的成绩，他说："我们在国内还顺利地进行了一系列的体制和机构改革。这场改革的多样性和复杂性，其深度和广度，也许是我国革命从未有过的"，"我们认为，建立这个体制的成效从一开始就在这方面或那方面表现了出来"，"第一次全国代表大会到第二次全国代表大会期间，革命政府在体制方面进展显著"。在第一个五年计划期间 (1976—1980)，社会生产总值年均增长 4% (原计划为 6%)。①

---

① 《在古巴共产党第一、二、三次全国代表大会上的中心报告》，前引书，第 219—220、248 页。

80 年代前半期，古巴对经济政策进行了重要调整，执行了一系列"新经济政策"。1980 年 12 月，古共召开了"二大"，通过了第二个五年计划（1981—1985）。卡斯特罗在"二大"报告中说："无论目前存在什么缺点，我们都要坚持不懈地尽最大努力，实现这个体制（经济领导和计划体制）的目的和决心。"①古共"二大"还确定了从 80 年代至 2000 年的古巴经济发展战略，其战略目标是："建设社会主义的技术物质基础。其方式是实行社会主义工业化；不断提高社会生产的效率；逐步使经济的生产结构合理化，以获得较高的、持续的发展速度；促进经济向专业化发展，实现国内外的经济合作和一体化；不断满足人民的物质和精神需要，促进人的全面发展。我们应当通过上述方式逐步向经互会欧洲国家的发展水平靠近。"②

80 年代前半期，古巴全面推行经济领导和计划体制，放宽经济政策，如 1980 年开设农民自由市场，1981 年开设农副产品贸易市场；1980 年实行新的工资制度；同年，改革物价制度，减少物价补贴并取消一些免费的服务项目；1982 年 2 月，颁布了《外国投资法》，首次正式表示欢迎外资到古巴兴办合资企业，有限度地实行对外开放。由于执行了有限的改革开放政策，80 年代前 5 年，古巴的社会总产值年均增长 7.3%，超过原计划的 5%，其中工业生产年均增长 8.8%，是古巴革命胜利以来经济增长最快的 5 年。

据古巴官方统计，1959—1985 年的 27 年中，古巴社会生产总值年均增长 4.8%，年人均社会生产总值增长 3.2%。③古巴的工业化、农业和出口商品多样化取得了一定的进展，人民生活水平有所提高，教育卫生事业发展迅速。

1986 年 2 月，卡斯特罗在古共"三大"报告中确定了古巴 1986—1990 年第三个五年计划的年均增长指标是 5%，出口年均增长 3.5%，进口年均增长 1.5%，蔗糖生产 5 年累计增长 15%。古共"三大"重新修订

① 《在古巴共产党第一、二、三次全国代表大会上的中心报告》，前引书，第 248 页。
② 同上书，第 261 页。
③ Jose Luis Rodriguez: El desarrollo económico de Cuba, Revista America Latina（URSS），marzo de 1987，p. 34.

了到 2000 年的发展战略,其主要目标是加速国家工业化的进程,其主要措施是:必须继续加强在经互会框架内同社会主义国家的经济一体化;集中力量优先发展机械化电子工业、轻工业、医药和生物工程工业,集中优势发展甘蔗副产品;发展旅游业,使其成为重要的外汇来源;大力发展农牧业生产。增加出口并使其多样化;替代进口;加强国内经济的一体化。卡斯特罗在"三大"所作的中心报告称,"我们遇到的一个严重的问题是在我们的经济发展中计划缺乏整体性","缺乏集中的、适当的领导"。卡斯特罗还批评说:"在经济领导和计划体制初步建立之后,没有继续使其不断完善。"①"三大"还通过了《关于完善经济领导和计划体制的决议》,总结了建立这一体制 10 年来的经验教训,并提出了完善这一体制的 10 项总目标。从卡斯特罗的报告和上述决议内容来看,当时卡斯特罗对经济领导和计划体制基本上是肯定的,主张应该不断使其完善。

四 纠正错误和不良倾向时期(1986—2006)

自 1985 年 3 月戈尔巴乔夫担任苏共中央总书记之后,苏联的内外政策发生了很大变化,戈尔巴乔夫在苏联开始推行"彻底改革"、"全面民主化"、"扩大公开性"。苏联本身的模式发生了重大的变化,古巴再也不能遵循苏联原有的模式,当时古巴国内相当一部分人主张古巴应该跟随苏联的改革而改革。

卡斯特罗坚决反对古巴模仿戈尔巴乔夫式的"改革"和"公开性",为此,卡斯特罗在古巴发起了一场"纠正错误和不良倾向进程"(el proceso de rectificacion de errores y tendencias negativas)即"纠偏进程"。

在古共"三大"闭幕后不久,1986 年 4 月卡斯特罗在纪念吉隆滩战役胜利 25 周年的集会上,严厉批评在执行新经济政策中存在的一系列弊端和"不良倾向",提出要在全国掀起一场"纠正错误和不良倾向进程",

---

① 《在古巴共产党第一、二、三次全国代表大会上的中心报告》,前引书,第 323—325、378—379、382—385 页。

展开"战略大反攻"①。在这之后 1 年多时间里，卡斯特罗先后在多次会议上发表讲话，号召深入揭露不良倾向。他强调，利润和价值等机制只是"政治工作和革命工作的辅助手段"，"而不是建设社会主义和共产主义的主要途径"，经济领导和计划体制并不是解决一切问题的"灵丹妙药"②。

自 1986 年 5 月起，古巴政府采取了一系列"纠偏"措施。5 月，卡斯特罗在全国合作社社员大会上宣布关闭农民自由市场，恢复国家统购统销制度。同时，政府宣布限制向工人发放奖金并提高了部分劳动定额。6 月，他在一次讲话中说："我们将继续寻找自己的道路，自己的办法"，并对戈尔巴乔夫当时在苏联进行的改革颇有微词。当外国记者问他对苏联改革的看法时，他诙谐地回答说："'彼雷斯特洛依卡'（俄语"改革"），是他人的妻子，我无意干涉他人的婚事。"卡斯特罗宣布修改古巴住宅制度，禁止私人买卖房屋；禁止出售手工艺品和艺术品；禁止私人行医；调低著作版权费等。③ 他认为，古巴出现了新的资本家，形成了一个富人阶级，这些人不是在搞社会主义，他们起着当年雇佣军破坏革命的作用，是古巴当前的大敌。卡斯特罗认为，"经济领导和计划体制全国执委会不是为走向资本主义而设立的"，"犯了上百万错误"，"带来了上百万问题"，"我们犯了两个错误：在一个阶段，犯了理想主义错误；在另一阶段，我们企图克服理想主义错误，却犯了经济主义和重商主义的错误"④。在纠偏进程中，一些腐化堕落的干部和企业领导人被免职或受刑事处分。

80 年代后期，古巴开展纠偏进程的主要原因是，领导人担心如按 80 年代初新经济政策即按苏联的模式继续进行改革，会影响国内政局的稳定。卡斯特罗强调古巴不能照搬苏联、东欧的模式，"古巴环境特殊"，"它受帝国主义封锁、包围和入侵"，因此"不能抄袭别国的经验"，强调古巴建设社会主义需要"寻找一条新的道路"。另一个原因是当时的世界

---

① Fidel Castro: En el XXX aniversario de la victoria de Playa Giron y de la proclamacion del caracter socialista de la Revolucion. Cuba Socialista, Septiembre – octubre de 1986.

② Fidel Castro: Sobre el proceso de rectificacion en Cuba 1986 – 1990. Seleccion Tematica. Editora Politica. La Habana, 1990.

③ Fidel Castro: Por el camino correcto. Compilacion de textos. Editora Politica, La Habana, 1987, pp. 18—35.

④ Sobre el proceso de rectificacion en Cuba 1986—1990, op. cit. p. 4.

经济形势的变化对古巴极为不利。1986 年年底,为克服所面临的经济困难,古巴政府宣布将从 1987 年年初起采取 28 项紧急经济措施,取消一些免费项目,削减公共开支,减少定量供应物品数量和提高一部分商品和服务费的价格。

1989 年 4 月,戈尔巴乔夫访问古巴,在古巴全国人民政权代表大会特别会议上发表演说,强调苏联经济改革和政治改革的意义。卡斯特罗也在会上讲了话,强调古巴和苏联的差异:古巴的面积是苏联的 0.5%,人口是苏联的 3.6%,古巴在实行土改后,没有像苏联那样,把土地分成小块给农民,而是建立了国营农场。卡斯特罗强调,每个国家应该根据自己的特点寻找自己的方式来完善社会主义,甚至影射说:"如果某个社会主义国家想建设资本主义,我们应该尊重它建设资本主义的权利,我们不应该干涉它。"[①]

80 年代后期,由于种种原因,古巴经济发展停滞不前,1985—1989 年,古巴社会生产总值仅增长 0.4%,而同期人均社会生产总值年均下降了 0.7%。纠偏进程虽然没有促进古巴经济的发展,但它保证了以卡斯特罗为首的古巴领导人坚持社会主义方向,使古巴没有像苏联、东欧那样搞所谓的"改革"和"公开性",使古巴在 80 年代末 90 年代初经受住了东欧剧变、苏联解体对它的巨大冲击。据估计,在 1959—1989 年的 30 年间,古巴经济年均增长率为 4.3%,人均经济年均增长率为 2.8%。[②]

东欧剧变和苏联解体对古巴造成了很大的冲击,经济形势进一步恶化,政府不得不实行改革。1989 年卡斯特罗就多次提出,古巴不是东欧国家,也不是苏联,即使苏联解体,古巴照样坚持斗争下去,古巴绝不会屈膝投降,将誓死捍卫社会主义。1990 年 9 月,古巴宣布进入"和平时期的特殊阶段",这一阶段中的基本对策是:坚持计划经济,根据特殊阶段的要求调整经济计划和经济工作的重点。古巴政府采取一系列应急措施,实行生存战略,维持国家经济的运转和居民的基本食品供应,同时,采取一

---

① http://www.cuba.cu/gobierno/discursos/1989/esp/f040489e.html.

② Jose Luis Rodrguez: Cuba en la economia internacional: Nuevos mercados y desafios de los años noventa, Revista Estudios Internacionales (Chile), julio–Septiembre, 1993, p. 417.

些有长期发展战略意义的措施，加快纳入世界经济体系的进程。为解决食品短缺，古巴制定了食品计划。为解决外汇短缺，古巴改变过去重点发展重工业的经济发展战略，把经济发展的重点放在创汇部门，特别是旅游、医疗器材和生物制品的医药产品的生产和出口。

1991年10月，古巴共产党召开"四大"，这次大会是在古巴面临空前困难的形势下举行的，具有特殊意义。大会提出了"拯救祖国、革命和社会主义"的原则和口号，卡斯特罗在开幕式讲话中明确提出了古巴对外开放的政策："我们正在广泛地实行开放，广泛地对外资实行开放。"①"四大"通过的关于国家经济发展的决议指出：由于古巴同东欧国家的贸易中断以及与苏联贸易额的急剧下降，不得不修改原定的计划，采取集中力量和财力，发展食品、生物工程、医疗器材和药品、旅游业、鼓励外资的战略。②"四大"修改党纲的决议指出，"自1976年起，实行了经济领导体制，这一体制的基础是照抄其他社会主义国家的"，"它导致觉悟的异化和思想意识的明显恶化……它过分强调个人利益和金钱……是一个政治错误"，但是，"这种经济主义和技术官僚的思想在原有的党纲中也有反映"，"古共'四大'声明：一、古共'三大'所通过的党纲已不适用现实；二、决定用纠偏进程的指导思想来指导党的所有活动"③。

古共"四大"将对外开放作为国策确定下来。"四大"后，古巴加快了开放的步伐。1992年2月，古巴政府对原有1982年的外资法进行了修改，放宽了对外资的限制。同年7月，古巴全国人大又将有关合资企业的条文纳入修改后的宪法，新宪法规定合资企业是古巴经济中的一种所有制形式。1993年2月，古巴首次举行人大代表的直接选举。同年8月，古巴政府宣布私人持有美元合法化；9月，古巴政府允许在135个行业中建立个体和合资企业；同月，古共中央政治局通过决议，将原有国营农场或农

① Fidel Castro: Independientes hasta siempre Discursos de inauguracion y en el acto de masas, Santiago de Cuba, IV Congreso del Partido Comunista de Cuba, 10 y 14 de octubre de 1991, Editora Politica, Cuba, 1991, p. 50.

② Resolución sobre el desarrollo económico del país, Este es el Congreso más democrático, Editora Política, La Habana, 1991, pp. 112—115.

③ Resolucion sobre el Programa del Partido Comunista de Cuba, Este es el Congreso más democratico, Editora Politica, Cuba, 1991, pp. 36—47.

业企业转为合作社性质的"合作生产基层组织"。1994 年 10 月，古巴宣布将包括糖业在内的所有生产部门都向外资开放；同年 10 月和 12 月，古巴分别开放了农牧业产品自由市场和手工业市场。1995 年 9 月，古巴政府颁布了新的外资法（第 77 号法）。1996 年 1 月，开始实行个人外汇收入所得税制度；同年 6 月，古巴宣布建立自由贸易区。1997 年，一批自由贸易区在哈瓦那附近的马列尔等地建立。同年，古巴开始实施金融体制改革。

1997 年 10 月，古巴共产党召开"五大"，这次大会是古巴政治生活中的一件大事，是一次总结经验、制定跨世纪方针的重要会议。"五大"制定的方针的要点是：坚持共产党领导和坚持社会主义；反击美国的经济制裁和政治及意识形态攻势；在不改变社会性质的前提下，继续稳步进行经济改革，并尽可能减少由此带来的社会代价。

古共"五大"通过的中心文件《团结、民主和捍卫人权的党》明确指出：坚持社会主义和共产党的一党领导，是维护国家独立、主权以及抵抗美国封锁、获得生存的保障；以马列主义、马蒂思想及菲德尔（卡斯特罗）思想为指导的古共，是国家稳定的捍卫者和中流砥柱，社会主义和共产党的领导，是古巴的唯一选择。"五大"通过的《经济决议》指出："古巴的经济政策开始了一个新阶段，它应当包括经济结构方面，如多样化、振兴出口、发展食品基地、提高能源、物资和财政部门的经济效益等"，"提高效益是古巴经济政策的中心目标"。《经济决议》强调："在经济指导中，计划将起主要作用，尽管在国家的调节下，已给市场机制打开了一个空间。"①

古共"五大"后，古巴又推出一些新的改革举措，如 1998 年年初古巴政府加大实施征税的力度，明确优惠项目，增加税收种类；同年 8 月，政府颁布了关于国有企业改革的第 187 号法令，开始进行国有企业管理体制的改革等。但是，总的来说，古共"五大"之后，古巴的经济改革步子不大。

90 年代古巴所实行的改革开放政策已取得了一定的成效，主要表现

---

① Granma, 7 de noviembre de 1997, p. 2.

在：（1）宏观经济恢复增长。1990 年至 1993 年 4 年古巴国内生产总值共计下降 34%，自 1994 年起，由于实行改革开放，古巴经济开始连续恢复增长；（2）经济结构和外贸结构多元化；（3）所有制和分配方式多样化，合资、外资、个体所有制已初具规模；（4）古巴已从巨大的灾难中摆脱出来，它不仅经受住了美国封锁和侵略的考验，而且也经受住了苏联东欧剧变的严峻的考验，使社会主义的古巴依然屹立在西半球。古巴的经济逐步好转，政治社会基本稳定，人民的基本生活得到保障，古巴的国际环境不断改善。

五　全面结构性改革时期（2006—　　）

这一阶段古巴开始改变社会主义模式的改革，即不仅仅是只在某一方面进行改革，而是对模式进行结构性改革，古巴领导人一般不称古巴是在进行"改革"（reforma），而是称之为经济模式的"更新"（actualización）。

2006 年 7 月 31 日，时任古巴国务委员会主席兼部长会议主席的卡斯特罗因肠胃出血，接受手术，决定把古巴最高行政职权暂时移交给劳尔·卡斯特罗（简称劳尔）。2008 年 2 月 24 日，在古巴第七届人代会上，劳尔当选并就任古巴国务委员会主席兼部长会议主席，正式接替执政长达 49 年的卡斯特罗。2011 年 4 月，古共召开"六大"，"六大"通过选举，产生了新一届中央委员会，劳尔接替卡斯特罗当选为古共中央第一书记。

自 2006 年 7 月底到古共"六大"召开前后，劳尔先后发表了多次重要讲话，[①] 论述了他对古巴经济变革和"更新"社会主义经济模式的看法。与此同时，古巴党和政府采取一系列经济变革措施，以"更新"古巴的经济发展模式。劳尔讲话中有关经济变革和模式"更新"方面的要点归纳如下：

（1）强调当前古巴党和政府工作的重点是经济工作和粮食生产。劳尔说："经济战是今天干部思想工作的主要的任务和干部思想工作的中心，

---

① 劳尔·卡斯特罗重要讲话的原文，请查阅网站：http://www.cubadebate.cu/ 或 http://www.cubasocialista.cu/.

因为我们的社会制度能否持续和保存下去要靠经济战"①，"粮食生产是党的领导人的主要任务，因为这关系到国家安全问题"②，"所有政治领导人的首要课程是经济，必须全力以赴学习经济、发展经济和管理经济"③。劳尔说："哪里有土地，古巴人就应该去哪里（耕种），要看我们会不会干活，会不会生产，不能光喊'誓死保卫祖国，我们必胜'和'打倒帝国主义'的口号……土地在那里，等着我们用汗珠去浇灌！"④

（2）强调必须进行经济结构和观念的变革。劳尔说，目前古巴"面临极端的客观困难：工资不足以满足全部需要，没有履行'各尽所能，按劳分配'的社会主义原则；社会纪律松弛、自由放任等"，"古巴的特殊时期没有结束"，为了增加生产，必须进行必要的结构变革和观念的变革，生产更多的产品，减少进口，特别是食品的进口，要增加外国投资。⑤2010年8月，劳尔在第七届古巴全国人大第五次会议上宣布，古巴将分阶段逐步减少在国有部门工作的职工扩大个体劳动者的数量。劳尔说："我们已经作出重要的决定，这本身就是结构和观念的变革，目的是保存和发展我们的社会制度使之在未来持续下去。"在同一个讲话中，他强调要改变对个体私人劳动持否定的态度，"既然我们得出结论认为，个体劳动是解决就业的一条出路，可为居民增加商品和劳务的供应，使政府摆脱这些活动，那么，党和政府要做的是为个体户对经营提供方便，不要对他们说三道四或歧视他们，更不要丑化他们"。"我们在个体部门的扩大和灵活化方面已经迈出和即将迈出的步伐是深思熟虑和认真分析的结果，我们可以保证，这绝不会再有倒退。"劳尔在古共"六大"中心报告中说，已经开始的精减国有部门冗员的工作将继续进行，但不能操之过急，也不要停顿；非公有部门的扩大是受有关法律保护的一种就业的出路，应该得到各级领导的支持，同时，也要求个体户必须严格遵守法律，履行包括缴纳税

---

① 2010年4月4日，劳尔在古巴共产主义青年联盟"九大"闭幕式上的讲话。
② 2008年4月28日，劳尔在古共五届六中全会上的讲话。
③ 2010年11月20日，劳尔在部长会议扩大会议上的讲话。
④ 2009年7月26日，劳尔在纪念攻打蒙卡达兵营56周年的集会上的讲话。
⑤ 2007年7月26日，劳尔在纪念攻打蒙卡达兵营54周年的集会上的讲话。

收在内的义务，扩大非国有部门经济并不意味着所有制的私有化。①

（3）满足民众的需要是当前的"要务"。2008 年 7 月，劳尔在古巴人代会的讲话中强调："满足人民的基本需要是古巴当前的要务"，"我重申，国家的要务为，在持续巩固国民经济及其生产基础之上，满足人民的基本需要，既有物质的也有精神的。否则，国家就不可能有发展"。

（4）强调社会主义不能搞平均主义，不能培养懒汉。在 2008 年 7 月 11 日的讲话中，劳尔说："社会主义意味着社会正义和平等，是指权利平等和机遇平等，而不是收入平等。平等不是平均主义。归根到底，平均主义实际上是一种剥削形式，是不好好劳动的人、特别是懒汉剥削好好劳动的人。"2010 年 8 月，在第七届古巴全国人大第三次会议的讲话中，劳尔强调应该永远去除古巴是世界上唯一一个不劳动也可生活下去的国家的概念，"在采取这些措施时，我们的出发点是，任何人都不会被抛弃，社会主义国家会通过社会救济制度对那些确实失去工作能力、又是一家唯一的支柱的人提供必要的支持，使他们过一个有尊严的生活"。在 12 月第七届古巴全国人大第六次会议上，劳尔又指出，"干部和所有的同胞必须改变思想以适应新的局面，多年来，出于社会公正，革命政府采取过分的包办主义、理想主义和平均主义的做法，在广大民众中形成了扎根很深的对社会主义的错误的、站不住脚的观念，必须予以彻底的改变"，"许多古巴人把社会主义与免费和补贴混为一谈，将平等与平均主义混为一谈，不少人把购货本视为是一项社会成果，认为任何时候都不应该取消它"。劳尔在"六大"中心报告中说，凭购货本低价计划供应日用必需品的制度，已成为政府财政难以承受的沉重负担，它是平均主义的表现，与"各尽所能，按劳分配"的社会主义的分配原则相矛盾，起着消极的作用，因此必须予以取消，但不会一下子马上取消。

（5）强调经济和社会模式"更新"的目的是完善和继续实现社会主义。

在 2009 年至 2010 年的一些会议中，劳尔多次强调："大家选我当主席不是为了在古巴复辟资本主义，也不是为了出卖革命，是为了捍卫、维

---

① http：//www. granma. cubaweb. cu/secciones/6to – congreso – pcc/.

护和继续完善社会主义，而不是摧毁社会主义。古巴不抄袭任何其他国家的模式，古巴的做法是根据本国特点的'土生土长的产物'，过去照抄带来了不少问题，很多时候是因为照抄照搬得不好。我们学习别人的经验，包括学习资本主义国家的好的经验，但古巴经济的主要特征将是计划经济而不是自由市场。"

劳尔指出，计划和组织的协调是社会主义的本质，如不协调会发生资本主义特有的最危险的混乱。资本主义的市场规律最终会建立某种秩序和平衡，但这是以牺牲全世界数十亿人的利益为代价的。在社会主义的计划经济中，必须严格根据所拥有的收入多少来支配资金。我们不能期待2加2等于5、2加2等于4，而且在社会主义社会，有时候2加2只有3。他要人们记住菲德尔·卡斯特罗的原话："多年来，我得出的结论是：在我们大家所犯的错误中，最大的错误是，我们相信某人懂得社会主义，或以为某人知道如何来建设社会主义。"

劳尔在"六大"的中心报告中强调，经济和社会模式"更新"的目的是继续实现社会主义，社会主义是不可逆转的；是为了发展经济，改善人民的生活水平，弘扬社会主义的道德和政治价值；古巴仍将以计划经济为主，但应考虑市场的趋向；"更新"经济模式并不是能解决所有问题的万能药方。2011年8月，在古巴第七届全国人大第七次会议上，劳尔又一次指出，在实施古共"六大"决议中，遇到的最大障碍是由懈怠、墨守成规、装模作样、无动于衷和麻木不仁形成的心理障碍，今天"我们最坏的敌人不是帝国主义，更不是帝国主义在我国的雇佣，而是我们自己的错误摧毁社会主义"。他指出，古巴绝不会放弃社会主义建设，但也不会在更新古巴经济模式的进程中去抄袭任何国家。古共"六大"所通过的《党和革命的经济和社会政策纲要》（简称《纲要》）①的要点：（1）社会主义国有企业是所有制的主要形式，此外，承认并鼓励合资企业、合作社、土地承包、租赁、个体劳动者等其他所有制形式，使所有制多样化；（2）古巴将继续实行"各尽所能，按劳分配"的社会主义分配原则；（3）只有社会主义才能战胜困

---

① 古共"六大"通过的《党和革命的经济和社会政策纲要》的原文于2011年5月9日正式公布，其全文请参阅：http://www.granma.cubaweb.cu/.

难和捍卫革命的成果；（4）古巴将继续以计划经济为主，同时也考虑市场的趋向；（5）经济的集中计划和国家、政府及其机构的系统控制应该实施，这是体制有效运行的保证；（6）社会主义意味着所有公民权利的平等和机会的平等，不会有任何人得不到保护，但不搞平均主义；（7）继续保持免费医疗、免费教育等革命的成果，但将减少过度的社会开支和不必要的政府补贴；（8）逐步取消低价定量供应日用必需品的购货本；（9）政府将调整就业结构，减少国有部门的冗员，扩大个体劳动者的活动范围，并向其提供银行贷款和允许其进入原材料批发市场；（10）继续吸引外资、寻找资金来源，来遏制生产部门的资金流失；（11）重新安排所欠外债的偿还期，严格履行承诺以改善诚信；（12）创建一个更加先进的金融制度，控制货币政策；（13）向个人的消费进行贷款；（14）逐步取消货币双轨制；（15）放松对买卖房子的限制，以解决严重的住房不足的问题；（16）研究给古巴公民出境旅游提供方便的政策；（17）给农业以更大的自主权，以减少对进口的依赖，并增加和巩固商品和劳务的出口。

从《纲要》以上的要点来看，古巴仍将坚持社会主义，坚持共产党的领导；仍将坚持社会主义计划经济，而不是市场经济；仍将继续实行全民免费医疗和全面免费教育，重视发展农业，进一步吸收外资，扩大个体户，削减政府的补贴等。古共"六大"决定成立贯彻落实《纲要》的常务委员会，由原经济和计划部长、现部长会议副主席、"六大"新当选的中央政治局委员 M. 穆里略·豪尔赫（Marino Murillo Jorge）任主任。该委员会的主要任务是贯彻落实和监督《纲要》的实施以及制定并提出古巴经济模式"更新"的基本理论。

2011 年是古巴经济变革关键的一年，正如劳尔所说，"这是一场决定革命命运的变革"。2010 年 9 月 13 日，古巴官方宣布，到 2011 年 3 月底，古巴国有部门有 50 万人下岗，其中约一半人从事个体劳动。9 月 24 日，古巴公布了为个体户开放的 178 项经济活动，其中有 83 项允许雇佣劳动力。自 2011 年 1 月 4 日起，古巴国有部门正式开始裁员。然而，裁员计划进行得不顺利，到 3 月底，原定精减人员的指标没有完成。因此，劳尔不得不在"六大"报告中说，精减国有部门冗员的计划将继续进行，但既不能操之过急，也不能停顿。"六大"后，古巴政府吸取民众的意见，进一步放宽了对个体户的限制，将可以雇佣劳动力的经济活动从 83 项扩大到全部 178 项经济活动，雇佣 1—5 名劳动力的可以免交雇佣劳动力税。到 7 月中旬，个体户已增加到 325 947 户，其中新增加的为 238 078 户。然而，新登记的个体户大部分是原来没有工作的人，而不是国有部门精减人员。

2011 年 6 月下旬，古巴部长会议扩大会议专门讨论了住房和汽车买卖的问题，会议决定将在年底开始执行新的规定，政府将取消过去有关限制买卖住房和汽车的众多法规。另外，自从 2008 年 7 月劳尔签署的第 259 号法令允许农民承包闲置的土地以来，到 2011 年 8 月，全国有半数以上闲置的土地（约 120 万公顷）已由 17.8 万人承包。但由于古巴缺乏农业生产资料供应市场，农民所需的农具、农机、化肥、农药等的供应得不到保证，加之农产品收购不及时，价格过于低廉，从而影响了承包土地农民的生产积极性，所以土地承包的效益并不显著。

（原载上海市哲学社会科学规划办公室、上海市社会科学院信息研究所编，王世伟、荣跃明主编《2011 年国外社会科学前沿》第 15 辑，上海人民出版社 2012 年版）

古巴最高领导层顺利完成权力交替

2008 年 2 月 24 日，古巴最高领导层完成了权力的交替，在当天开幕的第七届古巴全国人民政权代表大会上，劳尔·卡斯特罗（以下简称劳尔）当选并就任古巴国务委员会主席和部长会议主席，正式接替他的哥哥——执政长达 49 年的菲德尔·卡斯特罗（以下简称卡斯特罗）。古巴是亚洲地区之外唯一的社会主义国家，古巴最高领导层权力的平稳和顺利的交替具有重要的意义，它确保古巴的社会主义事业的延续和发展，也有利于拉美和世界社会主义运动的巩固和发展。

一　卡斯特罗移交权力的主要原因和过程

卡斯特罗是古巴人民和古巴革命的领袖。20 世纪 50 年代，他领导古巴人民通过武装斗争推翻了巴蒂斯塔亲美独裁统治，于 1959 年 1 月 1 日取得了革命的胜利。革命胜利后初期，他出任革命武装力量总司令；1959 年 2 月 16 日，兼任总理，领导古巴人民进行了土改、国有化等民主改革。1961 年 4 月 16 日，他宣布古巴革命是社会主义革命，同年 5 月 1 日，他又宣布古巴是社会主义国家。从 1965 年起，卡斯特罗一直担任古巴共产党中央委员会第一书记。从 1976 年起，连任古巴国务委员会主席兼部长会议主席。

在当今世界政坛中，第一代亲自领导和参加革命战争并打下江山的人已为数不多，能数十年一贯受到本国人民拥戴、又始终受到世界各国人民尊敬的政治领袖更屈指可数，而古巴最高领导人卡斯特罗就是其中最突出的一位。古巴革命胜利后近半个世纪以来，美国先后更换了 10 位总统，历届美国总统都对古巴采取敌视政策：经济上进行封锁制裁、贸易上实行禁运；军事上进行威胁并曾策动雇佣军入侵古巴；外交上企图孤立古巴；政治上支持古巴反革命分子搞阴谋颠覆活动；对卡斯特罗本人，美国千方百计对他进行卑鄙的暗杀，企图从肉体上消灭他，美国中央情报局曾对卡斯特罗本人进行过 637 次暗杀行动，但一次又一次地失败。20 世纪 80 年代末 90 年代初苏东剧变和苏联的解体对古巴产生了巨大冲击和压力，但卡斯特罗带领古巴人民克服了种种难以想象的困难，使社会主义的古巴依然巍然屹立在西半球，这对世界社会主义和进步运动的恢复、发展和壮大做出了巨大的贡献。

在世界社会主义运动历史上，作为第一代打下江山的革命领导人，能主动让贤的人可以说是微乎其微，而卡斯特罗却身体力行。诚然，卡斯特罗让权的主要原因是身体原因。2006 年 7 月 31 日，卡斯特罗发表公告宣布，因他肠道出血而接受手术的原因，他将自己所担任的主要职权古共中央第一书记、古巴革命武装力量总司令、国务委员会主席兼部长会议主席的职务暂时移交给他的弟弟劳尔，而他在公共卫生、教育、能源革命计划中担任的职务则将分别暂时移交给其他几位领导人。

卡斯特罗在 2008 年 2 月 18 日写给全国人民的辞职信中，既说明了他准备辞职的主要原因，又表明了他将作为一名思想战线的战士继续为革命作贡献的决心。他在信中说："多年来，我一直担任国务委员会主席这一荣耀的职务。1976 年 2 月 15 日，全国 95% 以上的有选举权的公民，通过自由、直接和秘密的投票通过了古巴的社会主义宪法。第一届全国人民政权代表大会于同年 12 月 2 日召开，并选出国务委员会及其主席。在这之前，我担任了差不多 18 年的总理。一直以来，在绝大多数人民的支持下，我一直拥有将革命事业推向前进的必需的职权"，"占据一个需要经常走动和全力以赴的职位将违背我的良心，因为我目前的身体条件达不到这一要求"，"我想对你们说，我既不会寻求也不会接受，我再重复一遍，我既不会寻求也不会接受国务委员会主席以及革命武装力量总司令这两个职务"，"我并不向你们告别。我唯一的心愿就是作为一名思想的战士进行战斗。我还会继续在'菲德尔同志的思考'栏目下写文章。这将是可以拥有的又一个武器"。

卡斯特罗为什么选择在这时候让权？这是因为这时候是正式移交权力

的最好时机。从周边环境来看，拉美不少国家左派和中左派执政，同古巴保持良好的关系，古巴周边环境明显改善。而在古巴的北方邻国美国，布什任期只剩下不到一年，美国目前正在进行竞选，民主党很可能在这次大选中胜出。而民主党两位候选人奥巴马和希拉里都表示如果当选，将放松对古巴的封锁。奥巴马还表示，愿意坐下来同古巴进行谈判。从古巴国内来看，2008 年 1 月 20 日，古巴举行了选举，选举产生了包括卡斯特罗在内的 614 名新一届的人大代表。新一届人大定于 2 月 24 日开幕，卡斯特罗选择在人大开会前夕提出辞职请求，这是正式、合法移交职权的最佳时机。

自 2006 年 7 月底至 2008 年 2 月下旬劳尔暂时接管职权 19 个月来，古巴的政局基本稳定，经济取得发展（2006 年增长 11.8%，2007 年7.5%），外交取得进展。但是，这一年多，古巴没有出台重大的改革措施，在经济方面面临不少困难和问题。正如劳尔在 2007 年 7 月 26 日重要讲话中所说的："这一年的日子是很困难的，但其结果与敌人的期望恰恰相反。敌人期望古巴出现混乱，期望古巴社会主义垮台，美国重要官员甚至声称将乘机摧毁古巴革命，但实际情况恰恰相反"，"这一年，尽管我们感到悲伤，没有一项任务中止。国内秩序井然，工作努力，党和政府机构运转正常，对每个问题都由集体来寻找有效的解决办法。表现出成熟、坚持原则、团结和对卡斯特罗、对党和对人民的信任。没有任何一件与国家发展和人民生活相关的事没有负责任地去进行处理，并寻找解决的办法"，"（目前古巴）面临极端的客观困难：工资不足以满足全部需要，没有履行'各尽所能，按劳分配'的社会主义原则；社会纪律松弛、自由放任等"。劳尔强调"古巴的特殊时期没有结束"，他提出应该进行"必要的结构变革和观念的变革"，必须生产更多的产品，减少进口，特别是食品的进口，要增加外国投资，只要它能提供资金、技术和市场，有利于国家的发展，不能再重复过去的错误。

自 2007 年 9 月起，围绕劳尔的这一讲话，古巴共产党在全国范围进行了广泛讨论。劳尔在去年 12 月 28 日的全国人代会上说，在短短两个月时间里，全国上下举行了 21 万多次讨论会，共有 500 多万人与会，322 万人发言，提出了 130 多万条意见和建议。

　　劳尔和卡斯特罗工作作风不同,劳尔公开讲话很少,讲话也比较短;在讲话中不说空话,谈成就少,谈实际问题多。人们注意到,在这一时期,古巴没有举行过一次大规模的反帝游行。劳尔强调他是在卡斯特罗的指导下开展各项工作的;而卡斯特罗则在2007年7月31日写的"总司令思考"的文章中说:"劳尔本人说,每项重要的决定随着我身体的恢复都曾向我咨询。"2007年12月27日,卡斯特罗在写给全国人大的信中强调:"我拜读了劳尔自己起草的简短和具体的讲话(指上述12月28日劳尔的讲话),他事先把讲话稿寄了给我","我同你们一起举手支持他的讲话"。

　　2007年12月17日卡斯特罗在致圆桌座谈节目主持人的信中,已暗示他将让位给年轻人。卡斯特罗在信中说:"我基本的责任不是抓住职务不放,更不是阻挡年轻人的步伐,而是贡献我的经验和思想,其微薄的价值来自于我生活过的特殊的时代。"之后,卡斯特罗在12月27日上述写给全国人大的信中强调:"前些日子,国际报刊关于古巴报道最多的是我12月17日在给古巴电视台圆桌座谈节目主持人信中所写的一句话,我说我不是抓住职务不放的人。我可以补充说,有段时间由于过于年轻和缺乏觉悟我曾经是这样的。"

二　古巴国家新领导班子的组成和政策动向

　　2008年2月24日古巴人大开会,1月20日刚刚当选的人大代表(总数614人,实际参加投票为609人)一致选举劳尔为国务委员会和部长会议主席。同时选举何塞·拉蒙·马查多·本图拉(José Ramón Machado Ventura,77岁)为国务委员会和部长会议第一副主席,选举胡安·阿尔梅达·博斯克(Juan Almeida Bosque,80岁)、胡安·埃斯特万·拉索·埃尔南德斯(Juan Esteban Lazo Hernández,64岁)、阿韦拉多·科洛梅·伊瓦拉(Abelardo Colomé Ibarra,69岁)、胡利奥·卡萨斯·雷盖罗(Julio Casas Regueiro,72岁)、卡洛斯·拉赫·达维拉(Carlos Lage Dávila,57岁)5人为国务委员会副主席,选举何塞·米格尔·米亚尔·巴鲁埃科(José Miguel Miyar Barruecos)为国务委员会秘书。而部长会议除主席、第一副主席(兼)和国防部长(由胡利奥·卡萨斯·雷盖罗兼)已确定外,部长会议其他副主席和其他部长尚未确定。在新的国务委员会中，新当选的委员为13人，占总数31名成员的41.9%。

新国务委员会主席和副主席的构成有以下几个特点：（1）基本上是原班人马。除胡利奥·卡萨斯原来是国务委员会委员，这次提升为副主席以外，其他几位都是第三次连任国务委员会副主席；劳尔·卡斯特罗原来为国务委员会和部长会议第一副主席，这次当选为主席。（2）第一副主席人选出乎意料：原来呼声较高的、被西方国家认为是"改革派"的、相对较年轻的拉赫没有当选。当选的本图拉年龄已过77岁。本图拉长期在党内负责人事组织工作，深得卡斯特罗兄弟的信任。他毕业于哈瓦那大学医学系，20世纪50年代曾在马埃斯特腊山参加游击战。革命胜利后，曾任卫生部长，后长期任古共中央组织部长，是古共中央政治局委员。据说，在20世纪80年代中后期，本图拉曾坚决反对在古巴实行苏联式的"改革"和"公开性"。（3）新当选的国务委员会主席和副主席平均年龄70岁，年龄偏大；当选的国务委员中，军人占比重比较大，其中有不少人曾在劳尔指挥的第二战线打过仗，是劳尔的助手或下属。（4）部长会议（新政府）的构成将发生变化，大多数成员尚未确定。（5）这次替换下去的原国务委员会委员大部分是因为年老身体弱。但是原来负责"思想战"的原部长会议副主席和前共青团第一书记、40岁的奥托·里韦洛的去职令人瞩目。

从这次古巴最高职权的交替情况来看，古巴最高领导层在考虑新班子时，主要着重点是考虑保持政局的稳定和"延续性"。然而，舆论认为，新当选的国务委员会和部长委员会主席和第一副主席年龄都已77岁，其他5位国务委员会副主席除拉赫外，年龄均已超过60岁，而阿尔梅达已80岁。因此，无疑地，过不了几年，古巴最高领导的权力还得面临进行交替的问题。

值得一提的是，卡斯特罗在2月28日写的题为《希望我不会感到羞耻》的"菲德尔同志的思考"（自2月19日起卡斯特罗将他写的文章的总标题从"总司令的思考"改为"菲德尔同志的思考"）文章中谈到，这次马查多·本图拉等国务委员会委员的名单事先是征求过他的意见的，卡斯特罗特别推荐15岁就参加起义军的现古巴西部军区司令莱奥波尔多·辛特拉·弗里亚斯（Leopoldo Cintra Frías）和总参谋长、革命武装力量部副部长阿尔瓦洛·洛佩斯·梅拉（Alvaro López Miera）两人为国务委员的候选人。卡斯特罗在文章中赞扬劳尔2月24日当选后的讲话是"聪明和沉着"的，而且强调新的领导班子"不是所谓劳尔军事倾向的结果，也不是党内和不同代人争权夺利的结果"。

关于卡斯特罗今后的作用问题，劳尔在2月24日当选后的讲话中说："卡斯特罗将继续是古巴革命的总司令，菲德尔是菲德尔，菲德尔是不可取代的；今后有关国防、外交、经济社会发展的特别重大事情仍将请示卡斯特罗。"这表明，今后卡斯特罗不仅在思想上作指导，而且在重大问题上仍将起指导作用。但这并不意味着今后劳尔事无巨细都得请示卡斯特罗，古巴的政策会明显地按照劳尔的思路进行。

古巴民众对这次最高领导层的权力交替反应比较平淡。因为此前卡斯特罗已多次表示他无意固守职务不放，无意挡住年轻人的去路。民众对他的辞职已有思想准备；另外，卡斯特罗实际上已移交职权达19个月；在卡斯特罗的辞职信发表后，古巴中学生联合会、妇女联合会和古巴革命战士联合会等群众团体分别致信给卡斯特罗，对卡斯特罗的辞职表示悲伤，同时又表示有信心将古巴社会主义事业继续下去，强调卡斯特罗永远是古巴革命的领袖和司令。

美国布什总统和国务卿、副国务卿均表示美国现政府不会改变对古巴的封锁政策，要求古巴释放政治犯，开放政治民主和自由；西方国家均在不同程度上要求古巴政治上开放民主，开放党禁；实行多党制自由市场经济，释放政治犯等。拉美多数国家对古巴职权交接感到欣慰，一些左派执政者对卡斯特罗予以高度评价，并对劳尔表示信任。

从劳尔的就职讲话来看，以劳尔为首的古巴政府今后国内政策的动向：一是古巴今后大的方针路线不会改变，将坚持社会主义，坚持共产党一党的领导（古巴不允许其他任何政党存在）。二是在政治改革方面，古巴将对政府的结构进行调整，使政府管理更加有效，将使党内民主生活进一步加强。至于下一届党的"六大"什么时候开，至今没有决定，到目前为止，卡斯特罗还是古共中央的第一书记。三是下一步工作的重点是解决经济和民生问题。古巴将在不影响政局稳定的前提下，渐进地、稳步地进行一些改革措施。劳尔在讲话中说，古巴政府将在数周内取消一些限制，今后还将取消另外一些复杂的限制和规定。他谈到即将着手做的事是：促进农业生产，促进农产品商品化；改变货币双轨制，使比索升值；着手改善人民的生活，改变现在的凭本定量生活用品的供应办法；将取消一些免费项目；调整和增加职工的工资等。

在外交方面，古美关系在小布什任内不会发生变化。如民主党在美国大选中获胜，在明年1月美国新政府上台后，美古关系可能会出现一定的松动，美国新政府有可能会放松对古巴的封锁和禁运，但不会从根本上改变对古巴的敌视和封锁政策。从古巴方面来说，劳尔早在2007年7月26日讲话中就已表示，准备在平等的基础上同美国新政府讨论长期的分歧。

古巴和拉美左派政府的关系会继续发展，古巴同墨西哥等拉美中右政府的关系会得到改善，墨外长即将在3月上旬访古。古巴和欧盟与古巴和西班牙的关系会进一步得到改善。欧盟的代表即将在3月上旬访古，西班牙同古巴的对话正在进行中。2月25日，劳尔就任的第二天，在哈瓦那会见了梵蒂冈的第二号人物、国务卿、枢机主教塔西西奥·贝尔托内，这是劳尔就任后会见的第一个重要的外宾，贝尔托内在记者招待会上谴责美国对古巴的封锁"从道义上说是不能接受的"。2月28日，古巴外长罗克在联合国会见联合国秘书长潘基文并代表古巴在联合国正式签署了《公民权利和政治权利国际公约》和《经济、社会、文化权利国际公约》两份国际人权公约。古中关系会得到进一步的巩固和发展，并将更加务实。

（原载李慎明主编《世界社会主义跟踪研究报告（2008—2009）——且听低谷新潮声（之五）》，社会科学文献出版社2009年版）

古共"六大"：承前启后继往开来

举世瞩目的古巴共产党第六次代表大会已于 4 月 16 日至 19 日成功地举行，这是古共自 1997 年"五大"召开 14 年之后首次举行代表大会。"六大"通过了《党和革命的经济和社会政策的纲要》（Lineamientos de la Política y Social del Partido y la Revolución），这一纲领性文件将在今后 5 年甚至更长时间里指导古巴实现经济和社会模式的"更新"。"六大"选举产生了以劳尔·卡斯特罗为第一书记的新的中央委员会，顺利地完成了党的最高领导的交接。

一 古共"六大"的筹备过程和开幕式

2010 年 11 月 8 日，古共中央第二书记、国务委员会和部长会议主席劳尔向古巴全党和全国发出关于召开古共"六大"的号召，宣布在今年 4 月 16 日至 19 日召开"六大"。11 月 9 日，古巴公布了准备在"六大"讨论通过的主要文件《经济和社会政策的纲要》草案。随后，先是在高级党校举办了两期高级干部的培训班，学习和讨论《纲要》，之后从 2010 年 12 月 1 日起至 2011 年 2 月底，在全国各地组织党内外群众对《纲要》进行了广泛讨论，征求意见和建议。据统计，共有 891 万多人次参加讨论，召开了 16.3 万次会议，有 300 万人在会上发言，提出了 78 万多条意见和建议。3 月，古共各地基层党组织选举产生了 1000 名"六大"代表和 1280 名中央委员的预选候选人。3 月 19—20 日，古共中央政治局，中央书记处成员，部长会议执行委员会成员，工会、共青团和其他群众组织负责人在一起开会讨论《纲要》，达成一致意见。

古共选择在 4 月这几天召开大会有着特殊的纪念意义：50 年前，1961

年 4 月 16 日，古巴革命领导人菲德尔·卡斯特罗在哈瓦那宣布古巴革命的性质是社会主义革命。一天后，由美国出资和武装的约 1500 名雇佣军在哈瓦那以东的吉隆滩登陆，企图扼杀古巴新生的革命政权。古巴军民在卡斯特罗的指挥下，在 72 小时内英勇地击退了雇佣军的入侵，于 4 月 19日取得了吉隆滩战役的辉煌胜利。

4 月 16 日上午，古巴数十万军民在哈瓦那革命广场举行军事检阅和群众游行，向全世界显示古巴继续走社会主义道路的坚定信心。当天下午，"六大"开幕。劳尔·卡斯特罗代表五届中央委员会作中心报告。① 劳尔在报告中指出，与会的近千名党代表代表着古共现有 61000 个党支部，约80 万名党员；强调"六大"的宗旨是讨论和通过《纲要》草案，就古巴经济和社会模式的"更新"达成共识和选举产生新的中央领导。劳尔还说，"六大"实际上从去年《纲要》公布之日起已经开始。

二　劳尔中心报告的要点

劳尔就古巴模式的"更新"提出了重要看法和指导性意见，他的中心报告的要点如下：

（1）民众所提的意见和建议不尽相同，有 45 条建议主张允许财富集中，这些建议没有被采纳，因为与社会主义本质相矛盾。

（2）负责起草和修改《纲要》的"六大"经济政策委员会将党内外群众的意见和建议进行了梳理、归纳和综合整理，将原《纲要》的 291 条中的 181 条（约占 2/3）进行了修改补充，有的进行了合并，并增加了一些条文，提交给"六大"的修改稿共 311 条，比原草案增加了 20 条。

（3）《纲要》强调，经济和社会模式"更新"的目的是为了继续实现社会主义，社会主义是不可逆转的；是为了发展经济，改善人民的生活水平，弘扬社会主义的道德和政治价值。

（4）党内外群众对《纲要》草案的意见主要集中在《纲要》中有关

---

① 劳尔·卡斯特罗在"六大"所作的中心报告和"六大"的其他文件请参阅：http://www.granma.cubaweb.cu/secciones/6to - congreso - pcc/artic - 28.html.

社会政策、宏观经济政策这两章，占意见总数的 50.8%；其次是有关建筑住房和水力资源政策、交通运输政策和经济管理这三章，以上五章集中了 75% 的意见。意见最多的条文主要是：取消购货本、取消货币双轨制、价格政策、客运、教育和医疗质量等。

（5）劳尔强调，凭本低价计划供应日用必需品的制度已成为政府财政难以承受的沉重负担，它是平均主义的表现，与"各尽所能，按劳分配"的社会主义的分配原则相矛盾，起着消极的作用，因此，必须予以取消，但不会一下子马上取消，需要创造必要的条件，提高劳动生产率，增加产量和商品供应。取消购货本本身不是目的，目的是为了消除经济和社会深度扭曲的必要措施。

（6）在社会主义的古巴，不会实施国际货币基金组织等其他国际经济组织主张的"休克疗法"，革命政府绝不会抛弃任何无依无靠的人，永远不会容忍损害最贫穷者的利益，因为他们是革命最坚定的支持者。

（7）已经开始的精减国有部门的冗员劳动力的调整将会继续进行，既不要操之过急，也不要停顿。

（8）从去年 10 月至今，新增加的个体户已有 20 多万，人数增加了一倍。非公有部门劳动的扩大是受有关法律保护的一种就业的出路，应该得到各级领导的支持和保护，同时，也要求个体户必须严格遵守法律，履行包括缴纳税收在内的义务。扩大非国有部门经济并不意味着所有制的私有化。

（9）古巴政府将继续保证全体居民享受免费医疗和免费教育，通过社会保障和社会救济制度对居民适当地进行保护。

（10）社会计划应该更加合理，要与国家的经济形势相适应，争取以较少的开支获取更好的结果。

（11）要逐步实行权力的下放，中央政府的权力下放到地方政府；各部委的权力要下放到国有企业，有利于国企的自主。政府部门的作用要与企业的作用相分开，在中期进行国企改革进程中实行政企分开。

（12）目前高度集中的中央计划经济应逐步有序地、在劳动者的参与下逐步向权力下放的体制过渡，古巴仍将以计划经济为主，但不忽视市场的趋向，这么做将有利于计划的灵活性和不断地"更新"。

（13）要重视合同制的作用，适当地利用合同作为协调各经济行为体关系的工具，恢复在收账和付款方面的纪律和秩序，减少过多的会议、检查，做到少开会、开短会，不在上班时间开会。劳尔严厉批评形式主义的纪念活动和空洞的讲话，以及在节假日组织没有实质内容和缺乏协调的义务劳动，既劳民又伤财，引起人们的不快和反感，反对搞变了味的竞赛。

（14）劳尔指出，"更新"经济模式不是一朝一夕、一年两年能完成的事，至少需要五年时间，"更新"经济模式的方针和政策并不是能解决所有问题的万能药方，需要所有人特别是领导干部提高政治的敏感性、树立共同的意识、遵法守纪，对违规现象绝不容忍。

（15）劳尔严厉批评在扩大个体户工作方面和在贯彻执行某些相关方针政策时，一些地方政府部门的官僚主义作风和其他缺陷。

（16）劳尔在报告中说，古共中央政治局建议"六大"责任政府成立贯彻落实《纲要》的常设委员会，该委员会下设一个法律小组，负责修改现有的相关的法律，以贯彻落实经济和社会模式的"更新"，并在适当的时候，提出对宪法有关条文的修改。目前，正在制定有关住房和汽车买卖的法令，修改第259号关于土地承包的法令和制定给个体户和居民提供贷款的法令。

（17）劳尔建议"六大"当选的新的中央委员会每年至少召开两次全会，检查《纲要》贯彻落实的情况，分析国民经济计划的执行情况。

（18）劳尔要求党员干部克服形式主义，密切联系群众，深入了解群众的疾苦和不满，以取得群众对党的信任。要改变思想，放弃基于教条和空洞口号为基础的因循守旧、墨守成规。

（19）劳尔建议将原定在今年年底召开的党的代表会议推迟到明年1月底召开，党的代表会议主要讨论党的工作方式、工作作风、干部组织工作，以加强党的作用。

（20）劳尔强调唯一能使古巴革命和社会主义失败、危及国家未来的是不能够纠正过去50年所犯的错误或今后可能会犯的错误。首先要纠正的错误是党政职能不分，党过于干预政府的事务。党政不分造成的伤害首先是削弱了党的政治工作，其次是损害了国家和政府的权威。

（21）在提拔干部方面，劳尔主张应坚决抛弃习惯的做法，即提拔各级领导干部必须从党团员中提拔，而不是看其是否有真才实学。领导者不应来自学校或亲友，而应该来自基层。过去虽然在提拔年轻干部到主要领导岗位方面做过努力，但所选拔的人并不总是恰当的。当前古巴面临缺乏已经过适当培养、有足够经验和成熟的预备干部来承担党和国家的领导岗位。"六大"结束之后，这项任务就得着手进行，在今后五年里必须逐步完成，但不能着急，也不能凑合。劳尔强调，要保持古巴革命的延续性，同时还要促进古巴党和政府领导层的"系统年轻化"。

（22）劳尔建议今后党和国家主要领导人任期最多为两届，每届任期五年。他还主张要尽量减少领导岗位。

（23）在谈到卡斯特罗的地位和作用时，劳尔说，只有古巴共产党才有条件继承菲德尔·卡斯特罗的权威和人民对革命和唯一的总司令的信任。卡斯特罗的道德贡献和无可争辩的领袖地位并不取决于他是否担任什么职务，他作为一名思想的战士没有停止斗争，他以他写的睿智的思考文章和其他行动为革命事业和捍卫人类做贡献。

三 "六大"的讨论、选举和闭幕式

4月17日和18日，与会代表分成五个小组就劳尔的报告和《纲要》草案进行了深入的讨论，提出了修改和补充的意见。18日下午，与会代表通过投票选举产生了由115人组成的新的中央委员会。随后，新的中央委员会召开全会，选举产生了新的中央政治局和中央书记处。

19日上午，"六大"举行闭幕式。古巴革命领导人菲德尔·卡斯特罗出席了闭幕式，受到与会近千名代表和97名特邀代表的热烈欢迎。在闭幕式上，"六大"组委会主任艾德·弗洛雷斯宣读了新的中央委员会名单。随后，老一代的革命家之一、新当选的中央委员胡里奥·卡马乔向与会代表介绍了新当选的中央第一书记劳尔·卡斯特罗和第二书记马查多·本图拉。接着，新当选的第二书记本图拉宣读了关于2012年1月28日举行党的代表会议的号召书。最后，新当选的第一书记劳尔致闭幕词。在闭幕式上，上届古共中央第一书记卡斯特罗和新一届的中央第一书记劳尔两人手拉着手，高高举起，向与会代表致意，这标志着古巴党和国家的最高领导顺利地实现了交接，这对于确保古巴社会主义革命和建设事业的继续具有重要的意义。

劳尔在闭幕词中说："我们开了一次很好的大会"，"为了成功地落实《纲要》，我们的行为必须做到：秩序、纪律和要求"，"古巴是世界上少数几个具备条件改变自己经济模式和摆脱危机而不会引起社会创伤的国家之一。"他说，2012年1月28日将举行的党的代表会议将是"六大"的继续，会议将现实地评估党的工作和确定必要的变革，使党能起社会和国家的领导作用；讨论有关"更新"党的工作方式和风格、干部政策和增补中央委员。劳尔强调新的中央委员会在干部政策方面要做的第一步是开始逐步使党政领导干部年轻化的进程。劳尔说，今后，古共中央政治局委员会将定期每周与部长会议执行委员会召开一次会议，商讨国家大事；每个月同部长会议成员定期召开一次会议，根据会议的主题，邀请政治局委员、中央书记处书记、国务委员会委员、全国人大主席、工会、青年团和其他群众组织的领导人、各省的省委第一书记和省长参加。

劳尔在闭幕词中再次肯定了卡斯特罗的地位和作用，他说："菲德尔是菲德尔，他不需要担任什么职务，他无论在过去、现在还是在将来，永远在古巴占据最高的地位。幸运的是，他的政治思维仍十分旺盛，他作为一名党员和思想的战士，只要他还有力量，他会继续为革命斗争和为人类的崇高目标而作出贡献。"劳尔在谈到自己时说："至于我自己，我承担起了我最后一个任务，我深信并承诺，作为党中央第一书记，我的首要任务和生活的意义是：捍卫、保护和继续完善社会主义，决不容许资本主义制度复辟。"劳尔还在闭幕词中表示，感谢现存的社会主义国家与古巴的合作和对古巴坚定不移的支持。

古共"六大"共通过了三项决议：《关于（劳尔·卡斯特罗所作的）中心报告的决议》、《关于〈党和革命的经济和社会政策纲要〉的决议》和《关于完善人民政权机关、选举制度和行政区划的决议》。会议还决定责任由政府成立一个贯彻落实《纲要》的常设委员会，并决定由古巴全国人大和政府相关机构制定通过或修改相应的法律。

"六大"通过《纲要》是一个纲领性文件，它确定了古巴今后经济变革的方向和方针政策，充分反映了古巴广大党员和民众的意志。《纲要》

明确指出：古巴将坚持社会主义的方向，不断完善和"更新"经济和社会模式，发展国民经济，改善人民生活水平；古巴将在坚持以计划经济为主导的前提下，考虑市场的趋向；在坚持以公有制为主的前提下，扩大个体户、承包、租赁、合作社、外资等其他所有制形式，使所有制多元化；古巴将继续实行全民免费医疗和全面免费教育，将重视发展农业，进一步吸收外资，扩大个体户；逐步取消购货本制度，削减不必要的社会开支和政府补贴。

四　新的中央领导机构组成情况

古共"六大"选举产生了以劳尔·卡斯特罗为第一书记、马查多·本图拉为第二书记的、由115人组成的新的中央委员会，比五届中央委员会150人减少了35人。新的中央委员中，有女性48人，占总数的41.7%（上届为13.3%），比上届增加了两倍；黑人和混血种人有36人，占总数的31.3%，比上届增加了10%。原有中央委员中，有59人这次没有当选，占实际中央委员人数的一半（"六大"召开前夕，古共中央委员会实际人数为106人）。新的中央委员会中，大多数为中青年，但仍保留了一些老一代的革命者。

新的中央政治局由15人组成，其中12人为原中央政治局委员，新当选政治局委员有3人，他们是45岁的哈瓦那省省委第一书记梅赛德斯·洛佩斯·阿塞阿（新政治局中唯一的女性）、50岁的部长会议副主席兼新成立的贯彻落实《纲要》的常务委员会主任马里诺·穆里略·豪尔赫和65岁的新任命的经济和计划部部长阿德尔·伊斯基尔多·罗德里格斯。新的政治局委员平均年龄为68岁，60岁以下的有3人。

新当选的中央书记处由7人组成，劳尔·卡斯特罗不再兼任书记处成员，比2006年7月1日古共五届五中全会决定恢复中央书记处时的12人减少了5人，比"六大"召开前夕的10名书记处成员减少了3人。古共中央新的领导班子的选举产生从组织上使今后古巴模式的"更新"有了强有力的保证。

五　古共"六大"的意义和前景

古共"六大"在政治上，确立了以劳尔为第一书记的新的党中央领导班子，宣布实行党和国家最高领导人的任期制，取消了事实上的终身制；健全了党的集体领导制度和党内的民主集中制；在经济和社会方面，就"更新"经济和社会模式的《纲要》，统一了思想，达成了共识。古巴共产党是古巴社会主义革命和建设事业的核心力量，古共"六大"是一次具有重大历史意义的会议，它将对古巴社会主义事业持续发展产生重大和深远的影响，古共"六大"是一次承前启后、继往开来的大会。劳尔在"六大"的重要讲话和"六大"通过的《纲要》，为古巴未来的经济变革确定了方向。

应该看到，古巴的经济和社会模式的"更新"依然面临着不少困难和挑战，古巴"更新"模式的路途不可能是笔直平坦和一帆风顺的，但其前景是光明和令人乐观的。

（原载《当代世界》2011 年第 5 期）

古共"六大"与古巴经济模式的"更新"

古巴共产党是西半球美洲唯一执政的共产党,古巴是亚洲以外唯一的社会主义国家。古巴共产党在古巴执政和古巴宣布是社会主义国家已经半个世纪①,古巴共产党的执政经验和古巴社会主义经济模式的"更新",对中国共产党和政府,起着重要的借鉴作用。

今年4月16日至19日,古巴共产党成功地召开了举世瞩目的第六次代表大会,"六大"通过了《党和革命的经济和社会政策的纲要》,这一纲领性文件将在今后5年甚至更长时间里指导古巴经济和社会模式的"更新"。"六大"选举产生了以劳尔·卡斯特罗为第一书记的新的中央委员会,顺利地完成了党的最高领导的交接,从组织上使今后古巴模式的"更新"有了强有力的保证。

一　古巴社会主义经济模式的变化

(一)古巴革命胜利后社会主义经济模式的变化(1959—2006)

自1959年年初革命胜利以来,古巴的经济发展模式经历了几次变化。革命胜利前,古巴政治上由亲美的巴蒂斯塔独裁政权统治,经济比较落后,经济结构单一,是一个以甘蔗种植和蔗糖的加工和出口占主要地位的单一作物经济的农业国。经济在很大程度上依赖以美国为主的外国资本。

---

① 1961年4月15日清晨,美国飞机轰炸了哈瓦那,造成了7人死亡,53人受伤。1961年4月16日,哈瓦那市民为在美国飞机罪恶轰炸中的7名牺牲者举行了葬礼。菲德尔·卡斯特罗在葬礼仪式上发表了长篇演说,宣布古巴革命是"一场贫苦人的、由贫苦人进行的、为了贫苦人的社会主义民主革命"。这标志着古巴革命的第二阶段即社会主义革命阶段的正式开始。同年5月1日,卡斯特罗宣布古巴为社会主义国家。

古巴革命胜利初期，由于急于想改变单一的经济结构，曾一度大幅度削减蔗糖生产，提出实现农业多样化和短期内实现现代化工业化的目标。

1963年年底，古巴党和政府又改变经济发展战略，采取发挥"相对优势"的发展战略，集中发展具有优越条件的制糖业。1968年3月，古巴发动"革命攻势"，接管了几乎所有的私人中小企业、手工业作坊和商店，消灭了城市中的私有制。同时，扩大免费的社会服务，用精神鼓励代替物质刺激。1963年年底，古巴提出要在1970年达到年产1000万吨糖的生产指标，强调要充分利用古巴生产蔗糖的有利条件和相对优势，集中力量发展糖业，"以糖为纲"，以增加外汇收入、增强进口能力，确保经济的持续发展。为实现这一目标，古巴党和政府集中了大量人力物力，进行突击生产。但由于计划指标订得太高，片面、过分强调发展糖业，致使国民经济各部门发展比例严重失衡，经济遭到破坏。

20世纪70年代，古巴参照苏联和其他社会主义国家的模式，实行了苏联式的政治和经济体制改革。1972年古巴加入经互会，参与并实现了同苏联、东欧经济的一体化，建立了以糖、镍、酸性水果等专项生产和出口的生产专业化方向，并利用苏联和东欧国家的资金进行国民经济的技术改造。1975年召开了古共"一大"；1976年，召开了全国人民政权代表大会，选举产生了国务委员会及其主席，通过了新宪法和第一个五年计划。经济上，实行新的经济领导和计划体制，实行经济核算制。

1980年古共召开"二大"，肯定了政治和经济体制改革的成绩。80年代前半期，古巴模仿苏联发展模式，全面推行经济领导和计划体制。同时，实行"新经济政策"，如1980年开设农民自由市场，1981年开设农副产品贸易市场；1980年实行新的工资制度。1982年2月，颁布了《外国投资法》，首次正式表示欢迎外资到古巴兴办合资企业，有限度地实行对外开放。

1986年2月，古共召开"三大"，通过了《关于完善经济领导和计划体制的决议》。然而，在"三大"闭幕后不久，同年4月19日，菲德尔·卡斯特罗严厉批评在执行新经济政策中存在的一系列弊端和"不良倾向"，在全国掀起了一场"纠正错误和消极倾向进程"（简称"纠偏进程"），展开"战略大反攻"①。随后，古巴政府采取了一系列"纠偏"措施：关闭农民自由市场，恢复国家统购统销制度；限制向工人发放奖金并提高了部分劳动定额；修改住宅制度，禁止私人买卖房屋；禁止出售手工艺品和艺术品；禁止私人行医；调低著作版权费等。

古巴在 80 年代后期开展纠偏运动的主要原因是：古巴领导人担心如果按 80 年代初新经济政策即按苏联的模式继续进行改革，会影响国内政局的稳定。面临当时古巴国内一部分人要求古巴应像苏联一样，搞"公开性"和苏联式的政治经济"改革"，卡斯特罗强调古巴不能照搬苏联、东欧的模式，"古巴环境特殊"，"它受帝国主义封锁、包围和入侵"，因此"不能抄袭别国的经验"，强调古巴建设社会主义现代化需要"寻找一条新的道路"。纠偏进程虽然没有促进古巴经济的发展，但它保证了以卡斯特罗为首的古巴领导人坚持社会主义方向，使古巴没有像苏联、东欧那样搞所谓的"改革"和"公开性"，使古巴在 80 年代末 90 年代初经受住了东欧剧变、苏联解体对它的巨大冲击。

1959—1989 年经济年均增长 4.3%，人均经济年均增长 2.8%。

20 世纪 80 年代末和 90 年代初东欧的剧变和苏联的解体是对古巴沉重的打击，使古巴在政治上失去了重要的战略依托，经济上陷入危机，据估计，古巴遭受的经济损失高达约 40 亿美元。据统计，1990 年，古巴经济下降 3.1%，出现了自 1987 年以来第一次负增长。1991 年下降 25%，1992 年下降 14%，1993 年又下降了 10%。② 1990—1993 年 4 年古巴国内生产总值共计下降 34%。苏东剧变和美国长期的封锁使古巴人民生活必需品定量供应的数量和品种减少。

1990 年 9 月，古巴宣布进入"和平时期的特殊阶段"。在特殊阶段里，古巴的基本对策是：在坚持计划经济的同时，根据特殊阶段的要求调整经济计划和发展的重点。

在苏联解体后，古巴适时地调整了经济发展模式，先是采取一系列应急措施，实行生存战略，维持国家经济的运转和居民的基本食品供应，随

---

① http：//www.cuba.cu/gobierno/discursos/1986/esp/f190486e.html.

② 古巴国家统计局历年统计数，Oficina Nacional de Estadisticas，http：//www.one.cu/.

后，古巴调整经济发展模式，实行变革①开放，逐步恢复和发展经济。古巴改变了过去重点发展糖业的经济发展战略，把经济发展的重点放在创汇部门，特别是旅游、医疗器材和生物制品的医药产品的生产和出口，加快了纳入世界经济体系的进程。

自 20 世纪 90 年代初起，古巴开始变革开放。1991 年 10 月，古巴共产党召开"四大"。这次大会是在古巴面临空前困难的形势下举行的，具有特殊意义。大会提出了"拯救祖国、革命和社会主义"的原则和口号，卡斯特罗在开幕式讲话中明确提出了古巴对外开放的政策："我们正在广泛地实行开放，广泛地对外资实行开放。"1995 年 9 月，颁布了新的外资法（第 77 号法）。

1997 年 10 月，古巴共产党召开"五大"，会议总结了经验教训，制定了跨世纪方针，其要点是：坚持共产党领导和坚持社会主义，反击美国的经济制裁和政治及意识形态攻势，在不改变社会性质的前提下，继续稳步进行经济变革，并尽可能减少由此带来的社会代价。古共"五大"通过的中心文件《团结、民主和捍卫人权的党》明确指出：坚持社会主义和共产党的一党领导，是维护国家独立、主权以及抵抗美国封锁、获得生存的保障；以马列主义、马蒂思想及菲德尔（卡斯特罗）思想为指导的古共，是国家稳定的捍卫者和中流砥柱，社会主义和共产党的领导，是古巴的唯一选择。"五大"通过的《经济决议》指出："古巴的经济政策开始了一个新阶段，它应当包括经济结构方面，如多样化、振兴出口、发展食品基地、提高能源、物资和财政部门的经济效益等"，"提高效益是古巴经济政策的中心目标"②。《经济决议》强调"在经济指导中，计划将起主要作用，尽管在国家的调节下，已给市场机制打开了一个空间"③。古共"五大"后，又继续推出一些新的变革举措。

自 1994 年起，由于实行变革开放，古巴经济开始连续逐步恢复增长，

---

① 由于古巴官方不使用 Reforma（"改革"）这个词，一般使用 Cambio（"变化"、"变革"），故在本文中，不使用"改革"，而使用"变革"。

② Granma, 7 de noviembre de 1997, p. 2.

③ Resolucion Economica del V Congreso del Partido Comunista de Cuba, Granma 7 de noviembre de 1997, p. 3.

1994 年增长 0.7%，1995 年增长 2.5%，1996 年增长 7.8%，1997 年为 2.5%，1998 年为 1.2%，1999 年为 6.2%，2000 年为 5.6%。据统计，1990—2000 年古巴年均国内生产总值增长率为负 1.4%。2001 年增长为 3%，2002 年为 1.1%，2003 年为 2.6%，2004 年增长 4%，2005 年增长 11.8%。

（二）古巴经济模式的"更新"（2006—2011）

2006 年 7 月 31 日，古巴党和政府的最高领导人卡斯特罗因肠胃出血，接受手术，决定把古巴最高行政职权暂时移交给劳尔。2008 年 2 月 24 日，古巴人民政权代表大会举行换届选举，在当天召开的第七届人代会上，劳尔当选并就任古巴国务委员会主席和部长会议主席，正式接替他的哥哥——执政长达 49 年的卡斯特罗，古巴最高行政权力顺利完成交替。

劳尔执政以来，古巴采取了一系列新的经济变革措施，主要有：放宽对消费品销售的限制，允许向持有"可兑换比索"（即外汇券）的古巴普通民众销售手机、电脑、DVD 机、彩电等商品；允许古巴本国公民入住涉外旅游饭店（但需支付"可兑换比索"，相当于我国曾经使用过的外汇券）；取消工资最高限额；允许职工和大学生兼职，挣两份或两份以上工资；通过第 259 号法令和 282 号法令，将闲置的土地承包给合作社或个体农民；大力发展市郊农业；削减不必要的公共事业补贴，关闭免费职工食堂；取消凭本低价供应的芸豆、土豆、香烟等商品；将原国有理发店和美容店承包给原职工；将投资建高尔夫球场的外国投资者土地租用期限从 50 年增加到 99 年；等等。

古巴不得不对原有的经济发展模式进行大幅度的调整。古巴的经济发展模式在苏东剧变前是与苏联东欧经济一体化，重点生产糖、镍和酸性水果。苏东剧变后，转为重点发展创汇部门如镍矿、旅游、医疗器材和生物制品制造和出口等。进入 21 世纪以来，古巴又实施新的以第三产业（服务业）为主的发展模式。重点发展劳务（医生、教员）的出口。目前古巴的经济在很大程度上依靠输出大量医生、教员来换取委内瑞拉等国的石油和其他产品。据古巴国家统计局统计，2009 年古巴的经济结构中，服务业占 GDP 的 75.51%，农业和矿业只占 4.86%，工业占 13.45%，建筑占

6.22%，电力、煤气和自来水只占 1.43%。但以劳务为主的发展模式，并没能拉动工业、农业和经济其他部门的增长，工业制成品、粮食和食品需要大量进口，而本国农村的土地有一半闲置，无人耕种。据官方公布，古巴全国劳动力有 500 多万，在国有部门有 400 多万，其中有 100 多万冗员，一些政府部门和国有企业机构臃肿，人浮于事，办事效率低下。

此外，调整经济发展模式也是为了改善人民的生活。劳尔等古巴领导人承认，"古巴面临极端的客观困难：工资不足以满足全部需要，没有履行'各尽所能，按劳分配'的社会主义原则；社会纪律松弛、自由放任等"。古巴职工的平均月工资不到 20 美元，而除定量供应的商品外，购买其他商品必须用外汇或可兑换比索，对大部分没有外汇来源、仅靠死工资收入的居民来说，生活困难相当大，古巴社会存在着事实上的不平等。

自 2006 年以来，劳尔先后发表了多次重要讲话，[①] 论述了他对古巴经济变革和"更新"社会主义经济模式的看法。与此同时，古巴党和政府采取一系列经济变革措施，以"更新"古巴的经济和社会模式。

劳尔强调必须进行经济结构和观念的变革，强调经济工作和粮食生产是党和政府工作的重点，明确提出满足民众的需要是当前的"要务"，强调社会主义不能搞平均主义，社会主义不能培养懒汉。强调必须逐步"完善"和"更新"社会主义模式。2010 年 10 月 31 日，劳尔在古巴中央工会第 86 届全国理事会扩大的全会的闭幕式上说，"古巴不抄袭任何其他国家（的模式），在更新古巴经济模式的进程中，绝不会放弃社会主义建设"，他强调古巴的做法是根据本国特点的"土生土长的产物"。2010 年 12 月 18 日，劳尔在人代会上说："我们正在采取的措施和所做的修改都是"更新"经济模式所必需的，是旨在维护和巩固社会主义，使社会主义不可取代"，"社会主义建设应该根据各国的特点来进行。这一历史的教训我们已经很好地吸取。我们不会照抄任何国家，过去我们照抄给我们带来了不少问题，很多时候是因为我们照抄照搬得不好，尽管我们并不是不了解别人的经验，我们学习别人的经验，包括学习资本主义国家的好的经验"。劳尔表示要承认并纠正错误，吸取经验教训。劳尔说："我们十分清

---

① 劳尔·卡斯特罗的重要讲话的原文，请查阅古巴网站：http://www.cubadebate.cu/.

楚我们所犯的错误,我们现在讨论的《纲要》标志着纠正错误的道路和必须"更新"我们社会主义经济模式的开始","要么我们纠正错误,不然我们在悬崖边徘徊的时间已告结束,我们就会沉没下去,并且会葬送几代人的努力①。"

2010 年以来,古巴政府出台了一系列"更新"(actualizar)社会主义发展模式的新举措。8 月 1 日,劳尔发表重要讲话,宣布古巴将分阶段逐步减少在国有部门工作的职工,扩大个体劳动者的数量,并称这是"结构和概念的变革"。9 月 13 日,古巴官方宣布,到 2011 年 3 月底,在半年时间内,国有部门(包括各部委及其下属单位和国有企业)将有 50 万人下岗,其中约 25 万人将从事个体劳动。为此,政府于 9 月 24 日在党报《格拉玛报》上公布了为个体户开放的 178 项经济活动,放宽了对个体工商户的限制。根据新的规定,在 178 种允许个体户从事的经济活动中,有 29种是新开放的,有 83 种允许雇佣劳动力。10 月初,古巴政府开始启动个体户注册登记。10 月 25 日,古巴官方公报上正式公布了有关个体户纳税的具体规定。自 2011 年 1 月 4 日起,古巴国有部门正式开始裁员,裁员先从糖业部、农业部、建设部、公共卫生部四个部和旅游业开始,然后将波及其他部门。

古巴大批国有部门人员的下岗、放宽个体户从业,是解决剩余劳动力、调整就业结构、降低国家财政支出、增加税收收入的必要措施,是古巴新的经济变革的重头戏,是一剂猛药,其成功与否将对古巴未来的经济改革进程起关键作用。

这次古巴新的经济变革措施来势凶猛,牵涉面大;触动到了经济结构和观念问题。评论认为,随着个体户的扩大和允许雇工和国家银行准备向私企贷款等措施出台,私人中小企业和城市合作社将逐步在古巴涌现,这将使古巴所有制的结构发生变化,使古巴经济逐步向市场经济过渡。此外,以往只有在外企工作的古巴人缴纳所得税,而绝大多数的古巴职工不用缴纳所得税,而最近公布的有关纳税条例,将从根本上改变古巴民众不

---

① 徐世澄:《劳尔·卡斯特罗有关古巴经济变革的论述和古巴经济变革的最新动向》,《当代世界》2011 年第 3 期,第 24—27 页。

纳税的观念。据官方统计，到 2011 年 3 月底，古巴已有 12.8 万户农民承包土地，有 20 万户新个体户进行了登记注册。

2006 年以来，古巴经济每年都有增长，但增长的速度呈下降趋势：2006 年增长 12.5%，为革命胜利后经济增长速度最快的一年。2007 年增长 7.5%。2008 年增长 4.3%，2009 年只增长 1.4%，2010 年为 2.1%。目前古巴的经济相当困难，受国际金融危机的影响，在国际市场上古巴的重要出口产品镍价格下跌，而古巴所需要大量进口的粮食和食品价格上涨；去古巴的旅游人数减少，旅游者在古巴的人均消费减少，古巴旅游收入减少；2008 年连续三次的飓风使古巴遭受了 100 亿美元的损失；美国对古巴连续半个多世纪的经济封锁、贸易和金融禁运以及古巴本身经济政策方面的失误使经济困难加剧。在这种形势下，古巴党和政府下决心要通过召开古共"六大"，加快经济模式"更新"的步伐。

二　古共"六大"的召开

去年 11 月 8 日，古共中央第二书记、国务委员会和部长会议主席劳尔·卡斯特罗向古巴全党和全国发出关于召开古共"六大"的号召。第二天 11 月 9 日，古巴公布了准备在"六大"讨论通过的主要文件《经济和社会政策的纲要》草案。① 随后，先是在高级党校举办了两期高级干部的培训班，学习和讨论《纲要》，之后从 12 月 1 日起至今年 2 月底，在全国各地组织党内外群众对《纲要》进行了广泛的讨论，并普遍地征求意见和建议。据统计，共有 891 万多人次参加讨论，召开了 16.3 万次会议，有 300 万人在会上发言，提出了 78 万多条意见和建议。3 月，古共近 80 万党员和 61000 个党支部经过选举，产生了 1000 名"六大"代表和 1280 名中央委员的预选候选人。3 月 19—20 日，古共中央政治局，中央书记处成员，部长会议执行委员会成员，工会、共青团和其他群众组织负责人在一起开会讨论《纲要》草案，达成一致意见。

4 月 16 日至 19 日，古共成功地召开了"六大"，这是自 1997 年古共

---

① 《纲要》草案的原文全文请参见古巴《格拉玛报》，网站：http://www.granma.cubaweb.cu/.

"五大"召开 14 年之后首次举行代表大会。劳尔·卡斯特罗在 4 月 16 日"六大"开幕式上作了中心报告，① 报告强调"六大"的宗旨是讨论和通过《纲要》草案，就古巴经济和社会模式的"更新"达成共识和选举产生新的中央领导。在报告中，劳尔就古巴模式的"更新"提出了重要看法和指导性意见，他的中心报告的要点如下：

经济和社会模式"更新"的目的是继续实现社会主义，社会主义是不可逆转的；是为了发展经济，改善人民的生活，弘扬社会主义的道德和政治价值；凭购货本低价计划供应日用必需品的制度已成为政府财政难以承受的沉重负担，它是平均主义的表现，与"各尽所能，按劳分配"的社会主义的分配原则相矛盾，起着消极的作用，因此，必须予以取消，但不会一下子马上取消；在社会主义的古巴，不会实施国际货币基金组织等主张的"休克疗法"，政府绝不会抛弃任何无依无靠的人；已经开始的精减国有部门冗员的工作将继续进行，但不能操之过急，也不要停止；非公有部门的扩大是受有关法律保护的一种就业的出路，应该得到各级领导的支持，同时，也要求个体户必须严格遵守法律，履行包括缴纳税收在内的义务，扩大非国有部门经济并不意味着所有制的私有化；古巴政府将继续保证全体居民享受免费医疗和免费教育，通过社会保障和社会救济制度对居民适当地进行保护；逐步实行权力的下放，要实行政企分开；古巴仍将以计划经济为主，但应考虑市场的趋向；要逐步有序地实现权力的下放；要重视合同制的作用；要少开会、开短会，不在上班时间开会；反对搞形式主义的纪念活动和发表空洞的讲话，反对搞没有实质内容的义务劳动和变了味的竞赛活动；"更新"经济模式不是一朝一夕、一年两年能完成的事，至少需要五年时间，《纲要》中有关"更新"经济模式的方针和政策并不是能解决所有问题的万能药方；反对一些地方政府部门对个体户登记和营业采取官僚主义作风；要求党员干部克服形式主义，密切联系群众，深入了解群众的疾苦和不满，以取得群众对党的信任；要改变思想，抛弃以教条和空洞口号为基础的因循守旧、墨守成规；主张党政职能分开；要注意

---

① 劳尔的中心报告、闭幕词和古共"六大"的其他文件请参见古巴共产党网站：http://www.pcc.cu/.

提拔年轻干部，使干部队伍年轻化；提议今后党和国家主要领导人任期最多为两届，每届任期五年。

4月17日至18日，与会代表分成五组，对劳尔的中心报告和《纲要》进行了讨论。根据会前党内外群众提出的意见和建议以及"六大"代表们的意见和建议，对《纲要》草案进行了修改和补充。"六大"代表最后通过了修改后的《纲要》。

"六大"通过的《纲要》共311条，比原《纲要》草案增加了20条。《纲要》涵盖了经济社会的各个方面，包括经济管理模式、宏观经济、对外经济、投资、科技创新、社会、农工、工业和能源、旅游、运输、建筑住房水力资源、贸易政策等。其要点是：古巴将继续以计划经济为主，同时也考虑市场的趋向；社会主义国有企业是所有制的主要形式，此外，承认并鼓励合资企业、合作社、土地承包、租赁、个体劳动者等其他所有制形式，使所有制多样化；将继续保持免费医疗、免费教育等革命的成果，但将减少过度的社会开支和不必要的政府补贴；将逐步取消低价定量供应日用必需品的购货本；政府将调整就业结构，减少国有部门的冗员，扩大个体劳动者的活动范围，并向其提供银行贷款和允许其进入原材料批发市场；将继续吸引外资、寻找资金来源来遏制生产部门的资金流失；将重新安排其所欠外债的偿还期，严格履行其承诺以改善诚信；将创建一个更加先进的金融制度，控制货币政策；将向个人的消费进行贷款；逐步取消货币双轨制；放松对买卖房子的限制，以解决严重的住房不足的问题；将给农业以更大的自主权以减少对进口的依赖，并增加和巩固商品和劳务的出口。

从《纲要》来看，古巴将坚持社会主义，坚持共产党的领导；将坚持社会主义计划经济，而不是市场经济；将继续实行全民免费医疗和全面免费教育，将重视发展农业，进一步吸收外资，扩大个体户，削减政府的补贴。

4月19日，"六大"举行闭幕式，卡斯特罗出席了闭幕式，受到与会代表的热烈欢迎。在闭幕式上，卡斯特罗和劳尔手拉着手，高高举起，标志着古巴党的最高领导顺利地完成了交接。

劳尔在闭幕词中说："我们开了一次很好的大会"，"为了成功地落实

《纲要》，我们必须做到：秩序、纪律和要求"，"古巴是世界上少数几个具备条件改变自己经济模式和摆脱危机而不会引起社会创伤的国家之一。"他说，2012年1月28日将举行的党的代表会议将是"六大"的继续，会议将现实地评估党的工作和确定必要的变革，使党能起社会和国家的领导作用；讨论有关"更新"党的工作方式和风格、干部政策和增补中央委员。劳尔强调新的中央委员会在干部政策方面要做的第一步是开始逐步使党政领导干部年轻化的进程。劳尔说，今后，古共中央政治局委员会将定期每周与部长会议执行委员会召开一次会议，商讨国家大事；每个月同部长会议成员定期召开一次会议，根据会议的主题，邀请政治局委员、中央书记处书记、国务委员会委员、全国人大主席、工会、青年团和其他群众组织的领导人、各省的省委第一书记和省长参加。

（原载中共中央组织部、全国党的建设研究会：《1921—2011 纪念中国共产党成立九十周年党建研讨会论文集（二）》，2011 年 6 月）

从古共"六大"到古共第一次全国代表会议

　　2012 年 1 月 28—29 日，古巴共产党召开了第一次全国代表会议。[①] 这次会议是 2011 年 4 月 16—19 日古共第六次代表大会的继续。根据古共党章第 46 条规定，"在两次党的代表大会之间，中央委员会可以召开全国代表会议，讨论党的政策的重要事务"[②]。

　　古共"六大"主要讨论古巴经济模式的"更新"，"六大"通过了《党和革命的经济和社会政策的纲要》（简称《纲要》），就"更新"古巴经济模式的方针政策，统一了思想，达成了共识。"六大"选举产生了以劳尔·卡斯特罗为第一书记、由 115 人组成的新的中央委员会和由 15 人组成的新的中央政治局。

一　"六大"以来古巴在政治、经济方面的变革

　　政治方面。2011 年 8 月 1 日，古巴全国人大通过决议，决定在新设立的两个省阿尔特米萨省和马亚贝克省搞试点，进行行政改革，将省政府与省人大原议行合一的行政管理分开；开始着手精简政府机构，先后于 9 月和 11 月将糖业工业部和邮电总局改制为企业集团。为加强对干部的培养，10 月 17 日，开设国家和政府干部高等学院。12 月 21 日，古共中央召开（六届）三中全会，劳尔在讲话中强调反对腐败斗争的重要性。与此同时，古巴开展反腐斗争，清除了一批有腐败行为的干部。12 月 23 日，古巴全国人大召开（七届）八次会议，通过了 2012 年经济计划和政府财政预算。

---

　　① 国内有的媒体译成"古巴共产党第一次全国大会"。
　　② 古巴共产党党章原文参见古巴共产党网站：http://www.pcc.cu/pccweb/documentos/estatutos/.

为改善政府形象，迎接教皇本笃十二世即将进行的访问，2011 年 12 月 23 日，政府宣布释放 2991 名犯人，其中包括 7 名政治犯。

经济方面。2011 年古巴经济增长 2.7%，没有完成原定增长 3% 的指标。2012 年经济计划增长 3.4%。目前古巴经济面临的主要问题是，农业生产滞后，粮食和食品仍需要大量依靠进口，2011 年粮食和食品进口花费 17 亿美元。外汇短缺，人民物质生活依然比较困难。经济结构不太合理，第三产业（劳务）占国内生产总值比重过大，占 75%，而工农业生产发展相对滞后。

古共"六大"以来，古巴加快了经济模式"更新"的步伐，个体户继续扩大。个体户的数量从 2011 年年初的 15.8 万户，增加到年底的 35.8 万户，增加了 20 万户。2012 年预计将再增加 24 万户，达 39.8 万户。2011 年一年内，政府颁布了与个体户有关的 10 项法令和 60 多项决定，放宽了对个体户的政策。2011 年 12 月，政府先后通过法令，将原国有理发店、美容店、各种修理店、照相馆等承包给原商店的职工，将这些商店的职工转为个体户。在闲置农田承包方面，根据官方统计，到 2011 年年底，原闲置农地的 80% 已经承包给 17 万户农民和合作社，但目前仍有约 200 万公顷的土地闲置着，无人耕种。

2011 年 9 月 28 日，古巴政府颁布法令，解除了近半个世纪的禁令，为私人买卖汽车打开了绿灯。11 月初，政府颁布法令，允许住房买卖和转让。11 月，政府允许银行向个人发放小额贷款，并决定给个人建房或修房有困难者发放补贴。自 2011 年 12 月 1 日起，政府取消国家对农产品收购后销售的垄断，允许农民直接将农产品销售给旅游饭店或旅游公司。

古巴的这些变革措施，受到了民众的拥护，但与此同时，也有一些党员干部和党员，对扩大个体户等措施存有疑虑。

二　古共第一次全国代表会议

最近召开的古共第一次全国代表会议（以下简称会议）主要讨论党的工作和建设，并重点解决思想观念的转变。代表古共 80 万名党员的 811 名代表与会（实到 806 名）。与会代表中妇女占 42.7%，黑人和混血种人占 37.5%。还包括一些个体户党员代表。

会议第一天，劳尔·卡斯特罗主持了开幕式，中央第二书记马查多·布图拉致开幕词。然后，代表们分成四个组进行讨论。会议讨论的主要文件《基础文件》草案早在 2011 年 10 月就已公布，公布后，党团各级组织召开了 6.5 万次讨论会，共提出了 100 多万条意见和建议。在这次会议上，代表们又提出了不少新的意见和建议。第二天，四组的召集人分别向全体代表汇报各组讨论的结果。会议通过了在原《基础文件》草案基础上修改补充而成的《古巴共产党工作目标》①（共 100 项，比原草案增加了 3 项）和《第一次全国代表会议关于党工作目标的决议》② 这两个主要文件。最后，劳尔·卡斯特罗致闭幕词。

会议通过的《古巴共产党工作目标》内容包括党的基础、序言、第一章至第四章。在"党的基础"部分指出，古巴共产党是古巴社会和国家的最高领导力量，是革命的合法成果，是有组织的先锋队。古共是马克思主义、列宁主义的党，是马蒂思想的党，是古巴唯一的政党，其主要使命是团结所有的爱国者建设社会主义，保卫革命的成果，并为在古巴和全人类实现公正的理想而继续斗争。在"序言"部分指出，古共第一次代表会议的任务是以客观和批评的眼光来评估党组织的工作，并以革新的意志决定实施必要的变革，使党的工作能与时俱进。

第一章党的运转、工作方法和作风提出的目标有：要使各级党组织的党员在讨论和做出重要决定时起决定性的作用；各级党组织要把贯彻落实"六大"通过的《纲要》、完成经济计划和政府的预算作为工作的重点；要消除党对政府和行政机构职能和决定的干预和取代。党主要领导和监督对"六大"《纲要》的实施；党的组织机构要加强与违法乱纪、腐败等罪行的斗争。在党、团、群众组织和其他机构之间营造一种合适的工作气氛，开展对话、讨论、批评，并确保在决策时的民主作风。党的机构应该听取民众提出的要求，并给予认真和迅速的答复；应定期召开党的代表大会。中央委员会每年至少召开两次全会。

第二章党的政治思想工作提出工作的目标有：加强全民族的团结，密

---

① 参阅：www. cubadebate. cu/especiales/2012/02/01/objetivos – de – trabajo – del – pcc.

② 参阅：http：//www. granma. cubaweb. cu/2012/01/30/nacional/artic08. html.

切党群关系；加强对非国有经济部门工作的人的政治思想工作，与对个体户的偏见作斗争。革新在青年中的政治思想工作。要应对敌人企图破坏革命思想、煽动自私自利、诋毁古巴民族价值、民族认同和民族文化的直接或间接的破坏活动。要与腐败、违法乱纪和不道德的行为作斗争。反对肤色、性别、宗教信仰、性取向、籍贯等的偏见与歧视；要加强革命的文化政策，恢复传统文化。深入传播何塞·马蒂的思想和著作。继续发展和运用马列主义学说，使马列主义学说的教学与时俱进。要通过各种传媒以多种形式反映古巴的现实；客观地、系统地、透明地宣传党的政策及所遇到的问题、困难和不足。

第三章党的干部政策提出的目标有：确保干部和预备干部具有牢固的专业基础、个人的模范表现和优秀的道德和政治思想品质；要从基层提拔与群众有密切联系的、具有实际工作经验的干部；提拔到高级领导岗位应该是逐步的，应根据其实绩。应逐步、持续地提拔妇女、黑人、混血种人和青年干部；明确党政主要职务的任期为两届，每届五年；确保选拔、培养、提拔后备干部的客观性；要制定干部轮换战略；加强党校系统对干部的培养，制定干部提拔战略。

第四章党团关系和党与群众组织关系提出的目标有：确保党与共青团各级组织的系统关系。加强对教育和科研部门的政治思想工作，特别在大学、文化、卫生和体育等部门青年的政治思想工作，发掘这些部门的天才，使他们为人民服务。将入团的年龄提高到 16 岁（原为 14 岁），退团的年龄最高为 32岁。改进党群关系，使党与群众组织的关系的发展摆脱形式主义。

会议通过的《第一次全国代表会议关于党工作目标的决议》的要点是：党的工作的目标是确认党的生活的原则，特别是民主集中制和集体领导的原则是保持与群众密不可分关系和行动一致的保证；更新党的工作方法和风格、结构、干部政策、党的政治思想工作和党与共青团及其他群众组织的关系，负责监督和推动"六大"通过的《纲要》和其他决议的实施；党的基本路线是通过政治思想工作，捍卫古巴社会的价值和民族的团结，鼓励人民积极参与决策和加强社会主义民主。决议授权中央委员会根据党的工作目标，修改党的章程。授权政治局根据中央委员会的指示，修改党的结构和规定。授权政治局通过书记处、党的其他机构和基层党组织落实党的工作目标。这次会议没有增加新的中央委员，授权"六大"选出的中央委员会在其任期内增补 20% 的中央委员。

劳尔在闭幕式上的重要讲话①的要点是：

第一，坚持一党制。劳尔说，"《基础文件》的第一条明确指出：古巴共产党是古巴社会和国家的最高领导力量，是革命的合法成果，是有组织的先锋队，党与人民一起，确保革命的历史进程。我们将永远不会放弃这一条"。"放弃一党制意味着使帝国主义在古巴的一个或多个政党的合法化，从而牺牲古巴人民团结的战略武器。"劳尔说："我并不忽视任何其他国家实行的多党制，我严格尊重联合国宪章规定的自决权和不干涉他国内政的原则。但是，根据古巴为独立和民族主权长期斗争的经验，面临蛊惑人心和政治商品化，我们捍卫一党制。"

第二，对待所犯错误的应有态度。劳尔说："唯一可能导致革命和社会主义失败的是我们不能改正自 1959 年 1 月 1 日以来所犯的错误，以及我们未来可能犯的错误。没有一场革命是不犯错误的，因为革命是人们和人民所进行的事业，而人是不完美的。除此之外，还会遇到新的、巨大的挑战。因此，没有必要为错误而感到羞耻。比羞耻更为严重的是没有勇气分析错误，并吸取教训和及时纠正错误。""老一代革命者能够领导纠正自己所犯的错误。我有义务强调，我们不应抱有幻想，以为这次会议或"六大"通过的决议是解决我们所有问题的神秘魔方。"

第三，党的干部政策。劳尔说："我们不必等待宪法的修改就可以开始逐步执行党政领导职务最多连任两届、每届五年的决定。修宪可以由人代会进行，不必举行公投。同样，党章和党的主要文件也应进行修改。"

第四，反腐斗争。劳尔强调："在目前阶段，腐败已成为革命的主要敌人之一，它要比美国政府和它在古巴国内外的盟友花费上百万美元的颠覆和干涉计划更为有害。我们一定能够赢得这场反腐斗争，首先要毫不犹豫地阻止它，然后再消灭它。2011 年 12 月召开的古共（六届）三中全会决定，只要是腐败分子，无论他担任什么职务，一律开除出党。而此前，只有对犯叛国罪和严重罪行的党员才将他们开除出党。"

---

① 全文原文请参阅：http：//granma．co．cu/．

第五，党政分开。劳尔说："党应该有能力领导国家和政府，监督其运转和对其方针的执行情况，鼓励、推动、协助政府机构更好地工作，而不是取代它。党要做好政治思想工作，但政治思想工作不是空喊口号。"

第六，对外政策。劳尔强调："必须揭露美国政府及一贯参与颠覆古巴的某些国家，它们利用西方报刊并在古巴国内雇佣分子的协助下，进行粗暴的反古运动，它们企图为敌视和封锁古巴的政策辩解，制造第五纵队，企图剥夺我国的独立和民族主权。但是，反古运动不会伤害革命和人民的一根毫毛，人民将继续完善社会主义。"

这次会议的重要意义是明确了古共今后的工作方向和目标，强调完善党的建设和党的工作的重要性，从党的领导、组织和思想上确保古共"六大"通过的"更新"经济模式的方针、路线和政策的贯彻和执行。会议强调古共是古巴革命和人民有组织的先锋队，是古巴革命和社会主义继续的保证；强调古巴不搞多党制；强调要转变思想观念，克服教条主义和过时的思想观念；强调要开展反腐斗争；强调党政职能的分工；强调要逐步从基层提拔优秀的干部，特别要重视提拔妇女、黑人、混血种人和青年干部；会议决定党和政府主要领导人实行任期制，任期最多不超过两届，每届五年，这意味着古巴将结束事实上的领导干部终身制；针对目前古巴高层领导干部的老龄化问题，会议决定在本届中央委员会任期内（还有四年多时间）最多可增补20%的中央委员（现有115名，即增补23名），以增加中央领导层的新鲜血液，确保古巴社会主义革命事业后继有人；会议还决定，今后古巴将修改宪法、党章等重要法规的有关条例。

正如劳尔·卡斯特罗在古共第一次全国代表会议闭幕式上所说的，古巴共产党在不到一年时间里召开的两次会议，无论对于古巴革命和社会主义的现在还是将来都具有重要的历史意义。通过这两次会议，古巴明确了经济模式"更新"的方针、路线和政策，明确了党的工作的目标。尽管目前古巴在"更新"经济模式方面仍面临不少困难和挑战，但是，我们相信，在古巴共产党的正确领导下，古巴人民一定会在社会主义革命和建设的道路上不断前进。

（原载《当代世界》2012 年第 2 期）

劳尔·卡斯特罗执政后古巴的经济变革

2006 年 7 月 31 日，菲德尔·卡斯特罗（简称卡斯特罗）因肠胃出血接受手术，决定把古巴最高行政职权暂时移交给劳尔·卡斯特罗（简称劳尔）。2008 年 2 月 18 日，在古巴全国人民政权代表大会（简称人代会）举行换届选举前夕，由于卡斯特罗的身体还有待进一步康复，他本人致信给古巴全国人民，表示他决定辞去最高行政职务。同年 2 月 24 日，古巴最高行政权力完成交替，在当天召开的第七届人代会上，劳尔当选并正式就任古巴国务委员会主席和部长会议主席。古巴最高行政权力实现了顺利交接。劳尔执政以来，古巴政府采取了一系列新的变革措施。古巴的经济变革取得了一些成就，但也面临不少问题和挑战。

一　劳尔执政后第一阶段古巴的经济变革措施

自 2008 年以来，古巴经济面临巨大的困难。从外部因素来看，主要是受 2008 年下半年开始的国际金融危机的影响，古巴主要出口产品镍在国际市场上价格大幅度下跌，而古巴需要大量进口的粮食和食品价格大幅度上涨。由于金融危机，到古巴旅游的人数（主要来自加拿大和欧洲）明显减少，旅客在古巴的人均消费也减少。加上旅居国外的古侨汇款减少，导致外汇收入的减少，古巴不得不削减进口，造成市场供应紧张。另外，2008 年古巴遭遇了三次强飓风，造成了 100 亿美元的损失（相当于国内生产总值的 20%）。而且美国对古巴长期进行经济封锁和贸易禁运，给古巴造成了巨大的经济损失。

从内部因素来看，经济发展模式不当和经济政策的失误，无疑是使困难加剧的主要原因之一。不久前访华的古巴学者拉斐尔·埃尔南德斯认为，古巴的社会主义模式出现了六个方面的危机：一是制度本身的危机；二是古巴政府采取的应急措施的局限性；三是古巴社会不平等现象的加剧；四是一部分古巴人对未来日益缺乏信心；五是政治和经济管理过于集中，民众参与程度不够；六是新的政治共识尚未形成。

在苏东剧变之前，古巴的经济发展模式是与苏联东欧经济一体化，重点生产糖、镍和酸性水果。苏东剧变后，转为重点发展创汇部门如镍矿、旅游、医疗器材和生物制品制造和出口等。自上世纪末以来，古巴又实施新的以第三产业（服务业）为主的发展模式。重点发展劳务（医生、教员）的输出。目前古巴的经济在很大程度上依靠输出大量医生、教员来换取委内瑞拉等国的石油和其他产品。据古巴国家统计局统计，2009年古巴的经济结构中，服务业占GDP的75.51%，农业和矿业只占4.86%，工业占13.45%，建筑占6.22%，电力、煤气和自来水只占1.43%。① 但以劳务输出为主的发展模式，并没能拉动工业、农业和经济其他部门的增长。工业制成品、粮食和食品需要大量进口，而本国农村的土地有一半闲置，无人耕种。据官方公布，古巴全国劳动力有500多万人，在国有部门有400多万人，其中有100多万名冗员。一些政府部门和国有企业机构臃肿，人浮于事，办事效率低下。

古巴要战胜面临的巨大困难，必须对原有的经济发展模式进行调整。2008年2月24日，劳尔在就职演说中，强调古巴今后大的方针路线不会改变，古巴将坚持社会主义，坚持共产党一党的领导；将对政府的结构进行调整，使政府管理更加有效，将使党内民主生活进一步加强；古巴新政府工作的重点是解决经济和民生问题。古巴将在不影响政局稳定的前提下，渐进地、稳步地进行一些改革。

劳尔执政后的第一阶段即从2008年2月至2010年8月的一年半时间里，古巴采取了一些经济变革措施，主要包括：

放宽一系列关于商品流通和外汇交易的限制。2008年3月中旬，政府宣布取消对DVD机、电脑、微波炉、彩电、高压锅、电动自行车等的销售限制，向持有"可兑换比索"的古巴普通民众销售这些商品；自3月

---

① http://www.one.cu/.

31 日起，允许古巴公民可以自由入住涉外饭店和租用汽车（需支付"可兑换比索"）。自 4 月起，政府逐步开放汽车买卖和房地产市场，还允许个人购买手机，使用移动通信网络。古巴曾于 2005 年颁布法令，企业只有 5000 可兑换比索以下的外汇交易权，超过此数的外汇交易必须经国家银行的同意。自 2008 年 5 月 5 日起，政府将企业使用外汇交易额的限制放宽到 1 万可兑换比索。

将闲置土地承包给农民。2008 年 3 月，政府偿付了国家欠小农的债务；4 月，政府大幅度地提高了一些农产品如土豆、牛奶、咖啡、椰子、蔬菜等的收购价格，允许农民将农产品直接投放农牧业市场，以刺激农民的生产积极性；7 月 18 日，劳尔签署第 259 号法令，允许农民承包闲置土地。根据法令，个体农民可承包 13.42 至 40.26 公顷的土地，承包期限为 10 年，到期后可延长。拥有法人代表的合作社和农场承包闲置土地的面积没有上限，承包期限为 25 年，到期后也可以顺延。政府下放了部分权力，从土地使用到资源配置和销售在内的决策将不再由农业部做出，而是由农业部驻全国 169 个市（县）代表处和新成立的土地控制中心驻省市（县）办公室自主确定，将更多地考虑个体农户和合作社的利益，而不只是国有农场的利益。

改革工资制度，增加职工工资。2008 年初，古巴职工平均月工资为 436 比索，折合 17 美元。劳尔执政后，政府表示将采取"按劳取酬"的办法，即根据职工的工作业绩和效益来支付工资，改变现有工资制度，取消工资上限；政府准备逐步地、有重点地提高职工工资。自 2008 年 5 月 1 日起，政府较大幅度地增加退休职工的工资，给全国 215 万多名退休职工增加退休工资，平均涨幅达 20%。此外，还给 1 万名在司法系统工作的人员增加工资，平均涨幅达 55%。政府还表示，将陆续给其他行业的职工增加工资。同年 6 月，政府取消工资最高限额，允许职工和大学生兼职，挣两份或两份以上工资。

取消免费或低价的职工食堂。2008 年年初，政府每月给每户配给的凭购货本低价定量供应必需品售价只有约 118 比索，但实际成本费为 61 美元，为此，政府进行了大量补贴。劳尔执政后表示，将逐步取消政府的这一补贴。从 2009 年 10 月 1 日起，逐渐取消国营企事业单位中的职工食堂。作为补偿,原本在食堂就餐的工作人员,将得到补贴。政府还减少了凭本低价供应的日用商品,不再低价供应芸豆、土豆和香烟等商品。

将国有理发店和美容点承包给原店里的职工。2010年4月,政府将数百家原为国有的三个座位以下的理发店和美容店私有化,交给原来的职工承包,每月支付营业收入的15%作为营业税,而国家不再支付给他们工资。政府还决定将投资建高尔夫球场的外国投资者土地租用期限从50年增加到99年。

二　2010年8月以来古巴经济变革的新举措

以劳尔为首的古巴政府认识到,只有"更新"古巴社会主义经济发展模式,采取一系列重大的举措,进行"经济结构和思想观念的变革"才能克服所面临的巨大困难,改善人民的生活。

2010年8月1日,劳尔在人代会上发表重要讲话,宣布古巴将分阶段逐步减少在国有部门工作的职工,扩大个体劳动者的数量,并称这是"结构和概念的变革"。随后,9月13日,古巴官方宣布,到2011年3月底,在半年时间内,国有部门(包括各部委及其下属单位和国有企业)将有50万人下岗,其中约25万人将从事个体劳动。为此,9月24日,政府在党报《格拉玛报》上公布了为个体户开放的178个经济活动,放宽了对个体工商户的限制。而其余25万人可组建合作社或选择到有空缺岗位的国有单位(农场、建筑业、警察局)就职。

10月初,古巴政府开始启动个体户注册登记这一新的经济改革的重要一步。10月25日,古巴官方公报上正式公布了有关个体户纳税的具体规定。据《格拉玛报》2011年1月7日报道,截至2010年年底,已有75061人领取了私人经营许可证,另有8 342份私人经营许可证正在审批之中。自2011年1月4日起,古巴国有部门正式开始裁员,裁员先从糖业部、农业部、建设部、公共卫生部四个部和旅游业开始,然后将波及其他部门。对辞退人员根据工龄,每10年工龄支付1个月的工资,400多比索,不到20美元。

古巴大批国有部门人员的下岗、放宽个体户从业,是解决剩余劳动力、调整就业结构、降低国家财政支出、增加税收收入的必要措施，是古巴新的经济变革的重头戏，是一剂猛药，其成功与否将对古巴未来的经济改革进程起关键作用。根据新的规定，在178种允许个体户从事的经济活动中，有29种是新开放的，有83种允许雇佣劳动力。如开个体饭店，过去只能由本人和家庭成员一起开饭店，现在允许雇用少量非家庭成员，过去最多只能允许同时12人用餐，现在允许同时20人用餐。

与以往的改革不同的是，这次古巴新的经济变革的特点，一是来势凶猛，牵涉面大；二是触动了经济结构和观念问题。有评论认为：随着个体户的扩大和允许雇工，实际上是允许建立私人小企业和城市合作社，在可预见的将来，古巴将出现一批小型和微型私人企业，这无疑将使古巴所有制的结构发生变化。此外，以往只有在外企工作的古巴人缴纳所得税，而绝大多数的古巴职工不用缴纳所得税，而最近有关纳税条例的公布，将改变古巴民众不纳税的观念。

这次改革措施时间紧，动作大，涉及面广。短短几个月时间内，50万人下岗，25万国有部门人员将转为个体劳动者，这将影响到古巴百万民众的民生。古巴党报《格拉玛报》承认，国有部门大量裁员"可能会使一些家庭受到影响"。部分有一技之长的人觉得从事个体劳动，可能会增加个人和家庭的收入，正跃跃欲试；但另一些习惯于"大锅饭"和"铁饭碗"按月领取死工资的公务员和职工则担心，如果自己被下岗，在短期内，很难靠个体劳动养活自己和家庭。

实际上，从裁员一开始，古巴原有的社会保障制度就发生了相当大的变化，其社保的能力受到冲击。根据新的纳税条例，个体劳动者得缴纳个人所得税、销售税、公共服务税、社保费，如果雇人，还得缴纳雇佣劳动力税等，平均税率将占其收入的25%—50%，这对刚从事个体劳动的人来说，能不能赚钱尚无把握，而这么高的税率，无疑是不小的负担。据古巴经济研究中心估计，2011年国家通过向个体户征收税收，可增加10亿美元的收入。然而，在2010年12月召开的全国人大会议上，一些代表在发言中担心，征收税收过重将会阻碍个体户的积极性。为了避免可能出现的社会动荡，古巴总工会各级组织和保卫革命委员会（相当于居委会）等群众组织正在做说服动员工作。

　　值得一提的是，古巴领导人一般不提古巴是在进行"改革"（reforma），一般只提"变化、变革"（西班牙文 cambio，英文 change）或"措施"（medida）。古巴共青盟《起义青年报》还专门发布文章说明，为什么古巴提出"更新"（actualizar）社会主义，而不提"经济改革"①。近年来，古巴领导人强调，古巴目前所采取的举措，是为了"更新"社会主义经济发展模式。

　　2010 年 8 月初，古巴部长会议副主席、经济和计划部长马里诺·穆里略在古巴人代会期间说："古巴不会进行经济改革，而是进行不向市场让步的古巴社会主义经济模式的更新"，他强调古巴"将保持政府控制 90%经济活动的中央计划经济的模式"，"经济模式的某些东西会有所松动，如允许从事个体劳动，但我们不会交出所有权"，"古巴不会用市场经济改革来应对经济问题。"② 10 月 31 日，劳尔在古巴中央工会第 86 届全国理事会扩大的全会的闭幕式上说："古巴不抄袭任何其他国家（的模式），在更新古巴经济模式的进程中，绝不会放弃社会主义建设"，他强调古巴的做法是根据本国特点的"土生土长的产物"，"古巴绝不会放弃社会主义建设。"③

三　劳尔有关经济变革和"更新"社会主义的主要观点

　　自 2006 年以来，劳尔先后发表了多次重要讲话，论述了他对古巴经济变革和"更新"社会主义模式的看法。这里做一个简要的归纳。

　　（1）强调必须进行经济结构和观念的变革。2007 年 7 月 26 日，劳尔首次提出要"进行必要的结构变革和观念的变革"。2010 年 8 月 1 日，劳尔把分阶段逐步减少在国有部门工作的职工和扩大个体劳动者的数量称做是"结构和概念的变革"。2010 年 12 月 18 日，劳尔在人代会上说："干部和所有的同胞必须改变思想以适应新的局面。要改变多年来，由于在社

---

① http：//www.tercerainformacion.es/spip.php？article20929.

② http：//www.diarioinformacion.com/internacional/2010/08/01/cuba－quiere－actualizar－calma－socialismo/.

③ http：//www.granma.cubaweb.cu/2010/11/01/nacional/artic01.html.

会公正领域里过分的包办主义、理想主义和平均主义造成的在广大民众中扎根很深的对社会主义错误的、站不住脚的观念。""许多古巴人把社会主义与免费和补贴相混淆，将平等与平等主义相混淆，不少人把购货本看作是一个社会成就，认为任何时候都不应该取消它。"

（2）强调经济工作、粮食生产是党和政府工作的重点。2008 年 4 月 28 日，劳尔在古共五届六中全会上说："芸豆和大炮一样重要，甚至更重要"，"粮食生产是党的领导人的主要任务，因为这关系到国家安全问题"。2008 年 7 月 11 日，劳尔再次说："我曾说过，芸豆和大炮一样重要，后来，随着形势的恶化，我又说，芸豆比大炮更重要。"2010 年 4 月 4 日，劳尔在古巴共青盟"九大"闭幕式上说："经济战是今天干部思想工作的主要的任务和干部思想工作的中心，因为我们的社会制度能否持续和保存下去要靠经济战。"

（3）满足民众的需要是当前的"要务"。2008 年 7 月 11 日，劳尔在人代会讲话中强调："满足人民的基本需要是古巴当前的要务"，劳尔说："我重申，国家的要务为，在持续巩固国民经济及其生产基础之上，满足人民的基本需要，既有物质的也有精神的。否则，国家就不可能有发展。"

（4）强调社会主义不能搞平均主义，社会主义不能培养懒汉。2008 年 7 月 11 日，劳尔在古巴人代会上强调说："社会主义意味着社会正义和平等，但是指权利平等和机遇平等，而不是收入平等。平等不是平均主义。平均主义实际上是一种剥削形式，是不好好劳动的人、特别是懒汉剥削好好劳动的人"。劳尔在会上还指出，古巴将允许一个人签订一个以上的劳动合同，允许兼职，允许他们拿几份工资。2010 年 8 月 1 日，劳尔强调应该改变"古巴是世界上唯一一个不劳动也可生活下去的国家"的概念。

（5）强调"完善"和"更新"社会主义模式。2009 年 8 月 1 日，劳尔在第七届古巴全国人大第三次会议上说："大家选我当主席不是为了在古巴复辟资本主义，也不是为了出卖革命，是为了捍卫、维护和继续完善社会主义，而不是摧毁社会主义。"

2010 年 12 月 18 日，劳尔在人代会上说："我们正在采取的措施和所做的修改都是更新经济模式所必需的，是旨在维护和巩固社会主义，使社会主义不可取代"，"社会主义建设应该根据各国的特点来进行。这一历史的教训我们已经很好地吸取。我们不会照抄任何国家，过去我们照抄给我们带来了不少问题，很多时候是因为我们照抄照搬得不好，尽管我们并不是不了解别人的经验，我们学习别人的经验，包括学习资本主义国家的好的经验"。

（6）强调政府必须提高工作效率。2008 年 2 月 24 日，劳尔在就职演说中说："需要一个更紧凑、胜任的体系，中央政府所辖的机构数目将更少、功能划分更合理。"劳尔说，这能明显削减大量的会议、协调工作和各种规章制度，能够更好地"利用我们的干部"，集中关键的经济活动。"总之，我们的政府工作必须更有效率"，"这不是简单地任命几个领导人的问题，而是要确定应进行什么样的变革"。

（7）继续完善公正的社会制度，制定新的社会保障法。2008 年 4 月28 日，劳尔在古共五届六中全会讲话中说，古巴将继续完善公正的社会制度。2008 年 7 月 11 日，劳尔在全国人大会议上说，新社会保障法将把职工退休年龄推迟 5 年。劳尔解释说，新社会保障法推迟退休年龄符合古巴人口的实际情况。首先是因为古巴人均寿命的增加；第二是因为出生率持续下降；第三是由于古巴劳动力明显减少。新社会保障法已于 2008 年年底由古巴全国人大通过。

（8）承认并纠正错误，吸取经验教训。2007 年 7 月 26 日，劳尔说："要进行批判性和创造性的劳动，不能因循守旧，我们从不认为我们所做的事情是十全十美的，而不去作检查。唯一不容置疑的是我们建设社会主义不可放弃的决心。"2010 年 12 月 18 日，劳尔说："我们清楚我们所犯的错误，我们现在讨论的《纲要》标志着纠正错误和必须的更新我们经济模式道路的开始"，"要么我们纠正错误，不然我们就会从悬崖上掉下去"，"我们所分析过的问题和所批评过的错误决不能重犯，这牵涉到革命的命运。如果我们老老实实和深刻地分析我们所犯过的错误，它们将变成经验和教训，使我们去克服，不再重犯"。

四　古巴经济和社会发展面临的挑战和前景

目前，古巴经济和社会的发展仍面临着不少挑战和问题。主要有：第一，经济结构仍然不合理。第三产业（服务业）在 GDP 中所占比重过高，而工业和农业所占比重过低。2010 年 10 月 31 日，经济和计划部长穆里略在中央工会的一次全会上说，目前古巴在服务业从业的人员多于在生产从业的人，这一结构难以使任何国家的经济很好运转。①

第二，理论跟不上实际形势的发展。古巴领导人至今仍强调古巴坚持计划经济，不搞市场经济。然而，古巴国有部门大量人员下岗，从事个体劳动，事实上是向市场经济迈出了一大步。因此，可以说，古巴的经济理论与实际是脱节的，没有跟上形势的发展。外国的有些媒体认为，古巴现在将数十万国有企业职工解雇，而仅仅给予很少补贴的做法与西方国家的新自由主义做法相比，是有过之而无不及，因此有的媒体称古巴目前的做法是"古巴新自由主义的社会主义"②。

第三，变革缺乏明确的长期的目标。古巴的经济变革缺乏明确的、长期的目标，所采取的措施常常是应急的、被动的。古巴一些经济学家认为，古巴领导层对古巴经济发展方针、发展战略和模式究竟是什么，要不要搞市场经济，并没有达成共识。古巴革命胜利后 52 年来，古巴的经济发展战略变化过于频繁，主管经济的负责官员频繁地更换，一些经济政策常常摇摆不定。如对外资的政策，对待个体经济的政策和对待美元在国内流通问题，忽紧忽松，忽左忽右，举棋不定。

第四，民生问题亟需解决。古巴目前的经济仍然是短缺经济，如果经济搞不上去，古巴政府在短期内取消一些生活必需品的定量供应，势必会影响相当一部分居民的基本生活。

古巴在探索符合本国国情的建设社会主义的道路方面已取得了一定的进展，即踏上了一条在变革开放中坚持、巩固和发展社会主义的道路。随着对私人个体经济的开放，古巴实际上已经开始向社会主义市场经济迈出了第一步。在坚持社会主义的前提下，古巴正在适应新的世界格局，使本国经济同世界经济接轨。展望未来，古巴"更新"社会主义经济模式和经济变革的进程将是渐进、稳步和谨慎的，甚至将是艰难的，古巴社会主义

---

① http：//www. granma. cubaweb. cu/2010/11/01/nacional/artic01. html.

② http：//www. razon. com. mx/spip. php? page = columnista&id_ article = 60492.

建设的道路不可能是一帆风顺的，还会出现曲折，但古巴社会主义的前景
是令人乐观的。

（原载《探索与争鸣》杂志 2011 年第 4 期）

劳尔·卡斯特罗有关古巴经济变革的论述和古巴经济变革的最新动向

　　2006 年 7 月 31 日，时任古巴国务委员会主席兼部长会议主席的菲德尔·卡斯特罗（简称卡斯特罗）因肠胃出血，接受手术，决定把古巴最高行政职权暂时移交给劳尔·卡斯特罗（简称劳尔）。2008 年 2 月 24 日，在古巴第七届人代会上，劳尔当选并就任古巴国务委员会主席兼部长会议主席，正式接替执政长达 49 年的卡斯特罗。至此，古巴最高行政权力顺利完成交替。迄今为止，在党内，卡斯特罗仍担任古巴共产党中央委员会第一书记的职务，劳尔任古共中央第二书记。

　　自 2006 年 7 月底以来，劳尔先后发表了多次重要讲话①，论述了他对古巴经济变革和"更新"社会主义经济模式的看法，与此同时，古巴党和政府正在采取一系列经济变革措施，以"更新"古巴的经济发展模式。劳尔的有关论述和古巴的经济变革引起了国际社会的广泛关注，有舆论认为古巴的"更新"社会主义经济模式是继中国的"改革开放"和越南的"革新开放"之后，社会主义国家为巩固和发展社会主义的又一重大举措。这里对劳尔的有关论述和古巴经济变革的最新动向做一个简要的介绍。

---

　　① 劳尔·卡斯特罗重要讲话的原文，请查阅古巴以下网站：http：//www.cubadebate.cu/ 或 http：//www.cubasocialista.cu/.

一 劳尔·卡斯特罗有关古巴经济变革
和模式"更新"的论述

(一) 强调经济工作和粮食生产是党和政府工作的重点

2008 年 4 月 28 日，劳尔在古共五届六中全会上说："粮食生产是党的领导人的主要任务，因为这关系到国家安全问题。"

同年 7 月 11 日，劳尔在第七届古巴全国人大第一次会议上说："我曾说过，芸豆和大炮一样重要，后来，随着形势的恶化，我又说，芸豆比大炮更重要。"

2009 年 7 月 26 日，劳尔在古巴奥尔纪念攻打蒙卡达兵营 56 周年集会上说："哪里有土地，古巴人就应该去哪里，我们要看看我们会不会干活，会不会生产，不能光喊'誓死保卫祖国，我们必胜！'和'打倒帝国主义！'的口号，我们受到封锁的打击，但土地在那里，等着我们用汗珠去浇灌！""生产粮食是牵涉到国家安全问题。"

2010 年 4 月 4 日，劳尔在古巴共产主义青年联盟"九大"闭幕式上说："经济战是今天干部思想工作的主要的任务和干部思想工作的中心，因为我们的社会制度能否持续和保存下去要靠经济战"，"没有一个强大和有效的农业……我们就不可能维持和提高居民的食品供应，今天我们依然得靠进口那些本可以在古巴种植的农产品"。

2010 年 11 月 20 日，劳尔在部长会议扩大会议上强调："所有政治领导人的首要课程是经济，必须全力以赴学习经济、发展经济和管理经济。"

(二) 强调必须进行经济结构和观念的变革

2007 年 7 月 26 日，劳尔在纪念攻打蒙卡达兵营 54 周年的集会上说："（目前古巴）面临极端的客观困难：工资不足以满足全部需要，没有履行'各尽所能，按劳分配'的社会主义原则；社会纪律松弛、自由放任等"，"古巴的特殊时期没有结束"，"为了实现这一目标（注：指增加生产）必须进行必要的结构变革和观念的变革，必须生产更多的产品，减少进口，特别是食品的进口，要增加外国投资，只要它能提供资金"。

2010 年 8 月 1 日，劳尔在第七届古巴全国人大第五次会议上宣布古巴将分阶段逐步减少在国有部门工作的职工，扩大个体劳动者的数量，劳尔说：“我们已经作出重要的决定，这本身就是结构和观念的变革，目的是为了保存和发展我们的社会制度使之在未来持续下去。”

在同一个讲话中，劳尔强调，要改变对个体私人劳动否定的看法，“关于思想必要的变化，举例来说，既然我们得出结论认为，个体劳动是解决就业的一条出路，可为居民增加商品和劳务的供应，使政府摆脱这些活动，那么，党和政府要做的是为个体户的经营提供方便，不要对他们说三道四或歧视他们，更不要丑化他们。为此，必须改变我们中间不少人对私人劳动方式否定的看法”，“我们在个体部门的扩大和灵活化方面已经迈出和即将迈出的步伐是深思熟虑和认真分析的结果，我们可以保证，这次不会再有倒退”。

（三）满足民众的需要是当前的“要务”

在 2008 年 7 月 11 日的讲话中，劳尔强调：“满足人民的基本需要是古巴当前的要务”，“我重申，国家的要务为，在持续巩固国民经济及其生产基础之上，满足人民的基本需要，既有物质的也有精神的。否则，国家就不可能有发展。”

（四）强调社会主义不能搞平均主义，不能培养懒汉

在 2008 年 7 月 11 日的讲话中，劳尔说：“社会主义意味着社会正义和平等，但是指权利平等和机遇平等，而不是收入平等。平等不是平均主义。归根到底，平均主义实际上是一种剥削形式，是不好好劳动的人、特别是懒汉剥削好好劳动的人。”

在 2010 年 8 月 1 日的讲话中，劳尔强调应该永远去除古巴是世界上唯一一个不劳动也可生活下去的国家的概念：“在采取这些措施时，我们的出发点是，任何人都不会被抛弃，社会主义国家会通过社会救济制度对那些确实失去工作能力、又是一家唯一的支柱的人提供必要的支持，使他们过一个有尊严的生活。应该永远去除古巴是世界上唯一一个不劳动也可生活下去的国家的概念。”

2010 年 12 月 18 日，劳尔在第七届古巴全国人大第六次会议上说："干部和所有的同胞必须改变思想以适应新的局面，多年来，出于社会公正，革命政府采取过分的包办主义、理想主义和平均主义的做法，在广大民众中形成了扎根很深的对社会主义的错误的、站不住脚的观念，必须予以彻底的改变"，"许多古巴人把社会主义与免费和补贴混为一谈，将平等与平均主义混为一谈，不少人把购货本视为是一项社会成果，认为任何时候都不应该取消它。"

（五）强调"完善"和"更新"社会主义模式

2009 年 8 月 1 日，劳尔在第七届古巴全国人大第三次会议上说："大家选我当主席不是为了在古巴复辟资本主义，也不是为了出卖革命，是为了捍卫、维护和继续完善社会主义，而不是摧毁社会主义。"

2010 年 10 月 31 日，劳尔在古巴中央工会第 86 届全国理事会扩大全会的闭幕式上说："古巴不抄袭任何其他国家（的模式），在更新古巴经济模式的进程中，绝不会放弃社会主义建设"，他强调，古巴的做法是根据本国特点的"土生土长的产物"，"古巴绝不会放弃社会主义建设"。

在 2010 年 12 月 18 日讲话中，劳尔说："我们正在采取的措施和所做的修改都是更新经济模式所必需的，是旨在维护和巩固社会主义，使社会主义不可取代"，"社会主义建设应该根据各国的特点来进行。这一历史的教训我们已经很好地吸取。我们不会照抄任何国家，过去我们照抄给我们带来了不少问题，很多时候是因为我们照抄照搬得不好，尽管我们并不是不了解别人的经验，我们学习别人的经验，包括学习资本主义国家的好的经验"，"古巴经济的主要特征将是计划经济而不是自由市场。"

在 2008 年 7 月 11 日的讲话中，劳尔认为，"计划和组织的协调是社会主义的本质。如不协调会发生资本主义特有的最危险的混乱，在资本主义社会，市场的规律最终会建立某种秩序和平衡，但这是以牺牲全世界数十亿人的利益为代价的"，"在社会主义社会，在经济计划中，必须严格根据所拥有的收入多少来支配资金。我们不能期待 2 加 2 等于 5，2 加 2 等于 4，在社会主义社会，有时候，2 加 2 只有 3"，"我们没有忘记菲德尔（卡斯特罗）同志 2005 年 11 月 17 日在哈瓦那大学大礼堂历史性的讲话中提出的思考，他说：'多年来，我得出的结论是：在我们大家所犯的错误中，最大的错误是，我们相信某人懂得社会主义，或以为某人知道如何来建设社会主义'，这是他的原话"。

（六）提倡节约

2008 年 7 月 26 日劳尔说："无论我们解决问题的愿望是多么大，我们的支出不能大于我们的财力。为了充分利用财力，我们必须节约一切，首先是要节约能源。"

2010 年 4 月 4 日，劳尔在共青盟"九大"说："没有一个巩固的、有活力的经济，不取消不必要的开支和不消灭浪费，就不可能提高人民的生活水平，就不可能保持和改进向全民提供的免费教育和医疗水平。"

（七）党和政府的职能应该分开

在 2010 年 12 月 18 日的讲话中，劳尔说，2011 年古巴共产党将对党的工作方式方法进行分析。他强调说："多年以来，党不得不卷入了一些不属于自己职能的工作，限制了党作为古巴民族有组织的先锋队和社会化国家最高领导力量的作用。"他说："党应该领导和控制，而不是干涉任何一级政府的活动，应该由各级政府来执政，每一级政府根据自己的规则和程序，以及在社会中的使命来行使管理职能。"

（八）承认并纠正错，吸取经验教训

在 2007 年 7 月 26 日的讲话中，劳尔说："要进行批判性和创造性的劳动，不能因循守旧，我们从不认为我们所做的事情是十全十美的，而不去作检查。唯一不容置疑的是我们建设社会主义不可放弃的决心。"

在 2010 年 12 月 18 日的讲话中，劳尔说："我们十分清楚我们所犯的错误，我们现在讨论的《纲要》标志着纠正错误的道路和必须更新我们社会主义经济模式的开始"，"要么我们纠正错误，不然我们在悬崖边徘徊的时间已告结束，我们就会沉没下去，并且会葬送几代人的努力。"

"我们所分析过的问题和所批评过的错误决不能重犯，这牵涉到革命的命运。如果我们老老实实和深刻地分析我们所犯过的错误，它们将变成

经验和教训，使我们去克服，不再重犯。"

（九）关于卡斯特罗的作用问题

在 2008 年 2 月 24 日的就职讲话中，劳尔强调说："卡斯特罗将继续是古巴革命的总司令，菲德尔是菲德尔，菲德尔是不可取代的；今后有关国防、外交、经济社会发展的特别重大事情仍将请示卡斯特罗。"

（十）强调全党和全国人民的团结

在 2010 年 8 月 1 日的讲话中，劳尔强调，古巴革命者之间，人民与领导之间是团结一致的，他坚决驳斥外国媒体所谓"古巴领导层存在不同倾向的斗争"的谎言。他说，"革命者和领导与人民大多数的团结是我们最重要的战略武器，使我们能走到今天并在未来继续完善社会主义"。

（十一）强调古巴年青的一代会继承老一代的革命事业

在 2010 年 8 月 1 日的讲话中，劳尔说："有人说，美国政府期待古巴革命老一代人消失，他们把阴险的赌注下在'生物学的因素'上，即下在卡斯特罗和我们的死亡上。谁要是这么想，谁就注定会失败，因为继承我们的革命后代首先是我们优秀的青年，他们绝不会解除思想的武装。"

（十二）古共"六大"将集中解决经济问题

2010 年 11 月 8 日，劳尔在古委合作协议签署 10 周年的纪念会议的讲话中，宣布古共"六大"将于 2011 年 4 月召开，他说："'六大'将集中解决经济问题，集中通过更新古巴经济模式的重要决议，并通过党和革命经济和社会政策的纲领"，"'六大'不仅仅是当选代表的一次会议而且是全党和全民讨论大会通过的纲领或决议的先行的一个过程"，"因此，'六大'将是全党和全民的一次大会，他们将积极地参与通过革命的重要决议。"

在 2010 年 12 月 18 日的讲话中，劳尔说："从生命的规律来看，党的第六次全国代表大会应该是我们这一代中大部分人的最后一次了。我们剩下的时间不多了……我们有义务利用我们在人民面前的精神权威来规划好方向"，"几个月来，党的经济政策委员会及其 10 个小组起草了《纲要》，《纲要》将是'六大'讨论的中心问题，经济形势是党的主要任务，是各级干部的基本科目"，"从 11 月 9 日公布《纲要》以来，'六大'的列车已经启动，真正的'六大'将是党员和全民的公开和坦诚的讨论（现正在这么做），使全党全民达成共识，明确在经济方面进行战略性变革的必要性和紧迫性，目的是使古巴的社会主义能持续和不可逆转"。"《纲要》指明了未来的方向是符合古巴实际的社会主义，而不是被革命所推翻的过去的资本主义和殖民主义。古巴经济的特点是计划而不是自由市场，决不允许《纲要》第三点提到的资产的集中。关于这一点说得很清楚，尽管仍有人视而不见"，"《纲要》的核心和当前经济发展的方针是生产可供出口的产品，节约进口和投资到那些生效快，此外可以提高经济效益的工程"，"《纲要》根据古巴的情况，指明了通向社会主义而不是资本主义或新殖民主义未来的方向。古巴经济的主要特征将是计划经济而不是自由市场。"

二　古巴经济变革的最新动向

2011 年是古巴经济变革关键的一年。正如劳尔所说，"这是一场决定革命命运的变革"。

自 2011 年 1 月 4 日起，酝酿已久的古巴国有部门正式开始裁员。据古巴党报《格拉玛报》2 月 7 日报道，截至 2011 年 1 月底，已有 8 万多人领取了私人经营许可证。根据安排，到 3 月底，将裁减 50 万人，其中约半数将成为个体户。目前古巴主要城市的街心广场和十字路口，各种个体小吃店、咖啡店、酒吧间、手工艺品商店、音像制品和旧书摊、修理铺、水果和蔬菜等各种商店和摊贩如雨后春笋般地涌现，新经济政策调动了不少古巴民众的积极性，古巴国内的经济开始搞活。

与此同时，古巴全党全民正在热烈讨论拟在古共"六大"讨论通过的文件《经济社会政策的纲要》。据《格拉玛报》2 月 4 日报道，到 2 月初，古巴全国已有 600 多万民众参加了对《纲要》的讨论，全国各地 5000 多名专家将对群众提出的意见和建议进行归纳、整理，并将意见和建议提交给由党和政府主要领导人领导的 12 个工作组来进行分析，对纲要草案进行修改，提交给"六大"讨论通过。广大党员和民众意见最集中的是第六章（社会政策）、第二章（宏观经济）、第一章（经济管理模式）、第十一章（建筑住房水力资源）和第十章（运输）。具体来说，对第162点（逐步取消购货本）、第62和63点（价格政策）、第133点（教育质量）、第278点（住房的交换、买卖和出租）和第54点（取消货币双轨制）讨论最热烈，意见更集中。

在1997年古共"五大"召开14年之后，古共"六大"即将在2011年4月16日至19日召开。群众性的讨论将于2月底结束。目前古巴各级党的组织正在推选1000名出席"六大"的党代表，这次推选代表，与以往不同，强调要推选懂得经济的党员代表与会。从目前情况来看，古共"六大"将会顺利召开，经过广泛征集党员和民众的意见和与会党代表的讨论，《纲要》必定会通过，并将对古巴今后经济和社会的发展起指导作用。

（原载《当代世界》2011年第3期）

古巴选择社会主义道路

一　古巴革命的性质和特点

关于古巴革命的性质，卡斯特罗本人前后有不同的表述。在古巴革命初期，1959 年 4 月 24 日，卡斯特罗在访问美国期间，在纽约中央公园发表演说时称，"古巴革命奉行民主原则，它是人道主义的民主"①。5 月 8 日卡斯特罗在结束访美回国后在一次群众集会上说，"古巴革命既不是资本主义，也不是共产主义，而是自己的革命"②。5 月 9 日，他在一次讲话中，称古巴革命是"完全民主主义的"，卡斯特罗还一再否认他是共产党人。③

但是，1975 年 10 月卡斯特罗在古共"一大"上所作的中心报告中称自己以及同他一起进行武装斗争的人是"新共产党人"，卡斯特罗还认为当时马列主义已成为他的思想。卡斯特罗说："这项任务（指进行武装斗争）是由新共产党人完成的，也必须由他们来完成"，卡斯特罗还说，"马列主义虽然尚未成为我国开始走上革命武装斗争道路的所有人的普遍思想，但已是其主要领导人的思想"，"攻打蒙卡达兵营并不意味着当时革命已经取得胜利，而是指明了一条路，制定出了民族解放的纲领。这个纲

---

① Discurso pronunciado por el comandante Fidel Castro Ruz, primer ministro del gobierno revolucionario, en el parque central de New York, Estados Unidos, el 24 de abril de 1959, http：//www. cuba. cu/gobierno/discursos/1959/esp/f240459e. html.

② Discurso pronunciado por el comandante Fidel Castro Ruz, primer ministro del gobierno revolucionario, en la concentración celebrada a su llegada del extranjero, en la Plaza Cívica, el 8 de mayo de 1959, http：//www. cuba. cu/gobierno/discursos/1959/esp/f080559e. html.

③ 古巴《革命报》1959 年 5 月 10 日，转引自［英］休·托马斯《卡斯特罗和古巴》下册，上海人民出版社 1975 年版，第 444—448 页。

领后来又打开了祖国的社会主义大门"①。

关于古巴革命的性质，古共"一大"所通过的古巴共产党纲领明确指出，古巴革命可分两个阶段，第一阶段是人民民主和反帝的，第二阶段是社会主义的。党纲第一部分第三章"古巴革命的性质"指出："从 1959 年 1 月起我国的革命开始人民民主、土地改革和反帝的阶段，其特点是采取了一系列的符合所有人民阶级和阶层利益的措施"，"1961 年 4 月 16 日，在帝国主义组织和支持的雇佣军在吉隆滩登陆的前夕，卡斯特罗总司令正式宣布古巴革命的社会主义性质"，"在人民民主和反帝的阶段和社会主义阶段之间没有不可逾越的障碍"②。

古巴革命的道路与中国革命的道路有相同也有不同之处。相同之处是：古巴革命和中国革命一样，主要是通过武装斗争的道路取得胜利的；古巴革命和中国革命的武装斗争都在农村（山区）建立了根据地，古巴在马埃斯特腊山，中国在井冈山；都是由革命先锋队领导的，古巴是"七·二六运动"，中国是中国共产党；在革命过程中，都建立了广泛的统一战线。不同之处在于，领导古巴革命武装斗争的并不是古巴原来的共产党（人民社会党），而是以卡斯特罗为首的"七·二六运动"。古巴人民社会党在开始时，对卡斯特罗领导的武装斗争持批评和反对态度，后来改变了立场和态度，转为支持和参与。古巴革命胜利后，1965 年古巴三大革命力量（"七·二六运动"、人民社会党和"三·一三革命指导委员会"）合并成古巴共产党。另外，在古巴革命统一战线中，一般不包括民族资产阶级，古共"一大"通过的古巴共产党纲领指出："非糖业工业资产阶级——我们把它看作是我国的'民族资产阶级'……总的说来，缺少经济实力和政治勇气，没有起一点进步的历史作用。③"

① ［古］菲德尔·卡斯特罗：《在古巴共产党第一、二、三次全国代表大会上的中心报告》，人民出版社 1990 年版，第 20—21 页。

② *Plataforma Programática del Partido Comunista de Cuba*, *Tesis y Resolución*, editado por el Departamento de Orientación Revolucionaria del Comité Central del Partido Comunista de Cuba, La Habana, 1976, pp. 39—43.

③ *Plataforma Programática del Partido Comunista de Cuba*, *Tesis y Resolución*, editado por el Departamento de Orientación Revolucionaria del Comité Central del Partido Comunista de Cuba, La Habana, 1976, p. 11.

古巴走上社会主义革命的途径与其他社会主义国家不同，有其独特的方式。

古巴革命并没有从一开始就提出搞社会主义。卡斯特罗在古共"一大"的中心报告谈到这一问题时说："如果在起义斗争时期提出搞社会主义，人民还不会理解，帝国主义就会对我国直接进行军事干涉。当时，推翻了巴蒂斯塔血腥政权并提出了蒙卡达纲领，就把全体人民团结在一起了。"①

二 人民民主革命阶段的主要措施

1959 年 1 月 1 日，古巴革命夺取政权取得了胜利。那时，这一革命是属于人民民主和反帝性质的。革命的目标是实现卡斯特罗在著名的长篇自我辩护词《历史将宣判我无罪》中提出的《蒙卡达纲领》。在这份历史性文献中，卡斯特罗提出的革命目标是：恢复 1940 年宪法，建立革命政府，实行工业化和外国资本国有化，进行土地和教育方面的改革；实行民族独立的政策，并主张同拉丁美洲各国人民团结一致。以"七·二六运动"为主体的革命领导力量取得政权后，便开始进入了人民民主革命的实施阶段（即革命的第一阶段），为实现《蒙卡达纲领》而采取了一系列强有力的政策措施。

摧毁旧的国家机器，建立革命政权。1959 年 1 月 3 日临时政府成立后，立即宣布解散旧议会和特别法庭，清除政府和其机构中的巴蒂斯塔分子，取缔反动政党；废除一切反动法令，没收反动分子的财产；改组旧军队，建立革命武装部队。与此同时，逐步建立新的革命秩序，扩大社会民主。同年 2 月 7 日，临时政府颁布了以 1940 年宪法为基础的《1959 年根本法》，起宪法的作用。

为了体现统一战线原则，临时政府由曾经参加反独裁统治的各派政治力量所组成。代表资产阶级自由派的曼努埃尔·乌鲁蒂亚（1901—1981）

---

① ［古］菲德尔·卡斯特罗：《在古巴共产党第一、二、三次全国代表大会上的中心报告》，人民出版社 1990 年版，第 22 页。

和何塞·米罗·卡多纳（1903—1974）分别担任总统和总理。卡斯特罗任武装部队总司令。然而，随着革命的深入，自由派反对改革的立场日益不能适应革命发展的需要。在人民的要求下，卡斯特罗于1959年2月16日接受了总理职务。在此后一段时间内，新政府曾多次改组，使政权内的革命力量逐渐占有绝对优势。到同年7月以奥斯瓦尔多·多尔蒂科斯（1919—1983）代替乌鲁蒂亚担任总统时，建立革命政权的任务便基本上完成了。

在革命向前推进的同时，支持革命的阵线也日益明晰。一部分城市中的资产阶级和中产阶级上层以及农村中的大庄园主纷纷起来反对这场革命。他们对大城市中的一些厂矿企业进行破坏活动，而在农村则组织反政府的武装。革命政府对这些活动进行了及时有效的打击，并从组织上保证了革命的秩序。1959年10月，政府将"起义军"改名为"革命武装力量"，成立"革命武装力量部"，以加强军队的力量。1960年9月，群众组织保卫革命委员会成立。该组织在全国、省、区和街道均设有机构，其任务是配合政府维持社会治安。

实行民主改革，改造旧经济制度，建立新生产关系。主要改革是：

土地改革。如前所述，1959年5月17日，革命政府颁布《土地改革法》。土改法规定废除大庄园制度和禁止外国人占有古巴土地。土改法限定每个自然人或法人占有的土地最多不超过30卡瓦耶里亚（合402.9公顷），超过部分予以征收。这次土改征收了大庄园主和美国人占有的土地16.2万卡（约合217万公顷），使10余万无地、少地的农民得到了土地。但对征得的大部分庄园，政府没有分给农民，而是直接组成国营人民农场和农牧业生产合作社，从而使40%的土地成为国有。这次土改消灭了大庄园制和外国资本土地占有制，完成了农村中的民主改革。

外国企业国有化。1959年10月，政府颁布了石油法和矿业法，废除一切租让土地，对外资企业课以重税。1960年，古巴收归国有的以美资为主的企业共400多家，价值约12亿美元，从而实现了外国企业的国有化。

改造城市经济。1960年1月28日，政府颁布没收巴蒂斯塔分子全部财产的法令，将价值共4亿比索的财产收归国有。同年10月，将382家私营工商企业和全部私营银行收归国有。本国和外国企业的国有化使古巴

的国民经济完全控制在国家手中。政府还于 1960 年 10 月 14 日颁布了
《城市改革法》，规定每户居民只准拥有一所住宅，租房者以每月的房租分
期偿还房价，在 5—20 年内积累还足房价后便可成为所住房屋的主人，从
而逐步消除了城市中的房租剥削关系。1960 年 9 月，古巴全国人民大会通
过的第一个《哈瓦那宣言》，谴责了剥削制度和帝国主义侵略。10 月，卡
斯特罗说，《蒙卡达纲领》已经实现，革命已完成了第一阶段。

三　1961 年 4 月 16 日卡斯特罗宣布
古巴革命是社会主义革命

　　在古巴人民的反帝斗争和民主改革深入发展时，以卡斯特罗为领袖的
革命领导力量选择了社会主义道路。1961 年 4 月 15 日清晨，美国飞机轰
炸了哈瓦那，造成了 7 人死亡，53 人受伤，其中有不少儿童和妇女。1961
年 4 月 16 日，哈瓦那市民为在美国飞机罪恶轰炸中的 7 名牺牲者举行了
葬礼。在哈瓦那哥伦布公墓对面第 23 号大街和 12 街交叉处举行的葬礼仪
式上，卡斯特罗发表了长篇演说，宣布古巴革命是"一场贫苦人的、由贫
苦人进行的、为了贫苦人的社会主义民主革命"[1]，从而标志着古巴革命的
第二阶段即社会主义革命阶段的正式开始。卡斯特罗指出，美国飞机的罪
恶轰炸是美国蓄谋已久的雇佣军对古巴入侵的前奏。

四　社会主义阶段的主要措施

　　自 1961 年 4 月中旬起，古巴革命就进入了社会主义革命和建设阶段。
迄今为止，上述阶段又分成两个阶段，第一阶段是社会主义改造阶段。
　　在社会主义改造阶段，卡斯特罗领导的古巴党和政府采取了以下措施
和政策：
　　坚持反对帝国主义的立场。1961 年 4 月 17 日，1000 多名美国雇佣军

---

　　① ［古］菲德尔·卡斯特罗：《在敌机突袭被难者葬礼上的讲话》，《卡斯特罗言论集》第二册，
人民出版社 1963 年版，第 26 页。

从海上登陆，对古巴进行武装侵略。古巴军民在卡斯特罗亲自指挥下经过72小时激战，全歼入侵者。这就是著名的吉隆滩战役，又称"猪湾入侵"。1962年2月，针对美国强迫美洲国家组织做出开除古巴的无理决议，古巴全国人民大会通过了《第二个哈瓦那宣言》，谴责美国对拉丁美洲的奴役、掠夺和侵略。同年10月16日，美国宣布武装封锁古巴，要求苏联从古巴撤走"进攻性武器"，并在海上拦截苏联船只，造成"加勒比海危机"。接着，苏联表示已下令撤除上述武器，并同意让联合国代表去古巴核实。卡斯特罗和古巴政府先后发表演说和声明，严词拒绝联合国视察古巴领土。

发展同社会主义国家的关系。1961年4月以后，古巴得到苏联供应的大量石油和粮食。1961年8月，古苏签署了苏联向古巴提供经济和军事援助的协议。与此同时，古巴发展同中国的关系。中国积极支持古巴的斗争，向它提供援助，包括军事援助。同时，古巴同其他社会主义国家也发展了关系。

合并革命组织，开始建党进程。1961年7月，"七·二六运动"、人民社会党和"三·一三革命指导委员会"三个革命组织合并成革命统一组织。1962年5月，古巴统一革命组织改名为古巴社会主义革命统一党。1965年10月，又改名为古巴共产党。至此，一个统一的党的领导核心便建立起来了。

进行第二次土地改革。1963年10月，政府颁布了《第二次土地改革法》，规定每个农户占有的土地不得超过5卡（合67.15公顷），超过部分予以征收。这次土改共征收了200多万公顷土地，从而消灭了富农经济。土改后，国营部分占全部土地的70%，小农（包括少数加入合作社的农户）占30%，农村中形成了国营农场、农牧业生产合作社和个体小农三种土地占有形式。

普及初等教育，发展革命文化。政府将1961年定为"教育年"，开展扫盲运动，大力兴办学校。1961年7月，政府颁布《教育国有化法令》，对所有学校均实行免费教育。1961年8月和1962年12月，先后召开了作家、艺术家和文化代表大会，强调文艺作品要为革命事业服务。

到1963年年底，古巴的社会主义改造基本完成，此后开始了社会主义建设的新阶段。

从 1964 年起，古巴社会主义建设阶段的历史分期大致可分为：1964—1970 年是对社会主义政治经济体制的初探时期；1971—1985 年是社会主义"体制化"时期；1986—1989 年是"纠偏运动"和对经济体制的反思和再探索时期；1990 年至现在是"和平年代的特殊时期"。

五　促使古巴选择社会主义道路的原因

促使古巴革命向社会主义的转变并不是偶然的，有其深远的历史渊源和重要的现实原因及当时的国内外条件。

广泛的社会主义思想影响。早在 19 世纪末，社会主义思想就开始在工人中传播。古巴社会主义运动的先驱、最早的马克思主义者卡洛斯·B.巴利尼奥（1848—1926）年轻时曾同烟草工人一起劳动，并于 1892 年和何塞·马蒂共同创立古巴革命党，动员工人积极参加古巴的独立战争。1903 年他创建了古巴第一个马克思主义团体"俱乐部"，1904 年又创建了工人党（从 1905 年起称社会主义工人党）。俄国十月革命后，古巴的工人运动受到很大鼓舞，社会主义思想的传播更为广泛。1925 年，巴利尼奥同胡利奥·安东尼奥·梅利亚（1903—1929）一起创建了古巴共产党（后改名为人民社会党）。同年，古巴第一个全国性劳工组织古巴全国工人联合会也成立了。具有共产主义思想的知识青年开始同工人运动相结合。在 30年代初期，共产党积极参加了反对马查多独裁统治的斗争。1933 年 8 月 4日，古共领导工人进行总罢工。在古共和古巴全国工人联合会的共同宣言中提出：建立民主政府，改善劳动人民的生活状况，结束对美国的半殖民地依附关系等。这时罢工的规模急剧扩大，在许多工厂和种植园都成立了独立的"苏维埃"。这是古巴有史以来无产阶级第一次作为革命的动力登上政治舞台。在 1933 年的革命中，社会主义思想得到进一步传播，工人阶级的觉悟有了新的提高。以共产党为代表的工人力量不仅对推翻马查多暴政做出了贡献，而且对后来格劳政府（1944—1948）所采取的一些政策措施和制定具有进步内容的 1940 年宪法等民主成果的取得都发挥了积极作用。在 40 年代和 50 年代，社会主义思想以空前的广度和深度在古巴民众特别是在工人阶级中传播。在社会主义思想影响下，古巴社会呈现如下特点：一方面阶级矛盾空前激化，而另一方面广大的人民群众包括工人、农民、其他劳动者、知识分子等的政治觉悟普遍提高。工人运动、学生运动、妇女运动蓬勃发展。在古巴，社会主义有着广泛的思想和阶级基础。

古巴革命深入发展的必然趋势。在1960年年底古巴基本完成民族民主革命任务后，革命的领导者面临着革命是否要继续深入下去的抉择。当时的形势正如卡斯特罗所说，"必须在这两者之间进行选择"，是继续处于帝国主义的统治下，还是进行一次反帝的社会主义的革命。

人民社会党立场的转变。古巴革命胜利前，人社党（即共产党）是古巴国内主张实行社会主义制度的唯一政党，纲领明确，组织严密，在劳工运动中有相当影响。但是该党最初反对"七·二六运动"的武装斗争路线，主张通过议会以和平的方式取得政权，因而在推翻巴蒂斯塔独裁统治的斗争中没有发挥应有的作用。从1957年年底开始，该党逐渐转变态度，支持起义军，同"七·二六运动"进行合作。革命胜利后，人社党表示完全支持革命政府，接受卡斯特罗的领导，承认自己在武装斗争问题上犯了错误。该党还支持和促进卡斯特罗领导的革命继续发展，以便向新的目标社会主义前进。

工农群众的迫切要求。革命后政府采取了一系列措施，提高工人的政治地位和生活待遇，增加了职工的实际工资，基本上解决了失业问题。政府还保证了劳动人民参与政治的权利。土地改革使贫苦农民获得了土地和贷款。政府相继宣布实行全民免费医疗和全民免费教育制度，使广大群众，特别是使大多数处于底层的黑人和混血种人获益。因此，广大城市工农群众的革命积极性空前高涨，他们迫切要求政府将革命继续进行下去。

卡斯特罗善于尊重和团结各种革命的力量，并在关键时刻做出英明的抉择。卡斯特罗领导的"七·二六运动"最初是由一批革命的青年学生组成，他们具有强烈的民族感情和改造社会的历史责任感。卡斯特罗本人在大学时代就研读过马列著作，对社会主义思想有深刻的认识。"七·二六运动"的其他领导人也都不同程度地具有社会主义意识。在反独裁斗争中，卡斯特罗等人尊重和团结老的共产党人；革命胜利后，他又注意充分发挥人社党和"三·一三革命指导委员会"的积极作用。随着革命形势的发展，马列主义学说已逐渐成为革命领导人的主要思想，走社会主义道路逐渐成为他们的共识。这一切就是以"七·二六运动"为主体的整个革命领导力量向社会主义转变的主观原因。卡斯特罗在历史关头做出英明的抉择：选择社会主义道路，开始进行社会主义革命。

美国对古巴的敌视态度。古巴革命的性质是对外反对帝国主义，对内反对独裁统治。因此，革命的发展必然会触及美国在古巴的帝国主义利益。卡斯特罗最初的态度是尽可能用和平的方式加以解决。正因为这样，他在革命后仅 4 个月就率领代表团访问美国，表示愿意同美国保持良好的关系。然而，美国却采取另一种态度。副总统尼克松在会见卡斯特罗时态度很冷淡。在 1959 年 4 月当古巴颁布的土改法触及到美国资本的利益时，美国便开始对古巴进行威胁。1960 年 5 月，美国宣布停止对古巴的一切经济援助；7 月，美国决定取消古巴对美国的食糖出口份额；8 月，美国操纵美洲国家组织通过决议，干涉古巴内政；10 月，美国对古巴实行禁运。1961 年 1 月 3 日，美国同古巴断交。与此同时，美国不断指使美国的反古分子潜入古巴进行颠覆和破坏活动，而且还加紧组织雇佣军，准备公开入侵古巴。美国的这种急剧升级的威逼态度，给新生的古巴革命政权以沉重的打击，使长期依附于美国的古巴经济突然失去支撑，古巴革命面临被扼杀的危险。古巴为了将革命继续深入下去，自然会寻求另一条前进道路。正如卡斯特罗所说的，美帝国主义者"不能容许我们屹立在他们的鼻子底下，不能容许我们在美国的鼻子底下进行一场社会主义革命！""我们就用这些步枪来保卫这个社会主义革命！我们就是用昨天高射炮兵把侵略飞机打得千孔百疮的勇气来保卫这个社会主义革命！"① 卡斯特罗还说："美国千方百计力图扑灭古巴革命，但它所作所为的结果却是加快了革命进程。"②

社会主义国家对古巴的支援。在美国企图扼杀古巴革命时，古巴得到了社会主义国家及时的支援。1960 年 2 月，苏联部长会议副主席米高扬访

---

① ［古］菲德尔·卡斯特罗：《在敌机突袭被难者葬礼上的讲话》，《卡斯特罗言论集》第二册，人民出版社 1963 年版，第 25 页。

② ［古］菲德尔·卡斯特罗：《在古巴共产党第一、二、三次全国代表大会上的中心报告》，人民出版社 1990 年版，第 28 页。

问古巴,允诺向古巴提供 1 亿美元的贷款,并在 5 年内每年购买古巴 100 万吨蔗糖。同年 5 月,苏联同古巴复交。7 月,苏联的武器开始运往古巴。中国于 1960 年 7 月同古巴签订贸易协定,9 月 28 日同古巴建交。同年 11 月,中国开始向古巴提供经济援助。毛泽东主席高度评价古巴革命,多次表示坚决支持古巴人民的革命斗争。其他社会主义国家也给予了热情的支持。到 1960 年年底,所有社会主义国家都同古巴建立了外交关系。这些国家的支援对古巴革命的生存发挥了很大作用。正如卡斯特罗后来回忆道,如果那时没有国际上的声援,如果没有全世界的阶级兄弟,特别是苏联人民的支持,古巴革命者就有可能无法取得胜利。

综上所述,古巴革命向社会主义转变是历史和现实、内因和外因等各种因素综合作用的结果,国际学术界一度出现的"偶然论"、"外因论"等论点是不符合实际的。在 20 世纪五六十年代,亚非拉不少争取独立的国家都在不同程度上受到帝国主义的威胁和压迫,但绝大多数国家并没有因此而被逼成社会主义,其原因主要还在于内部。

近半个世纪以来,古巴经历了无数的风浪,特别是近十几年来承受了苏东剧变的巨大打击和考验,古巴坚持走社会主义道路的决心始终不变,古巴人民对社会主义有如此强烈的信念,这说明社会主义在古巴有深厚的根基。正如卡斯特罗所说,"没有一国的人民是被迫进行革命的","是革命的规律使我国树立了社会主义的信仰"①。

六   古巴革命的特点

古巴革命是"本世纪拉丁美洲最重要的事件",古巴革命是拉丁美洲历史上一个划时代的事件,它对拉美当代历史发展进程产生了深远的影响。它主要有以下几个特点:

一是从形式上看,古巴革命最初不是由当时业已存在的共产党(人民社会党)领导的,而是由不是共产党员的卡斯特罗领导的激进革命组织

---

① 〔古〕菲德尔·卡斯特罗:《全球化与现代资本主义》,社会科学文献出版社 2000 年版,第 26 页。

"七·二六运动"领导的。古巴人民社会党，虽然是一个工人阶级政党，却从一开始就反对卡斯特罗和"七·二六运动"领导的武装斗争，指责卡斯特罗和他的战友们攻打蒙卡达兵营是"小资产阶级盲动主义和冒险主义的表现"，在卡斯特罗遭到暂时失败后继续坚持武装斗争时，人民社会党又劝阻他们放弃进行冒险活动，而主张向巴蒂斯塔施加压力，让他接受民主选举。1958年3月，人民社会党还在自己的声明中鼓吹什么"选举才是痛苦最少的道路，才是任何人都不能拒绝的道路"，宣称"我们从来没有、将来也不会错过用选举来解决古巴争端问题的可能性"。直到1958年6月革命胜利已成定局，卡斯特罗再次公开邀请各左翼力量参加游击战争时，人民社会党才决定派其中央领导人之一的卡洛斯·拉斐尔·罗德里格斯带一些人从山区去支持游击战争。在革命胜利后，古巴从人民民主革命过渡到社会主义革命，三个主要革命组织逐步建立了统一的马列主义政党即古巴共产党，这在国际共产主义运动史上是没有先例的，从而形成了一个新的模式，即古巴模式。

二是古巴是第二次世界大战后诞生的最年轻的社会主义国家之一。它的革命过程不是与世界战争或直接反抗外国统治者的民族解放战争相联系，而是以反对独裁政权的国内革命战争的方式取得政权的。这和战后出现的其他社会主义国家，特别是与东欧的社会主义国家的情形不同。正如卡斯特罗在同法国记者拉蒙内特访谈时说："（古巴）这场革命是古巴人自己进行的，苏联人没有给过古巴一分钱，一支枪。1959年1月，我一个苏联人都不认识，也不认识苏联领导人。"[1]

三是古巴革命是拉美历史上反独裁和反帝斗争最彻底的一场革命。从20世纪初到70年代末，拉美经历了1910年的墨西哥革命、1944年的危地马拉革命、1952年的玻利维亚革命、1959年的古巴革命和1979年的尼加拉瓜革命，但拉美其他国家的革命的彻底性远远不能同古巴革命相比。古巴所走的武装斗争道路和胜利后对旧制度的彻底摧毁都给拉美各国的人民树立了榜样。古巴革命又是拉美历史上反帝斗争最坚决的一场革命，其

[1]　Cien horas con Fidel, Conversaciones con Ignacio Ramonet, Segunda edicion revisada y enriquecida con nuevos datos, Oficina de Publicaciones del Consejo de Estado, La Habana, 2006, p. 326.

坚定性也远远超过拉美以往的其他革命。古巴是拉美第一个也是唯一的一个同美国的统治完全决裂的国家，作为一面反帝的旗帜鼓舞了并继续鼓舞着一代又一代的拉美人。它打破了"地理宿命论"即由于拉美国家紧挨着美国这个头号帝国，拉美的革命必然难以成功。

四是古巴革命是拉美历史上第一次由人民民主斗争向社会主义过渡的革命，它证明了这种过渡是可能的，从而激发了拉美广大劳动者的革命积极性，推动了拉美社会的进步和发展。古巴革命还树立了一个实现社会公正的现实样板，为拉美国家后来发生的革命斗争起示范作用。1970—1973年智利阿连德实行的"社会主义"，1979—1990年曾执政和2007年1月再次上台执政的左翼尼加拉瓜桑地诺解放阵线政府和1979—1983年格林纳达毕晓普实行的"社会主义"，以及20世纪90年代后期以来，委内瑞拉、巴西、玻利维亚、厄瓜多尔、阿根廷、乌拉圭、智利等国左翼力量纷纷上台执政都能看到古巴革命的影响。社会主义古巴在世界上的出现和存在还增强了不结盟运动的力量，提高了第三世界在国际舞台上的地位，对亚非拉民族解放运动起了积极的推动作用。古巴的影响远远超出了拉丁美洲的界限，波及世界上的广大地区。

尽管20世纪80年代末和90年代初，苏东剧变和社会主义苏联的解体使古巴遭受了巨大的打击，但是，在卡斯特罗的领导下，社会主义的古巴依然傲然屹立在加勒比海和西半球。

2001年4月16日，是卡斯特罗宣布古巴革命社会主义性质40周年，卡斯特罗在哈瓦那哥伦布公墓对面第23号大街和12街交叉处举行的纪念古巴实行社会主义40周年的集会上表示，古巴人民将用自己的鲜血誓死保卫社会主义。他强调，这次集会就是要表明，古巴革命的社会主义性质没有改变，古巴将坚持社会主义方向。卡斯特罗在讲话中列举了古巴在教育、医疗、体育、文化等不同领域所取得的成就。他指出，没有社会主义，古巴的孩子不可能像今天这样接受良好的教育；没有社会主义，古巴人的人均寿命无法达到76岁；没有社会主义，古巴的体育不会取得这么好的成绩，人均奖牌数世界第一；没有社会主义，古巴不可能成为世界上许多人学习的榜样，成为正义事业的忠实、持久的代言人；没有社会主义，古巴不可能经受美国9位总统的敌视。与此同时，卡斯特罗严厉谴责美国政府对古巴实施已长达 40 年的经济、金融和贸易封锁。①

（原载徐世澄《卡斯特罗评传——从马蒂主义者
到马克思主义者》，人民出版社 2008 年版）

---

① Discurso pronunciado por Fidel Castro Ruz, presidente del Consejo del Estado y de Ministros de Cuba en el acto de conmemoración del aniversario 40 de la proclamación del carácter socialista de la Revolución, efectuado en 12 y 23, el 16 de abril del 2001, http：//www. cuba. cu/gobierno/discursos/2001/esp/fl60401e. html.

古巴共产党是如何加强党的建设的

古巴共产党是古巴人民的先锋队。古巴现行的 1992 年宪法第五条明确规定:"以马蒂思想和马列主义为指导的古巴共产党是古巴民族有组织的先锋队,是社会和国家最高的领导力量,它组织和指导为实现建设社会主义的崇高目标和向共产主义社会迈进的共同努力。"

1997 年 10 月召开的古共"五大"强调,以马列主义、马蒂思想为指导的古巴共产党,是国家可靠的捍卫者和中流砥柱;社会主义和共产党的领导是古巴的唯一选择。

长期以来,古巴共产党高度重视,并采取有力措施加强党的建设。

一　与时俱进,适时修改党章党纲

古巴共产党根据形势变化,与时俱进,适时修改党章党纲。强调在新的形势下,党必须坚持共产主义的理想,必须坚持走社会主义道路,必须坚持马列主义和马蒂思想,必须坚持一党制和党的领导。

1991 年 10 月,古巴共产党召开"四大"。这次大会是在苏东剧变、古巴面临空前困难的形势下举行的,具有特殊意义。"四大"提出了"拯救祖国、革命和社会主义"的原则和口号,卡斯特罗在开幕式讲话中适时明确地提出了古巴对外开放的政策:"我们正在广泛地实行开放,广泛地对外资实行开放。""四大"通过的关于修改党章和党纲的决议明确指出,古巴革命的最高目标是在古巴建设社会主义,古巴共产党坚持共产主义的理想,古巴共产党是以马列主义和马蒂思想为指导的政党,是古巴社会的领导力量。

1997 年古共"五大"通过的中心文件《团结、民主和捍卫人权的党》

明确指出：坚持社会主义和共产党的一党领导，是维护国家独立、主权以及抵抗美国封锁获得生存的保障；以马列主义、马蒂思想为指导的古共，是国家可靠的捍卫者和中流砥柱，社会主义和共产党的领导，是古巴的唯一选择。"五大"通过的《经济决议》指出："古巴的经济政策开始了一个新阶段，它应当包括经济结构方面，如多样化、振兴出口、发展食品基地、提高能源和物资以及财政部门的经济效益等"，"提高效益是古巴经济政策的中心目标。"古共"五大"后，古巴又继续推出一些新的改革举措。

二　加强党风建设

古共强调，党员特别是党员干部要与群众同甘共苦，保持鱼水之情。卡斯特罗等党和国家的高级领导人以身作则，生活简朴，不搞特殊化，他们经常深入基层，密切联系群众，倾听群众的意见，改进工作。

卡斯特罗主席为政清廉，他曾对记者透露，"我的工资同 40 年前大体持平，甚至还要少一些"，"我无意要求为我增加工资，因为幸福不是建立在金钱的基础之上的"。自 20 世纪 90 年代初以来，古巴领导人的工资一直没有增加，目前部级领导人月工资约 400 比索（约 20 美元）。凡遇到重大事件，卡斯特罗都亲临第一线。20 世纪 60 年代，美国雇佣军入侵古巴吉隆滩时，卡斯特罗身先士卒，亲自率领古巴军民击溃雇佣军；每逢收割甘蔗季节，卡斯特罗等领导人都手持砍刀下农村砍甘蔗；2004 年 9 月当"伊凡"飓风肆虐古巴西部时，卡斯特罗又亲临西部，领导抗灾斗争。在基本生活品供应方面，对党政领导干部没有特殊供应；在住房方面，古巴没有专门为领导干部兴建独立的高档住宅区，不少高级干部混居在普通居民区内，上下班步行或骑自行车。古共制定领导干部定期下访视察的制度，规定中央政治局委员每年至少 6 次到地方视察，其中 4 次必须深入基层。

三　重视组织建设

古巴共产党十分重视党的基层组织建设。根据古共"四大"《关于古巴共产党党章的决议》，在发展新党员时，发展对象必须是由基层劳动者大会选举产生的劳动模范，或是由共青联盟基层组织推荐的已超龄的共青团员。古共对新党员的要求十分严格。通过不懈的努力，东欧剧变和苏联解体后，古共党员的人数不仅没有减少，反而有较大幅度的增加，从1991年的61.5万人增加到现在的85万人，党员人数约占古巴总人口的8%，占古巴成年人总数的16%。基层党支部每两年必须对工作进行总结，支委会应进行改选，并对党员进行考评。

古共重视培养和选拔德才兼备的年轻干部进入各级领导班子，保障革命事业后继有人。古巴之所以能成功地经受"双重封锁"的考验，很重要的一个原因是古巴共产党和古巴政府有一个老中青干部结合的坚强的领导班子。

1991年10月召开的古共"四大"，选出了由225人组成的中央委员会和由25人组成的政治局。在225名中央委员中，自1965年起一直担任中央委员的只有26名，参加过攻打蒙卡达兵营的有7名，参加过"格拉玛"号远征的有5名，参加过反对巴蒂斯塔独裁斗争的有43名。在25名政治局委员中，年龄在60岁以上的有7名，占28%；年龄在50—60岁之间的有9名，占36%；年龄在40—50岁之间的有7名，占28%；年龄在30—40岁之间的有2名，占8%。1997年召开的古共"五大"选出的中央委员会和政治局中，仍然保留了一部分曾参加过反对巴蒂斯塔独裁斗争的有代表性的老一辈革命家，但其所占比重比上一届均有显著减少。"五大"选出的政治局委员的平均年龄为54岁，其中有8人的年龄在40岁以下；在中央委员会中，中青年所占的比重更大，中央委员的平均年龄为47岁。费利佩·罗克1991年当选中央委员时，才26岁；28岁时，他被任命为国务委员；34岁出任外长至今。卡洛斯·拉赫1991年当选古共中央政治局委员时，只有41岁；42岁时他被任命为部长会议执行秘书；43岁起就任国务委员会副主席至今。

古共中央的不少领导干部，如拉赫、罗克等均在古巴共产主义青年联盟中担任过领导职务。根据古巴1976年宪法第六条规定："共产主义青年联盟是先进青年的组织。在党的领导下，共产主义青年联盟努力将其成员培养成未来的党员，通过学习、劳动、爱国活动和军事、科学及文化活动用共产主义思想教育新的一代。"1992 年修改后的宪法将这一条内容做了修改，改为："共产主义青年联盟是先进青年的组织。国家承认并鼓励它发挥主导作用，以促进青年群众积极参与社会主义建设任务，并适当地将青年培养成为有觉悟的、有能力担负起造福于社会重任的公民。"古巴共产党把共产主义青年联盟看作是其后备军和助手。古巴共产主义青年联盟成立于 1962 年 4 月 4 日，其前身是成立于 1960 年 10 月 21 日的起义青年协会。自成立以来，共产主义青年联盟在宣传和贯彻古共的方针政策，团结教育广大青年和组织青年积极投身于社会主义革命与建设事业中发挥了重要作用。此外，共产主义青年联盟还向古共输送了大批党员和不少优秀的领导干部。2004 年 12 月，古巴共产主义青年联盟召开了"八大"，胡利奥·马丁内斯当选为第一书记。

四　加强思想政治教育

古共重视加强对党员干部和党员的思想教育。古共中央有一所高级党校，即"尼科·洛佩斯"高级党校。2004 年 9 月笔者访古时，党校校长劳尔·巴尔德斯·比沃介绍说，"尼科·洛佩斯"高级党校是古巴唯一的高级党校，负责培养省、部级领导和后备干部。其办学方针是以马列主义、马蒂思想为指导，学习卡斯特罗的著作和讲话，结合实际工作和社会问题开展有针对性的教学和培训活动。学员学习的主要课程有：马列主义基本原理、马蒂著作、卡斯特罗著作和重要讲话、党建学说、国际政治、经济学、社会学、党史和国史、领导工作方法等。学校还组织学员进行理论研究和实习。高级党校领导古巴 14 个省级党校和 140 多个市县级党校。古巴目前各省（共 14 个省）和大部分市县均有党校。高级党校设有部级干部短期培训班，时间最短的只有 11 天，较长的有 3 个月和 6 个月。高级党校设有党校干部和教员的培训班，迄今为止，高级党校共培养了 169名党校校长和 504 名党校教员。高级党校还设有五年制的本科生和研究生班。每年在高级党校学习的各种学员有 4000 多名。省级和市级党校的学习时间比较短，方式也比较灵活，有脱产的，也有利用晚上和周末时间学习而不脱产的。通过各级党校的学习培训，各级党员干部加强了对党、对社会主义的信念，提高了工作能力，从而也提高了党的执政能力和领导水平。

自 1999 年"埃连事件"发生后，古巴强调开展"思想战"，针对美国的经济封锁、意识形态渗透和"和平演变"等策略，举行"反帝论坛"，创办"公众论坛"和"圆桌会议"等电视专题节目。为了及时了解民情，古共中央还设立民众舆论调查中心，向党中央和政府提供信息，以便掌握民众的思想动态，更好地做好思想工作。为更好地协调全国对马蒂思想的研究、宣传和普及，古巴共产党专门成立了由国务委员兼党中央委员、前文化部长阿曼多·阿特领导的全国马蒂研究计划办公室。

五   加强道德建设，坚决惩治腐败

为加强党员的道德纪律建设，1996 年 7 月，古共制定并颁布了《国家干部道德法规》。该法规对国家干部提出了 27 条规定：（1）诚实，永远不隐瞒和歪曲事情的真相，反对谎言、欺骗、蛊惑及舞弊行为；（2）扬廉弃耻，维护荣誉及尊严；（3）自觉遵守纪律，忠于党，尊重宪法和法律；（4）严格要求自己，尊重别人；（5）严格履行自己的诺言，不食言；（6）反对麻木不仁、冷漠无情、悲观失望、吹毛求疵和失败主义；（7）为人正直，自觉开展批评与自我批评；（8）反对逃避责任、对困难和错误无动于衷、不求进取的趋向；（9）不断改进、寻求新的办法，解决老的和新出现的问题；（10）联系劳动群众和人民，尊重并信任他们，及时了解他们的想法、需求和意见；（11）同志间友好关系应建立在原则和革命精神的基础上；（12）正确掌握国家财物；（13）掌握的权力及财物只能用于工作；（14）热爱并全身心地投入工作，正确履行自己的职责；（15）在工作和社会活动中，尊重他人的生活作风；（16）对不履行职责的人，国家行政机关不给予任何特殊权利和待遇；（17）反对腐败和姑息腐败现象的行为；（18）与下属同舟共济，全力以赴克服困难；（19）发挥个人才能，同时依靠集体讨论做出决定；（20）在职权范围内当机立断，无须等待不必要的上级指示，不要怕承担责任；（21）同集体开展对话，并建立有效的联系；（22）保守秘密，对公众传播的消息要加以疏导；（23）根据政绩和能力决

定干部的任免；（24）正确对待他人存在的问题；（25）在考核劳动者真实才干和能力的基础上，确定其胜任什么及相应权利；（26）应把权利视为光荣和责任，而绝不能作为牟取私利的资本；（27）在本职工作中自觉捍卫、维护和忠于祖国、革命及社会主义原则。

正如古共中央政治局委员、国务委员会副主席拉赫在《国家干部道德法规》颁布仪式上所强调的："没有精神道德就没有社会主义。如果我们的人民在干部身上看不到共产党人特有的品德，就没有社会主义。"

为维护党的先进性和纯洁性，古巴党和政府对贪污腐败行为不断作斗争，坚决将贪污腐败分子撤职和清除出党。1989年六七月间，古巴掀起了一场毫不留情的肃贪反腐运动，将参与贩毒和走私、腐败和挪用公款的原古巴驻安哥拉驻军司令奥乔亚中将等14名高级军官和官员逮捕并判刑，其中包括奥乔亚中将在内的4人被判处死刑。同期，由于渎职、非法占用公款、腐化等原因被撤职和判刑的还有内务部长何塞·阿夫兰特斯中将、部长会议副主席兼运输部长奥克斯·托拉尔瓦，民航局、财政局局长，海关总署署长，内务部移民局、情报局、消防局、边防局的局长等一批官员。

为防患于未然，在廉政方面，古巴对党政干部，特别是高级干部提出严格要求，如：高级干部子女不能经商；部级以上干部及其配偶不能成为企业的领导或名誉领导；高级干部不能去旅游饭店消费；高级干部没有特殊供应；高档礼品一律上缴；等等。古共规定，领导干部贪污受贿金额在300比索以上者，不论其职位高低，坚决免除领导职位，同时该法办的则法办。

20世纪90年代以来，由于渎职、腐败等原因，先后被撤职的党和政府的高级官员有：古共中央政治局委员卡洛斯·阿尔达纳，古共中央政治局委员、国务委员兼外长罗伯托·罗瓦伊纳，渔业部长奥兰多·罗德里格斯，旅游部长易卜拉欣·费拉达斯，政治局委员、国务委员兼基础工业部长马科斯·哈维尔·波塔尔·莱昂，等等。

为加强纪律监督，古巴于2001年5月成立了审计和监察部。古共设立了中央、省和市三级纪律监察委员会，分别由同级党的代表大会选举产生，其职责是受理对党员和党员干部违纪行为的举报以及对违纪党员和党员干部的申述和审理。

　　古共在加强执政能力建设方面也遇到不少问题和挑战，如：自 20 世纪 90 年代初古巴实行改革开放以来，有些党员干部没能经受考验，不惜贪污腐败；有些党员面临美国封锁和苏东剧变所带来的经济困难，对社会主义未来的前途丧失信心，等等。

　　作为古巴的执政党，古巴共产党遇到的困难是巨大的：从外部来看，近在咫尺的美国一直对古巴实行敌视政策，从经济封锁、贸易禁运、外交孤立、意识形态渗透、"和平演变"到军事威胁；20 世纪 80 年代末 90 年代初东欧剧变和苏联解体，使古巴遭受到前所未有的困难和打击。总的来看，以卡斯特罗为第一书记的古巴共产党能根据形势变化，与时俱进，适时修改党章党纲，坚持共产主义的理想，坚持走社会主义道路，坚持马列主义和马蒂思想；不断在政治思想、组织、作风和道德等方面加强自身的建设，从而提高了党的威信，加强了党的执政能力，增强了党的凝聚力，使党成为古巴人民强有力的先锋队，古巴共产党领导古巴人民奋力抵御美国的封锁和威胁，在西半球建立了第一个社会主义国家；古巴共产党又领导古巴人民沉着应对苏联解体和东欧剧变，克服一个又一个的困难，越过一道又一道的暗礁险阻，在捍卫革命成果和建设社会主义方面取得了巨大的成就。

　　古共民众舆论调查中心 1993—1997 年所做的 5 次民意调查显示，古巴大多数人（77.5%—85.5%）认为，古共继续是古巴社会的领导力量；72.2%—89% 的被调查者认为，古共代表广大人民的利益。

　　（原载李慎明主编《2005 年：世界社会主义跟踪研究报告——且听低谷新潮声（之二）》，社会科学文献出版社 2006 年版）

卡斯特罗如何从马蒂主义者
演变为马克思主义者

一　卡斯特罗从小就敬仰马蒂

卡斯特罗从小就敬仰马蒂。卡斯特罗在 1953 年 7 月 26 日率领 135 名
热血青年攻打蒙卡达兵营失败后，不幸被捕。同年 10 月 16 日，卡斯特罗
在审判他的法庭上发表了著名的自我辩护词《历史将宣判我无罪》。卡斯
特罗在辩护词中说："我们为祖国的历史而骄傲；我们在小学校里就学习
了祖国历史，在我们成长的过程中，不断听人们谈论着自由、正义和权
利。我们的长辈教导我们从小敬仰我们的英雄和烈士的光荣榜样。塞斯佩
德斯、阿格拉蒙特、马塞奥、戈麦斯和马蒂都是我们自幼就熟悉的
名字。"①

此前，卡斯特罗在第一次出庭预审中就明确指出，7 月 26 日行动和革
命的主谋（autor intelectual）是何塞·马蒂。"谁也不必担心会被指控为革
命的主谋，因为唯一的主谋是何塞·马蒂"，卡斯特罗指责监狱的检查当
局不允许他阅读马蒂著作，"他们也不允许我得到马蒂的著作，看来，监
狱的检查当局认为这些著作太富于颠覆性了。也许是因为我说过何塞·马
蒂是 7 月 26 日事件的主谋的缘故吧！"②

1985 年 5 月，卡斯特罗对巴西神甫弗雷·贝托说："在成为马克思主

---

① ［古］菲德尔·卡斯特罗：《历史将宣判我无罪》，世界知识出版社 2003 年 10 月第二版，第
108 页。

② 同上书，第 17、11—12 页。

义者之前，我十分崇拜我国的历史，崇拜马蒂，我是马蒂的拥护者……我认为，马蒂的思想极其丰富、极其美好，一个人通过接受马蒂的思想可以发展成为马克思主义者。"①

21世纪初，卡斯特罗对法国记者拉蒙内说："我是在中学毕业后，读到他（马蒂）的话后开始具有政治觉悟的"，"我少年时最早阅读的是关于独立战争的书籍和马蒂的著作。当我开始阅读马蒂著作时我便成为马蒂的崇拜者"。卡斯特罗高度评价马蒂，指出："第一个谈帝国主义的是马蒂，马蒂谈到了新诞生的帝国主义。他了解美国的扩张主义，了解美国对墨西哥发动的战争和其他战争。他极力反对并抨击美国的外交政策。他是先驱者。在列宁之前，马蒂就创建了一个进行革命的党，即古巴革命党。但这不是一个社会主义政党，因为当时古巴社会还是一个奴隶社会，一小部分自由人士和爱国者正在为独立而战。但是，马蒂的思想已非常先进，是反奴隶制的，主张独立和人道主义的。"

卡斯特罗认为，"当然，我首先是马蒂主义者，然后是马克思主义者和列宁主义者"，"我最初的政治思想是马蒂思想，然而，在1953年攻打蒙卡达兵营前，我读了不少关于社会主义的书籍，我当时具有马蒂的思想和激进的社会主义思想，在我的一生中我一直坚持这一思想。因此，当您说，革命是从7月26日开始时，我对您说，革命是从1868年10月10日开始，随着历史的发展而发展"②。

二　从马蒂主义者到马克思主义者

卡斯特罗对自己什么时候开始成为马蒂主义者，先后有两种说法。一种说法是始于高中时代，另一种说法是上大学之后。

1985年5月，卡斯特罗在接受巴西神甫弗雷·贝托访谈时说："我在成为乌托邦式的共产主义者或马克思主义者之前，是个马蒂主义者，这始

---

① ［古］D. 施诺卡尔、P. A. 塔维奥编：《古巴雄师卡斯特罗的青少年时代》，社会科学文献出版社2000年版，第140—141页。

② *Cien horas con Fidel*, *Conversaciones con Ignacio Ramonet*, Segunda edicion revisada y enriquecida con nuevos datos, Oficina de Publicaciones del Consejo de Estado, La Habana, 2006, pp. 49 – 52.

于高中时代。"①

卡斯特罗自己说，"曾经有过一个时期，我在政治上可以说是一个地道的文盲，这是由于我阶级出身的关系"，"我在中学毕业时，在政治上就是个文盲"②。卡斯特罗对法国记者拉蒙内说："我是在中学毕业后，读到他（马蒂）的话后开始具有政治觉悟的。"

1945 年 10 月，19 岁的卡斯特罗考入哈瓦那大学法律系。当时正值拉美民族运动风起云涌，在大学期间，除学习外，卡斯特罗积极投身并领导和推动了反对亲美独裁政权的爱国学生运动，成为哈瓦那大学的风云人物。大学时期是卡斯特罗成长为革命领袖的最重要时期，据卡斯特罗本人说，他在大学学到了最先进的思想，受到了多方面的锻炼。1947 年他加入古巴人民党。第二年出席在哥伦比亚首都波哥大举行的反帝反殖学生大会，并参加了波哥大大学反对寡头政治的暴动。在一波又一波的政治运动中卡斯特罗变得更加成熟和坚定。5 年的大学生活改变了他一生的道路，也揭开了他革命生涯的序幕。1950 年 9 月，他获得法学博士学位。

卡斯特罗本人对于他什么时候成为马克思主义者，前后有不同的说法。1961 年他说，他在大学学习期间，第一次接触到《共产党宣言》和马克思、恩格斯和列宁的著作，他曾经把《资本论》读到第 370 页，但他认为在离开大学时，他还不是一个马克思主义者。卡斯特罗说："在大学中所经历的许多事件之一就是我们开始第一次接触到《共产党宣言》，马克思、恩格斯、列宁的著作，等等。这说明有了进步"，"当我们离开大学之后，特别是拿我来说，我真正是受到了很大的影响——我不是说当时我已是一个马克思主义者，不，不是的……很可能当时我还存在着无数条小资产阶级的偏见和一系列小资产阶级的思想。"③

1981 年 9 月，卡斯特罗在接受哥伦比亚记者阿图罗·阿拉贝采访时说："在蒙卡达起义的时候（指 1953 年 7 月），我的马列主义思想已经很

---

① 《古巴雄师卡斯特罗的青少年时代》，前引书，第 140 页。

② ［古］菲德尔·卡斯特罗：《卡斯特罗言论集》第二册，人民出版社 1963 年版，第 239—240 页。

③ 《关于社会主义革命统一党的电视演说，1961 年 12 月 1 日》，载菲德尔·卡斯特罗《卡斯特罗言论集》第二册，人民出版社 1963 年版，第 242—243 页。

完备。而在波哥大（1948年）时却不能这样说，不能说我有了马列主义，有了社会主义信念"，"我在政治上还未成熟，而在攻打蒙卡达兵营时，我已经具有马列主义、社会主义的坚定。"

1985年5月，卡斯特罗在接受巴西神甫弗雷·贝托访谈时还认为，在20世纪40年代后期，还不能说"有了马列主义思想"，"我首先是从乌托邦共产主义者开始的。我在大学三年级时开始真正接触革命思想和革命理论，接触《共产党宣言》，阅读马克思、恩格斯和列宁早期的著作"，但他在这次访谈中认为，到了1953年攻打蒙卡达兵营时，他的马克思主义思想"已经很完备"。他说："在蒙卡达起义的时候，我的马克思主义思想已经很完备。而在波哥大时却不能这样说，不能说我有了马列主义思想，有了社会主义信念。"①

然而，最近十多年，卡斯特罗多次强调，他在大学学习期间，已经成为马列主义者。

1995年9月4日，是卡斯特罗进入哈瓦那大学法律系50周年。这一天，卡斯特罗回到了母校，他在大学大礼堂对师生们说，"进入哈瓦那大学学习是一种荣幸，在这里我学到了很多东西，是我一生中学到的最好的东西。在这里，我学到了我们这个时代最好的思想，使我成为一个革命者、马蒂主义者和社会主义者"，"我最初是一个乌托邦式的社会主义者，后来，由于在大学法律系我接触了那些文献，变成了马列主义者"②。

21世纪初，卡斯特罗对法国《外交世界》主编伊拉莫内说，他在大学期间曾阅读了马克思、恩格斯的《共产党宣言》，马克思的《法兰西内战》、《哥达纲领批判》，恩格斯的《自然辩证法》，列宁的《国家与革命》、《帝国主义是资本主义的最高阶段》和《怎么办?》等著作。卡斯特罗说："我最早阅读的马克思著作之一是《共产党宣言》。这本书对我有很大的影响"，在大学期间"我有了更为激进的政治意识；我越来

① ［古］D. 施诺卡尔、P. A. 塔维奥编：《古巴雄师卡斯特罗的青少年时代》，社会科学文献出版社2000年版，第133页。

② Discurso Fidel Castro Ruz con motivo del inicio de sus 50 anos de vida revolucionaria , iniciada en la Facultad de Derecho de la Universidad de La Habana, el 4 de septiembre de 1995, http: // www. granma. cubaweb. cu/2007/05/20/index. html.

越了解马克思和列宁。我也阅读恩格斯和其他人的著作以及经济、哲学
类书籍，而主要是研读马克思有关政治、有关政治观念和理论的著作"，
"我最爱读的马克思著作，除《共产党宣言》外，要算《法兰西内战》、
《雾月 18 日》、《哥达纲领批判》及其他一些政治分析文章"，"我最爱
读的列宁著作是《国家与革命》和《帝国主义是资本主义的最高阶段》，
还有他对各种问题的大量评论文章。恩格斯有关英国工人阶级史的著作
给我留下了深刻印象。我还记得他的另一本书《自然辩证法》"①。"我
如饥似渴地阅读马克思主义著作"，"这些著作越来越吸引我；我开始掌
握了马克思主义思想"，"我从马克思那里学到了有关人类社会真面貌的
论述；而谁若没有读到过这一论述、或不明白这一论述，那就好比是黑
夜置身森林中央、不辨东南西北了。马克思向我们揭示了社会的真面貌
及其发展史。离开马克思，您就难以合理地阐释历史重大事件、提出发
展方向、指出人类可能走的道路；人类社会的发展并未到头"；"要是没
有通过书本学到了马克思的政治理论、要是没有受到马蒂、马克思和列
宁的启示，我的就连要在古巴进行革命的思想也不会有的，这些思想是
进行革命的主要基础"②。

卡斯特罗认为，他对古巴革命所做的贡献是把马蒂思想与马列主义相
结合："我认为，我对古巴革命所做的贡献在于把马蒂思想与马列主义结
合起来，并不断将之应用于我们的斗争之中。"③

三　卡斯特罗为什么没有在上大学期间加入当时的古巴共产党

卡斯特罗为什么没有参加人民社会党（原共产党），而是参加了爱德
华多·奇瓦斯创建的人民党（正统党）？

---

① *Cien horas con Fidel*, *Conversaciones con Ignacio Ramonet*, Segunda edicion revisada y enriquecida con nuevos datos, Oficina de Publicaciones del Consejo de Estado, La Habana, 2006, pp. 49—52.

② Ibid., pp. 128—129, 140—141, 152—153.

③ ［古］D. 施诺卡尔、P. A. 塔维奥编：《古巴雄师卡斯特罗的青少年时代》，社会科学文献出版社 2000 年版，第 145 页。

1947 年 5 月 15 日，因反对古巴革命党（真正党）人、拉蒙·格劳·圣马丁政府的贪污腐败，参议员爱德华多·奇瓦斯退出革命党（真正党），另建人民党（正统党）。卡斯特罗应邀参加了正义党的成立会议，并从该党成立一开始，就加入了该党。卡斯特罗对巴西神甫弗雷·贝托说："在我接受社会主义思想之前，正统党已经建立，我从一开始就加入了正统党。后来，我大致成为正统党的左派。"①

卡斯特罗在解释为什么在大学期间没有加入共产党（人民社会党）时说："甚至在很久以后，当我制定了一项完整的革命计划，并受到马列主义熏陶后，我也没有加入共产党，而是自己创建了一个组织（指'七·二六'运动），实行这个组织的计划。这并不是因为我们对共产党有成见，而是因为我清楚，共产党十分孤立，在共产党的队伍中很难实现我所制定的革命计划，这就是真正的原因。我必须做出选择，或者成为一个守纪律的共产党员，或者建立一个能够在古巴条件下进行活动的革命组织"，"我在 1948 年的情况如何？我要说的是几乎成为一个共产党人。但是还不是一个共产党人"，"当时我已经是一位战士，为波多黎各的独立、多米尼加的民主和拉丁美洲的基本事业而斗争，是一位反对帝国主义、为拉丁美洲的团结而奋斗的战士。我已经具备一些马列主义思想，但是尚不能说是一个马列主义者，更不能说是一个共产党员，甚至不是共青团员。"②

四　在大学期间卡斯特罗积极参加政治活动和反独裁的斗争

卡斯特罗于 1945 年 9 月 4 日进入哈瓦那大学法律系学习，1950 年 9 月毕业，他修了 48 门课程，取得了法学、社会科学和外交法 3 个博士学位，他总共在哈瓦那大学待了整整 5 年。但是，卡斯特罗的大学生活并不局限于书本和课堂里的学习，而是阅读了马列主义的书籍和一些进步的书

① 《古巴雄师卡斯特罗的青少年时代》，前引书，第 87 页。
② 同上书，第 131—133 页。

籍，参加了反对本国独裁统治的政治斗争实践，参加了许多社会活动。

1947年7月，卡斯特罗被法律系学生推选为法律系学生会主席。卡斯特罗还作为古巴大学生联合会争取多米尼加民主委员会主席，参加了主要由大学生参加的从古巴北部一个小岛孔菲特斯岛出发反对多米尼加共和国独裁者特鲁希略的远征。卡斯特罗在远征军经过了3个月的训练。由于参加远征军的组织内部发生分歧，再加上特鲁希略独裁政权派军警镇压，远征遭到失败。卡斯特罗乘坐的"黎明"号船遭到了多米尼加海军舰队的拦截，卡斯特罗在尼贝湾跳入海中，游到古巴海岸萨埃蒂亚脱险。

1948年3月底4月初，卡斯特罗作为古巴大学生联合会的代表，先后到委内瑞拉、巴拿马和哥伦比亚访问，商讨关于召开拉丁美洲大学生代表大会和成立拉丁美洲大学生联合会的事宜。卡斯特罗等会见了委内瑞拉民主行动党领导人、当选总统、著名作家罗慕洛·加列戈斯。在巴拿马，卡斯特罗等会见了巴拿马大学生运动领导人，卡斯特罗还专门拜访了一位因参加抗议美国霸占巴拿马运河活动被打伤的青年。

卡斯特罗等古巴学生代表于4月4日或5日到达哥伦比亚首都波哥大。4月7日，卡斯特罗等去拜访哥伦比亚自由党左翼领导人、总统候选人豪尔赫·埃利塞尔·盖坦，盖坦表示支持召开拉美大学生代表大会，并答应将参加大会的闭幕式。盖坦还答应在4月9日下午2点再次会见卡斯特罗等古巴大学生代表。4月9日那天下午1点半左右，当卡斯特罗等快到达盖坦的办公大楼时，听到有人高喊："盖坦被害了！""盖坦被害了！"

当时波哥大正在举行第9次美洲国家组织会议，盖坦在会议举行前，曾公开揭露美国加紧控制和奴役拉美各国的阴谋，号召人民向帝国主义和国内保守势力进行斗争。深孚众望的政治领袖盖坦被害立即在波哥大和哥伦比亚各地引起了一场大规模的起义，史称"波哥大事件"。起义群众夺取了政府军的武器，打开监狱大门，占领了电台、一些政府部门和正在举行美洲国家组织会议的国会大厦，一度还包围了总统府。起义很快波及其他省份，政府出动大批军队进行残酷镇压。

卡斯特罗也抢到一支枪，站到人民起义一边，投入战斗。卡斯特罗回忆说："我见识了一种完全是自发行动的民众革命场景……那次经历使我更加支持人民事业。马克思主义思想——我当时还刚刚有那么一丁点儿——与我们的行动毫无关系；我们的行动完全是我们这些具有马蒂主义、反帝、反殖、争民主思想的一帮青年人的自发行为"，"我对我所看到的一切感到激动，激愤。首先是盖坦的遇害，后来是这场战斗，人民起义，所发生的悲剧、协议和背信弃义。"① 4月9日下午6点，波哥大开始实行宵禁，卡斯特罗等4名古巴人，搭乘一辆阿根廷大使馆的外交车，避开了军警的检查，到达古巴领事馆。4月12日，卡斯特罗等学生代表，在古巴领事馆的安排下，乘坐一架运输斗牛节使用的牛的飞机，回到古巴。

1981年9月，在同哥伦比亚记者阿图罗·阿拉贝访谈时，卡斯特罗详细地介绍了1948年他在哥伦比亚"波哥大事件"的经历和感受："那天，我亲眼看到了哥伦比亚人民的勇敢和英雄主义，这给我留下深刻印象，尽管这种强烈的英雄主义伴随着缺乏组织，缺乏政治觉悟"，"在波哥大，广大民众、社会下层、劳动者和学生们，几乎所有的人都投身于战斗中"，"这对我产生很大影响，至少使我意识到，需要教育人民制定政治路线，提出明确口号，杜绝无政府行为和抢劫现象，民众不能用自己的手去报私仇"，"另外，我认为，波哥大的经历使我更加与人民的事业认同。因为被压迫人民在战斗，在斗争。这对我的革命感情产生深深的影响。我对盖坦的死很痛心，我对受剥削的人民感到同情，对失败的、流血的人民感到同情"，"人民是如此同情盖坦。盖坦的死意味着人民的希望破灭了。一滴水引出大川奔腾，仅仅是人们的情绪被引爆了而已。"②

1995年9月4日，卡斯特罗在进入哈瓦那大学法律系开始学习的50周年时回到了母校哈瓦那大学，他饱含深情地说："毫无疑问，进入这所大学学习是一种荣幸，在这里我学到很多东西，是我一生中学到的最好的东西。在这里，我学到了我们这个时代、我们这个时期最好的思想，成为一个革命者、马蒂主义者和社会主义者……我最初是一个乌托邦式的社会主义者，后来由于在大学法律系我又接触了那些政治文献，变成了马列主义者。"③

① 《古巴雄师卡斯特罗的青少年时代》，前引书，第128页。
② 同上书，第135—137页。
③ 同上书，第63页。

在大学期间，1948 年 10 月 12 日，22 岁的卡斯特罗同他法律系同学拉斐尔的妹妹、哈瓦那大学哲学系学生、年轻美貌的米尔塔·迪亚斯－巴拉特结婚。米尔塔也是奥连特省人，婚礼在巴内斯米尔塔家举行。米尔塔家也很富有，而且同哈瓦那就圣地亚哥政界有密切联系。婚后不久，两人去美国度蜜月。1949 年 9 月 1 日，卡斯特罗成为父亲，米尔塔生了一个男孩，取名菲德尔·卡斯特罗·迪亚斯－巴拉特，昵称为菲德利托（小菲德尔）。菲德利托曾任古巴原子能委员会主任，后任卡斯特罗助手。

（原载徐世澄《卡斯特罗评传——从马蒂主义者
到马克思主义者》，人民出版社 2008 年版）

菲德尔·卡斯特罗的思考

2006年7月31日，菲德尔·卡斯特罗因病暂时移交政权，他将自己所担任的古共中央第一书记、古巴革命武装力量总司令、国务委员会主席兼部长会议主席的职务暂时移交给他的弟弟劳尔。在养病期间，从2007年3月28日至2008年2月18日，菲德尔·卡斯特罗陆续在古巴共产党中央机关报《格拉玛报》等报刊上在"总司令的思考"专栏标题下，陆续发表了近80篇文章，对和平与战争、反恐、世界经济、国际关系、生态和环保、气候变暖、生物燃料和能源革命、扶贫等关系到人类命运的重大问题以及古巴国内的一些问题提出了精辟的见解。①

卡斯特罗为什么写文章？他表示："我基本的责任不是抓住职务不放，更不是阻挡年轻人的步伐，而是贡献我的经验和思想，其微薄的价值来自于我生活过的特殊的时代。"② 卡斯特罗在《三王节的礼物》一文中说："我干我能干的事：写文章。对我来说，这是一个新的经验：说话和写不是一回事。今天，我有时间看些材料并进行思考……我的一生所做的就是表达我对我看到的事件的看法，从最无知的时候起，一直到今天我有更多的时间和可能来观察在地球上和对人类所犯下的罪行。"③

2008年2月18日，卡斯特罗给古巴人民写了一封辞职的信，在信中既说明了他准备辞职的主要原因，又表达了他将作为一名思想战线的战士继续为革命作贡献的决心。他在信中说："多年来，我一直担任国务委员会主席这一荣耀的职务……在这之前，我担任了差不多18年的总理。在

① ［古］菲德尔·卡斯特罗：《总司令的思考》，中译本，徐世澄、宋晓平、黄志良、郝名玮译，徐世澄校，社会科学文献出版社2008年版。
② 同上书，第228—229页。
③ 同上书，第244—247页。

绝大多数人民的支持下，我一直拥有将革命事业推向前进的必需的职权"，但他指出："占据一个需要经常走动和全力以赴的职位将违背我的良心，因为我目前的身体条件达不到这一要求……我想对你们说，我既不会寻求也不会接受，我再重复一遍，我既不会寻求也不会接受国务委员会主席以及革命武装力量总司令这两个职务"；"后来，在被迫养病期间，我全面恢复了我的思维能力，可以进行大量的阅读和思考。在进行康复和痊愈疗程的同时，我有足够的体力连续写数个小时。起码的常识告诉我，写作是我力所能及的活动……我的愿望一直是忠于职守直至最后一口气。这是我能给予的。我并不向你们告别。我唯一的心愿就是作为一名思想的战士进行战斗。我还会继续在'菲德尔同志的思考'栏目下写文章。这将是可以拥有的又一个武器。也许会听到我的声音。"

根据卡斯特罗的意愿，在 2008 年 2 月 24 日举行的第七届古巴全国人民政权代表大会上，经过选举，古巴最高领导层完成了权力的交替，劳尔·卡斯特罗当选并就任古巴国务委员会主席和部长会议主席，正式接替执政长达 49 年的菲德尔·卡斯特罗。

2008 年 2 月 18 日之后，卡斯特罗继续在"菲德尔同志的思考"的总标题下写文章，他通过发表文章的方式，继续发表自己对国内外重大问题的看法。截至 2008 年 11 月 3 日，他共写了 76 篇文章。下面介绍卡斯特罗在他的思考文章中的一些主要观点和内容。

一　反对用粮食作为原料生产生物燃料

他在《全世界有 30 多亿人注定会因饥渴而死》的文章中指出，布什同美国主要汽车生产商会晤，要求他们增加使用替代能源汽车。布什认为，减少和对使用电力及燃料的汽车进行改装是全人类面临的重要和迫切需要。卡斯特罗认为，造成悲剧的不是减少能源开支的做法，而是将食品变燃料的想法。卡斯特罗批评美国等西方国家以玉米、小麦、向日葵籽、油菜籽等为原料制造生物燃料，致使玉米等粮食价格上涨，使众多的穷人挨饿；卡斯特罗还引用世界水理事会的数字说明，全世界上缺水的居民人数已达 35 亿人。他提醒人们要关注粮食的缺乏和粮价的上涨、环境的恶化、气候的变化和全世界饥饿人数和缺水的人数的增加等问题。卡斯特罗警告说，要制造出 350 亿加仑的乙醇，需要用掉 3.2 亿吨玉米，这会使得世界上 30 多亿人"过早地死于饥渴"。卡斯特罗在《种族灭绝国际化》的文章中，抨击美国和巴西两国总统签署的关于发展生物燃料的协议，指责布什总统在记者招待会上声称将在全世界推广生物燃料的生产是要使"种族灭绝国际化"。他强调该政策将使全球范围的饥荒现象加剧。卡斯特罗在《当务之急是能源》的文章中指出，美国等国打算用粮食制造乙醇和其他生物燃料是非常危险的。用粮食生产生物燃料只会使美国这样的能源消耗大国获得解放，但将对第三世界造成严重的后果。在《争论在加剧》一文中，卡斯特罗再次提出："把粮食转换成能源是一种荒诞可怕的行为"，"无论在道义上还是在政治上，农业燃料的建议都是行不通的。我们应该进行一场造福于人民，而不是造福于垄断资本和帝国主义的能源革命。"卡斯特罗的这一主张越来越成为国际社会的共识。

二   指出威胁人类的主要问题

卡斯特罗在《威胁我们的悲剧》一文中指出，威胁人类的主要问题有：巨额的外债、不平等的贸易、发达国家对能源的挥霍和浪费、全球气候变暖、失业、对恐怖分子波萨达的释放和物质利益的诱惑、美国军队突然袭击的威胁等。在《谁也不愿意抓牛先抓住牛角》的文章中强调，能源革命就是要改变有关能源增长及其消费方面的观念和幻想，而这些观念和幻想已对不少贫穷国家产生了危害……谁也不愿意抓牛先抓住牛角。

三   目前的金融危机是"资本主义体系的危机"

自美国次贷危机扩展为全球金融危机以来，卡斯特罗在"菲德尔同志的思考"的总标题下，撰写了多篇文章，发表了他对这场金融危机的精辟的看法。

卡斯特罗在《金融"艾克"（飓风）》一文中认为，金融"艾克"威胁着世界所有的"省份"。天气预报是不确定的，几周前就说风暴要来，现在感到 1 小时 200 千米的狂风暴雨。

"很难跟踪和明白为什么对世界经济注入这么巨额的资金。如此巨额的钞票不可避免地会使货币失去价值和购买力。"

"正如卢拉所说的，在消费社会价格的上涨是不可避免的，对新兴国家来说是灾难性的。如果世界头号进口大国不再进口，将是对其他国家的打击，如果出来竞争，将使其他生产国受到打击。"

"发达国家的大银行也效法美国，同美国银行进行协调，如果美国银行倒闭，其他发达国家银行也会倒闭，将会互相吞并。"

卡斯特罗在《弱肉强食法则》一文中认为："目前发达资本主义体系的危机是在美国帝国即将在 25 天之后举行大选更换总统的时候发生的……我们现在要问：布什政府将会给社会主义做出什么贡献？对此我们不要抱有幻想。当银行运转正常化之后，帝国主义者将会吞并私有企业，正如西半球某些国家所做过的那样。总是人民付出代价……目前的金融危机和美国政府所采取的野蛮的救市措施必然会引起通货膨胀，各国货币的贬值，市场更多的惨痛的损失，出口商品价格的进一步下跌，商品交换更加不平等。但是，也将使各国人民更加了解真相，国际社会觉醒，引起更多的反抗和革命。"

卡斯特罗在连续发表的题为《布什的幽灵》和《异乎寻常》两篇文章中，评论由美国次贷危机引发的全球金融危机，并引用巴西财长吉多·曼特加对国际货币基金组织的批评，批评该组织把发达国家的发展模式强加给其他国家。卡斯特罗认为，布什使美国的北大西洋公约的盟友和日本陷入困境，布什已经变成一个"幽灵"。卡斯特罗在引用 2008 年诺贝尔经济学奖得主保罗·克鲁格曼的话之后说："连 2008 年诺贝尔经济学奖得主都对救市措施能否克服危机没有把握。"

卡斯特罗在 10 月 16 日写的题为《经济文盲》一文中认为，"查韦斯在苏利亚州称萨科齐为'同志'，查韦斯这么说多少有些嘲讽，但并不想伤害萨科齐。相反，是想肯定萨科齐作为欧盟的轮值主席在北京说的一番诚恳的话"。

"据报道，在有 43 个国家参加的亚欧首脑会议上，萨科齐令人注目地承认：'世界形势不好，面临着一场从规模、速度、力度和影响来看是史无前例的金融危机，使人类的生存出现问题：9 亿人没有饭吃……金融危机从美国开始，已扩展到全球，应对这场危机应是全世界'，'一个 11 岁的孩子的位子不应在工厂，而应在学校'，'世界任何地方都不应教训别人'。这里很明显是指美国的政策。"

"有关在什么地方和在什么会议上讨论建立新的金融体系来结束混乱和使各国人民缺乏安全感的局面意见有分歧。人们很担心世界的富国同受金融危机打击的少数新兴国家一起再批准一个新的布雷顿森林制度，而忽视世界其他国家。"

"石建勋，上海同济大学一名教授，在《人民日报》海外版上撰文说：'残酷的现实使在恐慌中的人们认识到，美国是在利用美元的霸权地位来掠夺世界的财富。世界迫切需要改变以美元为主导地位的国际货币体系'，他用简明的语言说明了国际经济关系中货币的本质。正如我在《中国的胜利》的文章中所谈到的几个世纪以来亚洲和欧洲所发生的事件，我在文中提到，鸦片曾作为货币强加给中国。"

"遭到次贷危机重创的世界各国都在思考同样的问题：世界迫切需要构建不依赖于美国的多元化货币金融体系和公平公正的金融新秩序。另一方面，要积极致力于推进建立不依赖于美国的多元化货币金融体系和公平公正的国际金融新秩序。"

"许多第三世界国家是附加值低的初级产品和原料产品的出口国，是通常价格合理的中国消费品和价格越来越昂贵的日本和德国设备的进口国。美国为了保护自己的工业受到中国的竞争，不断要求中国的人民币贬值，尽管中国力图使人民币不贬值，人民币还是在升值，使古巴的出口商品购买力下降。古巴的主要产品镍的价格不久前每吨 5 万美元，最近几天降到每吨只有 8500 美元，不到最高价格的 20%。铜的价格下跌了不到50%，铁、铝、锡、锌和所有持续发展所必需的矿产品价格也下跌。而咖啡、可可、糖等消费品的价格 40 年来几乎没有增长。"

"当一个国家的人民扫除了文盲，学会读书和写字，就掌握了起码的生活和诚实劳动的知识，但是，在当代，还需要克服最无知的形式：经济文盲。只有这样，我们才能知道世界在发生什么。"

卡斯特罗在《与卢拉会晤》的文章中说，"在我昨天写的文章中所批

评的不是向发展中国家注入资金，像一些电文所解释的那样"。"我在
《最坏的变数》这篇文章中批评的是注入的方式和目的。我一直在说明的
观点是，这次金融危机是1944年在美国布雷顿森林会议上对美国这个发
达的资本主义给予特权的结果，在第二次世界大战快结束时，美国一跃成
为一个军事和经济强国。"

四　抨击美国的政策

卡斯特罗抨击布什政府增加对伊拉克的战争费用。他在《布什将挨当
头一棒》一文中说，布什现在"得到了他所需要的1000亿美元，这笔钱
可以如愿以偿地用来增派美国士兵到伊拉克去，继续进行屠杀"。他在
《理想是扼杀不了的》一文中说，"用1000亿美元能培养出多少名医生呢？
答案是999990名医生。这么多医生可以治疗20亿至今仍缺医少药的人。
而这笔每年落入布什之手的1000亿美元是继续用来从伊拉克和美国家庭
中夺走人命的……就是在美国，也有大约5000万人享受不到医疗保险
……即使在发达国家里昂贵的医疗费也使许多人求医无门"。

卡斯特罗抨击美国总统布什的环境政策。他在《八国集团会议》一文
中抨击美国不顾全球变暖趋势，反对德国拟在八国峰会上提出的二氧化碳
新排放标准。卡斯特罗指出，美国是温室气体排放第一大国，但布什政府
2001年以拖累美国经济、损失就业岗位为借口，退出旨在要求发达国家减
少温室气体排放的《京都议定书》，并一直拒绝限制温室气体排放，引起
国际社会和国内许多团体不满。

卡斯特罗抨击美国敌视古巴的政策。他在《思考和告古巴人民书——
他们永远也得不到古巴》一文中警告说，美国的布什政府最近加强了敌视
古巴的政策，正在酝酿和策划"占领古巴的计划"，试图颠覆古巴革命政
权，建立一个亲美政权。古巴民众对此必须保持清醒的认识。古巴将继续
改进和提高军队的战斗力，包括加强国防军工产业的建设，使古巴具备随
时击溃来犯之敌的能力，"无论是来自何方、拥有何种武器……布什先生，
您也不要怀疑！我向您担保，你们永远也得不到古巴"！

五 拒绝美国的人道主义援助,强调
"一个国家的尊严是无价的"

2008 年 8 月 3 日和 9 月 9 日,古巴遭受了两次强飓风的袭击,损失巨大。美国表示愿意向古巴提供"人道主义"援助,条件是古巴允许美国派人到古巴视察并估计飓风给古巴造成的损失情况,遭到古巴政府的拒绝。卡斯特罗先后发表《好人的角色,谁受到损失?》和《两次都是同一个谎言》,重申在美国政府继续对古巴实施封锁的情况下,古巴拒绝美国因古巴遭受飓风灾害准备提供有条件的援助。卡斯特罗强调说:"一个国家的尊严是无价的。"他认为,"显然,这个强国的政府是不能理解一个国家的尊严是无价的",在谈到美国欲向古巴派遣灾情评估小组问题时,卡斯特罗说,古巴方面已经对灾情进行了评估。

卡斯特罗在《第三次飓风》一文中谈到,古巴正遭受今年以来第三次飓风"帕洛马"的袭击,前两次飓风的袭击给古巴带来了巨大的损失,开始估计损失约 50 亿美元,后来估计损失超过 80 亿美元,这第三次飓风将会造成新的损失。美国有可能再次向古巴表示准备提供援助,但古巴不会接受。"对帝国主义的头目、对古巴封锁的最大策划者可能再次向我们表示准备提供'仁慈'的援助,我们需要采取尊严的态度,肯定会遭到我们的拒绝。今天在金融危机席卷全球各国的时候,国际社会比以往任何时候都一致要求美国结束对古巴的封锁。"

六 抨击欧盟和美国是"两只饥饿的狼"

卡斯特罗在《两只饥饿的狼和一顶红色的尖帽》一文中,指责欧洲同美国是"一丘之貉","加入美国对古巴的封锁,不准将技术引进古巴",指责欧洲和美国是两只"披着好外婆外衣的狼"。

2008 年 6 月 19 日,欧盟对外关系专员费雷罗在比利时首都布鲁塞尔举行的欧盟峰会闭幕时宣布与会外长的决定,将在本周起撤销对古巴的外交制裁。该友好措施被视为欧盟对古巴新领导人劳尔·卡斯特罗递出的橄

榄枝，寻求尽快恢复与哈瓦那的正式对话。然而，6 月 20 日卡斯特罗发表《美国、欧洲和人权》的文章，抨击欧盟解除对古巴制裁的决定是虚伪的。卡斯特罗戏谑地指出，他活到这把年纪，"还没见到比这（指取消制裁）更令人瞧不起的伪善决定了"。卡斯特罗进一步指控这和欧盟同日通过的"移民遣送纲领"，都是"殖民主义心态下粗暴的作为"。

七　指出古巴的"特殊时期"并没有过去

卡斯特罗在《古巴的自我反省》一文中表扬古巴共产主义青年联盟领导为节省能源和物资，决定将下乡劳动的大学生劳动队的人数从原定的 60 万人减少到 20 万人，将下乡的天数从 14 天减少到 7 天。卡斯特罗说，当他在电视中看到有一位古巴政府高官在电视讲话中说古巴的"特殊时期"已经过去时，他都气得毛发悚然了。他认为，特殊时期的困难有所减轻，但远没有结束。他批评有人浪费能源和物资，节能计划没有按时完成。指出目前古巴有一部分人拥有外汇，而另一部分人没有。古巴政府允许美元流通后的确解决了一些经济问题，但是也造成了古巴社会的不公。近年来，古巴经济取得了显著成果，但是仍未彻底走出"特殊"的困难时期，一些经济发展计划的落实还不到位。卡斯特罗着重强调了允许美元流通后对古巴经济的影响。一些古巴民众可以通过侨汇或者旅游收入获得美元，同时又享受着古巴政府提供的各种福利，包括免费住房和医疗等，但是大部分古巴人却无法获得美元，这就加剧了社会不公现象。从 20 世纪 90 年代起，古巴政府允许美元进入流通领域，不仅促进了外国投资，同时也使古巴旅游业获得迅速发展。从 2004 年起，古巴政府开始逐步限制美元的流通和使用。

八　卡斯特罗依然是古巴革命的领袖

卡斯特罗在《永不熄灭的火焰》一文中说，在他养病的一年期间"劳尔本人已负责任地说过：我在一天天康复，每个重大的决定都征求过我的意见"。这说明，古巴党和政府的重大决策都是向他请示后做出的。卡斯特罗还强调，不能对美国抱有任何幻想。他在《给全国人大的信》中说，"我拜读了劳尔自己起草的简短和具体的讲话，他事先把讲话稿寄了给我……我同你们一起举手支持他的讲话。"他在《三王节的礼物》一文中说："对年轻的革命者，我提出最高的要求、铁的纪律，不能有权力的野心、自我满足或虚荣心。要提防官僚主义的方式和机制。不要陷于简单的口号。要把官僚主义的行为视为最坏的障碍。应该使用科学和计算机，但不要陷于专业精英们使用的技术官僚的、无法听懂的语言。要有求知欲、始终如一，要进行体力和脑力的锻炼。"他在《希望我不会感到羞愧》一文中说，"劳尔拥有全部的、合法的、宪法规定的权力来领导国家"。在确定国务委员会委员、主席、副主席名单时，劳尔和其他领导人事先都请示过他；而且他还亲自提名莱奥波尔多·辛特拉·弗里亚斯（革命武装力量西部军区司令）和阿尔瓦罗·洛佩斯·米耶拉上将（革命武装力量部副部长、总参谋长）为国务委员。在《活着的人和死去的人》一文中，卡斯特罗批评原教育部长路易斯·伊格纳西奥·戈麦斯·古铁雷斯"失去了革命的干劲和觉悟……10 年内出国 70 次，最近 3 年平均每个月出国 1 次"。卡斯特罗表示坚决支持古共和国务委员会解除路易斯·伊格纳西奥教育部长职务的决定。

九　强调古巴是社会主义国家

卡斯特罗在发表的《我们是，我们应该是社会主义者》一文中强调，在全球发生金融危机和古巴遭受两次强飓风袭击、损失严重的情况下，"恢复生产、搞好食品和建筑材料的分配是工作的重点"，"我们不是资本主义国家……我们是，我们应该是社会主义者"。

十　社会主义要与人类自私本能作斗争

卡斯特罗在题为《罪恶与美德》的文章中，号召人们要同特权、腐败和盗窃行为作斗争。他指出："目前，斗争是人民争取实现社会公正和尊严的唯一途径……在实现这一目标的硬仗中，最可怕的敌人是人类自私的本能。如果资本主义意味着不断利用这种本能，那么社会主义就是要与这种自然趋势作不懈的斗争。这是一场关系到从根本上解救我们的光荣的党的斗争。""所有特权、腐败和盗窃都必须受到打击，对于一名真正的共产党人而言，对此没有任何借口可言。在此意义上，任何形式的懦弱都绝对不可接受。""这是一个消费主义横行的世界，通过广播、电视、电子产品和印刷品煽动着人们的消费主义热情。在这样一个世界中，干部们的任务相当艰巨。""然而，欺诈还远不是危害革命的唯一罪恶，还有纵容特权和各种官僚主义的发明。用来应付某种暂时局面的资金往往都会变成永久性存在的开支和消费。"他说："在我的革命生涯中，我看到过罪恶是如何在美德中滋生的。敌人在寻找间谍和叛徒的时候，太熟悉人类的弱点所在了，但他们却不了解硬币的另一面：人类拥有的巨大的牺牲意识和英雄主义情结。父母总想给子女留下丰厚的物质财产，但他们更想留下的遗产是一种有尊严的生活和伴随他们终身的声望。""我们不仅要无情地与我们自身的错误、弱点和罪恶作斗争，还将打赢这场思想战。"卡斯特罗强调，"帝国的头目们请你们相信，无论是自然的飓风还是无耻的飓风都不会使革命屈服"。

卡斯特罗认为，特权、腐败和盗窃的根源是源于人类自私的本能。因此，他认为，古巴的最可怕的敌人不是美帝，不是枪炮、导弹、核武器，而是人类自私的本能！他认识到资本主义通过消费主义文化来腐蚀人的心灵，使人们越来越失去反抗社会压迫的精神。这种文化"通过广播、电视、电子产品和印刷品"广为传播，无孔不入，因此战斗的"任务相当艰巨"。"所有特权、腐败和盗窃都必须受到打击，对于一名真正的共产党人而言，对此没有任何借口可言"，"要无情地与我们自身的错误、弱点和罪恶作斗争"。

十一　批评一些极左派"超革命者"的观点

卡斯特罗在《超级革命者》一文中，批评一些极左派"超革命者"，打着同古巴友好的旗号，对古巴提出新自由主义的处方，认为"这是布置好的圈套，人们不应落入其中"。卡斯特罗警告说："不能完全不要合资企业，因为它们控制了必不可少的市场。但是也不能过分吸引资金，损害国家主权。""对我们的革命事业，没有任何人比我更持批评态度。但是我决不会等待最为恶劣的帝国的恩惠或宽恕。"卡斯特罗主张，应该停止外资对古巴住宅项目的投资，不然因资金缺乏这些住宅会出售给外国人。国际舆论对卡斯特罗的这篇文章十分重视，认为卡斯特罗头脑清晰，思维敏捷。一些左翼媒体认为，卡斯特罗不是一般意义上的专栏作家和撰稿人，他不是为写而写，卡斯特罗的文章是一个革命者的思考和行动，是运用马列主义向资本主义、向贫困和野蛮进行斗争，是建设社会主义的工具，他的文章是革命者进行思想斗争的武器。

十二　赞扬委内瑞拉革命

2008年9月26日，卡斯特罗写文章赞扬查韦斯"正在进行一场真正的革命"，称查韦斯提出的社会主义是"民主社会主义"，但文章没有提及查韦斯提出的"21世纪社会主义"。卡斯特罗认为："布什的'民主资本主义'是对查韦斯民主社会主义的确切的回答。正确无误地表达了西半球北方与南方、玻利瓦尔思想与门罗主义之间的巨大的矛盾。""乌戈·查韦斯是委内瑞拉的一名战士，他脑海里很自然地孕育着玻利瓦尔的思想。只要观察查韦斯政治发展的不同阶段：贫困的家庭出身、求学、军校、阅读历史、了解委内瑞拉的现实和美国使人蒙受屈辱的统治，就可以知道他思想的轨迹。""他不是将军，不掌握武装机构，没有也不可能发动政变。他不想，也不期待。他造了反，为造反的事实承担了责任，他把监狱变成了学校，他赢得了民心。他虽然没有能夺权，但他使民众支持他的事业。他通过资产阶级宪法赢得了大选，他颁布了新宪法取代了陈旧的宪法，他同左派和右派鼓吹的思想发生冲突，在全拉美极其困难的主观条件下开始了玻利瓦尔革命。""在担任总统的10年内，查韦斯不断地在国内外传播他的思想。任何诚实的人都不会怀疑，在委内瑞拉正在进行着一场真正的革命，正在开展一场反对帝国主义的特殊的斗争。""他为自己的祖国提出进行一场不排除生产要素的社会主义的革命。"

十三　赞扬中国取得的成就,相信中国一定会取得胜利

　　2007 年 9 月 12 日卡斯特罗在给中文版《卡斯特罗访谈传记 我的一生》写的前言《致中国人民》中说:"中国已经成为世界经济的主要引擎。""在 21 世纪的世界形势下,应该依靠中国。没有中国根本性的积极参与,人类将无法应对面临的很多挑战。""自那时 (1949 年 10 月 1 日)起,中国人民站起来了,这是该国人民进行艰苦卓绝的军事和革命斗争的成果。我十分钦佩中国人民,钦佩其勤劳、智慧和献身精神。"

　　卡斯特罗十分关心中国人民抗击灾害的斗争。他在《卢拉(第四部分)》的文章中专门谈到了中国军民所进行的这场斗争:"46 万中国人民解放军战士在中国一些省份帮助受严寒雪灾影响露宿户外的数百万居民,百万警察帮助维持交通和服务。""卫生部派出 15 000 名医生帮助受灾居民,温家宝总理前往广州车站看望因火车停开而聚集在车站的群众。"

　　2008 年 3 月 30 日和 31 日卡斯特罗写了两篇题为《中国的胜利》的文章,回顾了中国的历史发展,从历史角度证明了台湾、西藏自古就是中国领土的一部分。文章揭露了西方国家企图利用西藏问题制造"中国威胁论"的用心。文章说:"在我孩提时代,就有人说'黄祸'。反华思想的实质原因在于种族主义";反华运动"企图抹杀这个国家和人民作为下届奥运会东道主所取得的各种功绩"。卡斯特罗说,"我有充分理由相信,中国一定会取得胜利"。

　　卡斯特罗自 2007 年 3 月 28 日以来所写的 150 多篇文章是卡斯特罗思想的重要组成部分。① 卡斯特罗的思想是马克思主义与古巴实际相结合的产物,具有显著的古巴特色。长期以来,外国的观察家常常使用"卡斯特罗主义"或"菲德尔主义"来描述他的思想内容。然而,在古巴国内很少使用这样的词汇。20 世纪 90 年代初古巴进入特殊时期后,卡斯特罗的

---

　　①　有关卡斯特罗《总司令的思考》和《菲德尔同志的思考》的全部文章的原文,请点击古巴《格拉玛报》网站:http://www.granma.cubaweb.cu/secciones/ref - fidel/index.html.

思想经受了美国加强封锁、东欧剧变和苏联解体等新的考验，更加显示其光彩，并自成体系。1997 年 10 月，在古共"五大"的中心文件《团结、民主和捍卫人权的党》中，首次提出古巴共产党是"以马列主义、马蒂学说和菲德尔的思想为指导的"。

卡斯特罗思想有极其丰富的内涵，他总结和发展了古巴历史上所有的先进思想和经验。从 1956 年攻打蒙卡达兵营起，古巴革命已有半个多世纪，古巴革命的发展历程和社会主义事业各个方面的成就都体现了卡斯特罗的思想。自 2008 年 2 月 24 日起，卡斯特罗虽然不再主政，但他依然通过写思考文章来指导古巴革命。毫无疑问，只要他活着，卡斯特罗仍将是古巴革命的掌舵人。

（原载《拉丁美洲研究》2009 年第 2 期）

苏东剧变和卡斯特罗的对策

一　古巴和苏联的关系

古巴曾于 1942 年 10 月同苏联建交。1952 年 4 月，巴蒂斯塔独裁政府与苏联断交。古巴革命胜利后，美国一直对古巴采取敌视政策。因此，古巴把发展对外关系的重点转向了苏联和东欧社会主义国家。1960 年 5 月 8 日，古巴与苏联复交。从 20 世纪 60 年代初到 80 年代末，古苏关系十分密切，苏联一直是古巴的最主要的经济贸易伙伴，两国党政军领导人互访频繁。古巴主要领导人菲德尔·卡斯特罗和劳尔·卡斯特罗等曾多次访苏。先后访问古巴的苏联领导人有：部长会议第一副主席米高扬（1960 年、1961 年）、部长会议副主席柯西金（1960 年）、苏共中央总书记勃列日涅夫（1974 年）、苏共中央总书记和苏联最高苏维埃主席团主席戈尔巴乔夫（1989 年）等。

1960 年 2 月，米高扬访古，两国建立贸易关系，苏联向古巴提供 1 亿美元的贷款。不久，两国建交。1963 年和 1964 年卡斯特罗总理①应邀两次访问苏联。在第二次访苏期间，古苏签署食糖长期贸易协定。在一些重大问题上，古巴常常支持苏联的立场，如 1968 年古巴公开支持苏联侵占捷克斯洛伐克，在联大多次投票反对要求苏从阿富汗撤军等。但古苏之间也存在一些分歧和矛盾，如 1962 年加勒比海危机期间，苏联在美国压力下，单方面宣布接受美国提出的让联合国派人到古巴"现场监督"和核实苏从古巴撤走导弹情况的建议，遭到卡斯特罗的断然拒绝。在 20 世纪 70

---

① 1976 年以来，卡斯特罗任国务委员会主席兼部长会议主席。

年代，随着 1972 年 6 月和 12 月，1976 年和 1977 年卡斯特罗 4 次访苏和 1974 年勃列日涅夫访古，古巴同苏联两党、两国似乎彼此已达到了完全谅解，目标和立场已"完全一致"。

古巴革命胜利后不久，东欧社会主义国家也陆续同古巴建交。从那时起直至 80 年代末，古巴与东欧国家保持着密切关系，既是政治上的盟友，又是经济上重要的伙伴。1972 年，古巴确定了依靠苏联和经互会的支援建设社会主义的战略方针，成为经互会的成员。从此，它的国内生产按照经互会的分工进行，它的对外经贸关系也被纳入经互会体系。这不仅加深了古巴同苏联和经互会国家的关系，也加深了它在经济上对苏联和经互会国家的依赖。1976 年古巴宪法规定，古巴是世界社会主义大家庭的组成部分。卡斯特罗在古共"三大"上指出，同经互会的经济关系已成为古巴"经济持续发展的一个决定性因素"。在美国长期禁运和封锁下，古巴自革命胜利后直至 80 年代末，经济上一直依赖于苏联和经互会。苏联、东欧国家，特别是苏联在经济、军事上给予了古巴大量援助，以优惠价格向古巴提供石油，高价购买古巴食糖，平均每年要向古巴提供 30 亿美元以上的援助。在苏东剧变前，古巴外贸的 85% 是同苏联和东欧社会主义国家进行的，其中东欧约占 10%。在 1988—1989 年古巴的出口商品中，有 63% 的糖、73% 的镍、95% 的酸性水果和 100% 的电器零配件是向经互会市场出口的；在古巴的进口商品中，则有 63% 的食品、86% 的原料、98% 的燃料、80% 的机器设备、72%—75% 的制成品来自经互会国家。这说明，在 80 年代后期，古巴在经济上对苏联、东欧国家的依赖是多么深。20 世纪 80 年代末，古巴积欠苏联、东欧国家的债务为 260 亿美元。在古巴的苏联专家和顾问一度超过 1 万人，驻军约 12600 人。多年来，苏联在古巴修建了许多现代化军事基地和设施，包括空海军基地、核潜艇基地、弹药基地及指挥通讯中心等。苏联在古巴的经济援建项目多达 1 000 多项，其中有 100 多个是大型工业企业，如莫阿镍联合加工厂、奥尔金联合收割机厂，圣地亚哥纺织联合加工厂等。与此同时，古巴的糖、柑橘、烟和镍等矿产品满足了苏联的需要，其中，糖和柑橘分别占苏联总消费量的 25% 和 29.7%。

正如卡斯特罗等古巴领导人过去多次所说的，古巴对外政策的基础是

"与苏联牢不可破的历史性的结盟"，强调和苏联及东欧社会主义国家的关系"高度优先，特别重要"，苏联、东欧国家的存在是古巴生存和发展的"根本条件"。

20 世纪 80 年代后期，苏联政局发生急剧变化。戈尔巴乔夫于 1985 年 3 月就任苏共中央总书记，在戈尔巴乔夫的"新思维"指导下，苏联开始推行"改革"和"公开性"。苏联调整了总的外交政策，苏联对古巴的政策也作了调整。苏联逐渐疏远同古巴的关系，削减对古巴的援助，减少对古巴的贸易优惠，压低购买古巴食糖的价格。

卡斯特罗和古巴领导人担心，如果古巴也按照苏联的模式进行"改革"，会影响政局的稳定。当时古巴国内有一些人要求古巴应像苏联那样，搞"公开性"和苏联式的政治经济"改革"，要搞多党制等。卡斯特罗强调，古巴决不能搞"多党制"，他说："我们从来没有想要照抄苏联人"，"每个人都有权做他合适做的事"，"我们应该明白无误地说清楚，我们只需要一个党"，"让那些以为我们也会允许袖珍党存在的人丢掉幻想吧！""难道我们会允许反革命分子、亲美分子和资产阶级分子成立政党吗？不！这里只允许一个党的存在，这就是无产阶级的政党，农民的政党，学生的政党，劳动者的政党，我国团结一致、坚不可摧的人民的党。"① 卡斯特罗强调，古巴不能照搬苏联、东欧模式，"古巴环境特殊"，"它受帝国主义封锁、包围和入侵"，因此"不能抄袭别国的经验"，强调古巴需要"寻找一条新的道路"。

卡斯特罗对苏联的"新思维"、"改革"和"公开性"颇有微词。为了使古巴避免进行苏联式的"改革"，就在 1986 年 2 月古共"三大"闭幕后不久，卡斯特罗在古巴全国掀起了一场"整顿不良倾向运动"，提出要"纠正错误和消极倾向的进程"。80 年代后期，卡斯特罗多次强调古巴不能照抄照搬苏联的模式和经验，应该寻找自己的道路。1986 年 6 月卡斯特罗在一次企业管理会议上说："我们必须从过去和现在的这些经验中吸取教训，即每次革命必须加强和发展自己的风格和做法。当我们拒绝他国的

① Fidel Castro：Discurso pronunciado en el acto por el XXXV aniversario del asalto al cuartel Moncada Efectuado en santiago de Cuba，el 26 de julio de 1988.

一切经验时，我们是犯了错误；但当我们抄袭其他国家的经验时……我们也犯了错误。"① 1988 年 6 月，卡斯特罗又强调说："我们将寻找自己的道路，自己的办法。"当外国记者问对苏联的"改革"如何看待时，他诙谐地回答说："'彼雷斯特洛依卡'（俄语，意即"改革"）是他人的妻子，我无意干涉他人的婚事。"

二　戈尔巴乔夫访问古巴

1989 年 4 月 2 日，古巴哈瓦那街头披上节日的盛装，50 万名居民手持苏联和古巴的国旗，簇拥在从机场到哈瓦那市郊"小湖"国宾馆的路两旁，欢迎苏共中央总书记、苏联最高苏维埃主席团主席戈尔巴乔夫的到访。下午 5 点，当戈尔巴乔夫乘坐的专机降落在"何塞·马蒂"国际机场时，在飞机舷梯旁戈尔巴乔夫受到了菲德尔·卡斯特罗和劳尔·卡斯特罗等古巴党政主要领导人的热烈欢迎。卡斯特罗同戈尔巴乔夫热情拥抱之后，便陪同戈尔巴乔夫乘着一辆苏制敞篷汽车，不断地向沿途 30 公里公路两旁的欢迎群众招手致意。

这是古巴盼望已久的苏联最高领导人的访问。尽管古巴和苏联的关系十分密切，但在以往的 30 年中，苏联最高领导人访问古巴只有过一次，那是 1974 年 1 月勃列日涅夫访古。从勃列日涅夫上次访问到这次戈尔巴乔夫访问古巴相隔已达 15 年之久。戈尔巴乔夫原计划在 1988 年 12 月出席联合国大会后访古，后因当时属于苏联的亚美尼亚加盟共和国发生大地震而推迟。这次访问是戈尔巴乔夫担任苏共中央总书记后首次访问拉美国家。

戈尔巴乔夫访古期间，着重同卡斯特罗就 4 个主要问题举行了会谈。首先是古苏两国的经济关系问题。另外 3 个问题是中美洲形势特别是尼加拉瓜和萨尔瓦多形势；苏美关系问题；古巴军队从安哥拉撤离问题。1989 年 4 月 4 日，卡斯特罗和戈尔巴乔夫分别代表两国签署了为期 25 年的古

---

① Fidel Castro: *Por el camino correcto*. Compilacion de textos. Editora Politica, La Habana, 1987, pp. 18 – 35.

苏两国友好与合作条约。条约规定"两国将继续协调经济计划，寻找双边交流最有效的方式和途径"。从表面来看，这一条约的签署，似乎使古巴吃了一颗"定心丸"。

4月4日，戈尔巴乔夫还应邀在古巴人民政权代表大会特别会议上发表演说。在演说中，他强调苏联经济改革和政治改革的意愿。但他表示，苏联并不想推销它自己改革的处方，苏联的办法并不是灵丹妙药。每个国家、每个党都应该根据本国的特点和观点来独立地解决本国的问题。

戈尔巴乔夫强调苏古两国的经济关系应更有效，更具活力。他表示既反对输出革命，也反对输出反革命，反对干涉别国内政。戈尔巴乔夫的这番话显然是有所指的。

卡斯特罗也在会上讲了话。他在讲话中强调古巴同苏联的差异：古巴的面积是苏联的0.5%，人口是苏联的3.6%；古巴在实行土改后没有像苏联那样，把土地分成小块分给农民，而是建立国营农场。卡斯特罗强调，"每个社会主义国家都是一个实验室，正在试验如何实现自己的政治、经济和社会目标"，卡斯特罗还意味深长地说："如果一个社会主义国家想建设资本主义，我们应该尊重它建设资本主义的权利，我们不应该干涉它。"①

从表面来看，戈尔巴乔夫对古巴的访问是成功的。但是，思维敏捷、头脑清醒的卡斯特罗已预感到苏联戈尔巴乔夫的"改革"、"公开性"和"新思维"迟早会导致苏联的解体。

在戈尔巴乔夫访问苏联后不久，由于国际形势和苏联国内形势的急剧变化，他同卡斯特罗签署的古苏两国友好与合作条约成了一纸空文。

1991年9月11日，戈尔巴乔夫在莫斯科同美国国务卿贝克会晤后举行的记者招待会上表示："我们打算在贸易和经济联系的基础上，在互利合作的范围内发展苏联同古巴的关系。以此为重点，解除这种关系在另外的时间、不同的时代所形成的其他成分，为此我们要尽快同古巴

---

① Discurso pronunciado por Fidel Castro Ruz en la sesión extraordinaria y solemne de la Asamblea Nacional, con motivo de la visita a nuestro país del compa？ero Mijail S. Gorbachov, celebrada en el Palacio de las Convenciones, el 4 de abril de 1989, http：//www.cuba.cu/gobierno/discursos/1989/esp/f040489e.html.

领导人讨论撤出部署在那里、并在自己角色的范围内完成了自己任务的军事训练旅的问题。"苏联对古巴的石油出口从 1989 年的 1 200 万吨降至 1991 年的 800 万吨。苏联对古政策的变化，对古巴经济发展产生重大负面影响。

三　叶利钦会见古巴流亡分子

1985 年 7 月，叶利钦当选为苏共中央书记。同年 12 月，叶利钦出任莫斯科市党委第一书记。但是，1987 年 10 月和 1988 年 2 月，叶利钦先后被解除莫斯科市党委第一书记和苏共中央政治局候补委员的职务，仅保留中央委员的资格。很快叶利钦就成为苏联"政治多元化"的反对派头面人物。1989 年 5 月，他当选为苏联最高苏维埃代表并出任民族建设和建筑艺术委员会主席。

1989 年 9 月，美国迈阿密大学苏联研究所所长、捷克裔教授希利·瓦莱塔得到古巴流亡者极右组织美古全国基金会（又称"全美古巴人基金会"）34000 美元的赞助，出面邀请叶利钦访问迈阿密。

叶利钦到达迈阿密的第二天，瓦莱塔设家宴招待叶利钦，出席家宴的有美古全国基金会主席旅美古侨极右派头目马斯·卡诺萨。叶利钦、瓦莱塔和卡诺萨三人一起交谈了 1 小时，随后，又在迈阿密海滩乘游艇，边观看风光边交谈了 5 个小时。据卡诺萨说，他同叶利钦谈得很投机，两人对共产主义有切齿的仇恨。卡诺萨希望叶利钦能施加影响，切断苏联对古巴卡斯特罗政权的援助。叶利钦则希望卡诺萨能帮助他改变美国报刊对他不利的评价并争取美国对俄罗斯的经济援助。

1990 年 9 月，在瓦莱塔教授斡旋下，美古全国基金会 4 名领导成员组团访问了苏联。当时叶利钦已是俄罗斯最高苏维埃主席团主席，在同年 7 月，叶利钦公开宣布他退出苏共，与苏共决裂。叶利钦会见了美古全国基金会代表团。叶利钦希望美古全国基金会能设法让（老）布什总统邀请他访美，而美古全国基金会则希望叶利钦一旦当选为俄罗斯总统后，不要再援助古巴，叶利钦答应了这一要求。

1991 年 6 月 12 日，叶利钦当选为俄罗斯总统。同年的"8·19 事件"

后不久，应叶利钦邀请，卡诺萨访问了莫斯科。在叶利钦帮助下，美古全国基金会在莫斯科建立了一个办事处，卡诺萨出席了办事处开幕仪式。办事处离克里姆林宫只有 4 个街区。办事处雇用了 3 名苏联记者，其中有一名是原《莫斯科新闻》驻古巴记者马乔夫。1989 年马乔夫因撰写污蔑古巴的文章被古巴宣布禁止《莫斯科新闻》西班牙语版在古巴发行，马乔夫不得不卷起铺盖回国。马乔夫的反古立场受到卡诺萨的赏识，马乔夫除被美古全国基金会驻莫斯科办事处高薪聘为雇员外，还被美国反古电台"马蒂"电台聘任为特约记者，经常撰写攻击古巴的报道和文章并直接由他本人用西班牙语播放。

卡诺萨访问莫斯科后，俄罗斯联邦外交部制定了对古巴政策的三条方针，规定古巴将不再是俄罗斯外交的重点，俄罗斯将不再向古巴提供政治和军事援助，同古巴的贸易不再给古巴优惠，而是按照国际市场价格，用外汇支付。

四　卡斯特罗预见苏联会解体

就在戈尔巴乔夫结束对古巴访问 3 个多月后，1989 年 7 月 26 日，卡斯特罗在纪念攻打蒙卡达兵营 33 周年大会上提醒古巴人民说：

"我们应该警告帝国主义不要幻想一旦社会主义大家庭瓦解，古巴革命会停止抵抗……即使有一天我们一觉醒来得知苏联发生内战或者苏联解体，即使在这种情况下，古巴和古巴革命仍将继续斗争，继续抵抗到底！"

"国际反对派、帝国主义对苏联出现的问题感到兴高采烈，手舞足蹈……"

卡斯特罗预见到，美国布什政府会因为苏联的解体和社会主义阵营的消失而加紧对古巴施加压力。卡斯特罗说："布什得意忘形地认为社会主义的末日已来临，社会主义阵营即将瓦解，他会对英雄的古巴、坚强的古巴更加敌视。布什趾高气扬，盛气凌人，咄咄逼人。布什希望苏联解体"，"如果出现这一情况，帝国主义会像野兽一样疯狂地扑向古巴，扑向第三世界"，"即使这样，各国人民将继续斗争下去，古巴人民、古巴、古巴革命将站在斗争第一线！"①

事隔十多年后，卡斯特罗对法国《外交世界》主编拉蒙内特说：

"假如我们做这种'改革'，美国人就会很高兴，因为苏联人实际上是自己毁了自己。如果我们这里分成十个派别，在这里发生可怕的权利之争，美国人就会成为地球上最幸福的人。他们就会说：'我们终于摆脱了古巴革命。'如果我们做那种类型的、同古巴的现实毫无关系的改革，我们就自己毁了自己。但是，我们不会自毁的。这一点应当十分明确。"

"您瞧，我对戈尔巴乔夫从他上台时起所做的一切有极坏的看法。最初，当他说要把科学引入生产领域，要依靠劳动生产率的提高，要沿着集约生产的道路前进，而不是用增加工厂的数量来扩大生产时，我很高兴。外延生产的道路已经走到尽头，应该采取集约生产的道路前进。更高的劳动生产率，采用集约技术，没有人会不同意这一点。他还谈到反对获得非劳动收入。这些都是一个真正社会主义者的言论。"

"这些是戈尔巴乔夫最初的言论，最初我们很看好他们。他甚至反对酗酒。我认为这很正确。当然，我认为在那里解决这个问题不会太容易，需要做长期的说服工作，因为很久以前俄罗斯人就知道如何在一个随便什么样的蒸馏器里生产烈性酒伏特加了。我甚至和他讨论了这个问题。我喜欢讨论这些事情。"

"我也对您解释了苏联用别的方法处理同其他政党的关系的必要性，这种关系更加广泛，不仅仅是同共产党的关系，也是同左派力量，同所有进步势力的关系问题。"

"当他在苏联执政时，他尽一切可能不做伤害古巴利益、影响同我国的良好关系的事情。他是一个有着良好愿望的人，因为我毫不怀疑，戈尔巴乔夫具有为完善社会主义而斗争的意图。我不怀疑这一点。"

"但是，他没有找到解决他的国家遇到的巨大问题的办法。毫无疑问，他对在苏联出现的现象，以及后来的灾难起了重大作用。他没有能够避免

---

① Discurso pronunciado en el Acto Conmemorativo Por el XXXVI Aniversario del Asalto Al Cuartel Moncada, Celebrado en la Plaza Mayor General Ignacio Agramonte, Camagüey, el día 26 de Julio de 1989. http://www.cuba.cu/gobierno/discursos/1989/esp/f260789e.html.

苏联的解体，不懂得如何维护它的大国地位。相反，他的错误，他随后表现出来的软弱，促成了解体。"

"以后，他开始了国际政策方面的让步，战略武器方面的让步，在所有领域都做出让步。"

"当苏联和社会主义阵营消失的时候，没有人为古巴革命的生存哪怕赌一分钱。"①

卡斯特罗在谈到苏联解体对古巴的影响时说："当那个大国在一天之内崩溃时，我们国家遭受一次毁灭性的打击。我们陷于孤立，孤立无援。我们的糖失去了所有市场，我们得不到粮食、燃料，乃至为死者举行宗教葬礼所需的木材。转眼之间我们就会没有燃料，没有原料，没有食品，没有卫生用品，什么也没有。所有人都认为：'要垮台了。'一些愚蠢的家伙到今天还认为古巴会垮台，认为即使今天不垮台，以后也会垮台。只要他们还心存幻想，还希冀我们垮台，我们就应该多想想，我们就应该得出自己的结论，使我们这个英雄的人民永远不会遭遇失败的命运。"

"美国加强了禁运。出现了'托里切利法'②和'赫尔姆斯—伯顿法'③，两者都有治外法权的性质。我们的市场和基本供应的来源都遽然消失。卡路里和蛋白质的消费减少了几乎一半。国家经受了考验，并在社会领域大大前进了。今天，大部分营养需求已经恢复，其他领域也得到快速发展。即使在这种条件下，几年里完成的事业和人们的觉悟都创造了奇迹。为什么我们经受了考验？因为革命过去、现在和将来都越来越得到人民的支持，这是一个智慧的人民，越来越团结的人民，更有知识和更具战斗精神的人民。"④

---

① Cien horas con Fidel, Conversaciones con Ignacio Ramonet, Segunda edicion revisada y enriquecida con nuevos datos, Oficina de Publicaciones del Consejo de Estado, La Habana, 2006, pp. 406—414.

② 于1992年获得通过。托里切利法确定两项基本惩罚：（1）禁止美国公司在第三国的子公司与古巴进行贸易活动；（2）禁止曾经进入古巴港口的船只以贸易为目的，或离开古巴港口180天内在美国港口靠岸。

③ 杰西·赫尔姆斯，美国南卡罗来纳州参议员、参议院外事委员会主席；丹·伯顿，印地安纳州众议员。两人提出一项法案——1996年3月12日由威廉·克林顿总统签署——内容主要是"关于由于古巴革命而受到利益损害人士的权利"和"对与古巴进行贸易活动者采取的措施"。

④ Cien horas con Fidel, Conversaciones con Ignacio Ramonet, Segunda edicion revisada y enriquecida con nuevos datos, Oficina de Publicaciones del Consejo de Estado, La Habana, 2006, pp. 414—415.

东欧剧变、苏联解体、冷战结束后，1993年3月和1994年9月古巴国务委员会和部长会议第一副主席劳尔·卡斯特罗曾对报界发表过两次谈话，在谈到过去30年古苏关系时，他认为苏联欠古巴的更多。劳尔说："我们过去从苏联无偿得到的武器装备是对我们国家的援助，对此，我们是永远感激的。但是，应该指出的是，在社会主义和资本主义两种制度对抗的情况下，苏联和古巴的军事关系对苏联是非常上算的，这才是公正的评价。其次才是互惠互利的。当存在着两个超级大国、两个世界和永久对抗时，应该了解这个小岛的战略意义……从这个意义上看，如果我们所给予苏联的援助以及我们所经历的风险能够用物质的价值来计算的话，那么对前苏联来说，应该是他们欠古巴的，而不是古巴欠他们的。"[1]

五　东欧剧变和苏联解体对古巴的影响

20世纪80年代末东欧的剧变和1991年12月苏联的解体对古巴造成沉重的冲击。据古巴官方统计，1989年，古巴外贸的85%是同苏联和东欧社会主义国家进行的，其中80%是同苏联进行的。1988—1989年间在古巴的出口商品中，有63%的糖、73%的镍、95%的酸性水果和100%的电器零配件是向经互会市场出口的；在古巴的进口商品中，有63%的食品、86%的原料、98%的燃料、80%的机器设备、72%—75%的制成品来自经互会国家。[2] 这说明，在80年代末，古巴的经济在很大程度上依赖于苏联和东欧国家。

苏联解体后，俄罗斯宣布停止对古巴的一切援助，撤走援古技术人员，贸易关系仅限于以国际市场价格用石油交换古巴的糖，而糖和石油的交易额也大幅度下降。俄罗斯向古巴提供的石油从苏联时期1989年的1200万吨降至1992年的600万吨，使古巴能源短缺。由于古巴的能源主要靠前苏联的原油，石油的短缺，发电量显著下降，大批工厂被迫关闭或

---

① Granma Internacional, 12 de mayo, 1993.

② ［古］何塞·路易斯·罗德里格斯：《国际经济急剧变化中的古巴经济》，原载《古巴经济通讯》，1992年1、2月号，译文见《世界经济译丛》1999年9月，第67—72页。

减产，大批农机闲置，客运货运大幅度减少，居民生活用电经常中断。由于燃料短缺和缺少外汇进口化肥、除虫剂等原因，蔗糖产量和收入锐减。由于俄罗斯不再向古巴出口粮食，使古巴政府不得不一再降低居民的食品定量。据估计，苏联的解体使古巴遭受的直接经济损失约 40 亿美元。东欧的剧变和苏联的解体使古巴在政治上失去了重要的战略依托，经济上陷入危机，1990—1993 年古巴国内生产总值累计下降 34%。1993 年俄罗斯与古巴的贸易额仅为 5.39 亿美元。古巴同东欧国家的经贸关系几乎不复存在。

东欧剧变后，古巴同东欧的经贸关系几乎已不复存在。1990 年 10 月德国统一后，撤销了过去民主德国同古巴签订的一切协议，使古巴失去了民主德国这个仅次于苏联的重要贸易伙伴。

正如 1993 年 7 月 26 日卡斯特罗在攻打蒙卡达兵营 40 周年纪念会上所说的："苏联消失的时刻发生了真正急剧的变化，我们实际上不得不承受双重的封锁。社会主义阵营的垮台使我国在各方面遭受到沉重的打击，我们遭受到政治上的打击，军事上的打击，尤其遭受到经济上的打击。"[1]

由于缺油，古巴发电量显著下降。发电量下降使大批工厂被迫停产或减产，大批农机闲置，客运和货运受影响，居民生活用电不能保证。由于缺油、缺少外汇进口化肥和杀虫剂等原因，古巴主要产品蔗糖产量下降，糖的出口收入锐减。糖产量从 1990 年的 843 万吨降至 1991 年的 750 万吨、1992 年的 700 万吨，1993 年和 1994 年又进一步分别降至 420 万吨和 400 万吨。糖产量的下降，加上国际市场上糖价的疲软，使古巴外汇收入大幅度减少，无力向国际市场大量购买工业所需的原材料和零配件，以及农牧业所需的化肥和饲料等，使工业和农业都受到影响。据估计，苏联的解体使古巴遭受经济损失约 40 亿美元。东欧的剧变和苏联的解体使古巴经济陷入危机。据统计，1990 年，古巴经济下降 3.1%，出现了自 1987 年以来第一次负增长。1991 年下降 25%，1992 年下降 14%，1993 年又下降了 10%。苏东剧变和美国长期的封锁使古巴人民生活必需品定量供应的数量和品种减少。

---

[1]　Granma, 27 de julio de 1993.

六　卡斯特罗的对策

卡斯特罗领导的古巴共产党和政府应对东欧剧变和苏联解体的主要对策是：

政治上，坚持、改善和加强党的领导，坚持一党制，坚持马列主义，坚持社会主义。经济上，进行逐步的、适度的改革开放；社会方面，坚持全民免费教育、免费医疗和普遍的社会保障制度；外交方面，调整外交政策，积极发展对外关系，推进外交关系多元化。

1990 年 9 月，卡斯特罗宣布进入"和平时期的特殊阶段"（简称特殊阶段）。在特殊阶段里，古巴的基本对策是：坚持计划经济，根据特殊阶段的要求调整经济计划和经济工作的重点。古巴政府采取一系列应急措施，实行生存战略，维持国家经济的运转和居民的基本食品供应，同时，采取一些有长期发展战略意义的措施，加快纳入世界经济体系的进程。为解决食品短缺，古巴制定了食品计划。为解决外汇短缺，古巴改变过去重点发展重工业的经济发展战略，把经济发展的重点放在创汇部门，特别是旅游、医疗器材和生物制品的医药产品的生产和出口。

1991 年 10 月，古巴共产党召开"四大"。大会提出了"拯救祖国、革命和社会主义"的原则和口号，卡斯特罗在开幕式讲话中明确提出了古巴对外开放的政策："我们正在广泛地实行开放，广泛地对外资实行开放。"[1]"四大"通过的关于修改党章和党纲的决议指出，古巴革命的最高目标是在古巴建设社会主义，古巴共产党坚持共产主义的理想，古巴共产党是马列主义政党，是古巴社会的领导力量。[2]

古共"四大"将对外开放作为国策确定下来。"四大"后，古巴加快了开放的步伐。1997 年 10 月，古巴共产党召开"五大"，"五大"制定的

---

① Fidel Castro：Independientes hasta siempre Discursos de inauguracion y en el acto de masas, Santiago de Cuba, IV Congreso del Partido Comunista de Cuba, 10 y 14 de octubre de 1991, Editora Politica, Cuba, 1991，p. 50.

② Resolucion sobre el Programa del Partido Comunista de Cuba, Este es el Congreso mas democratico, Editora Politica, Cuba, 1991，pp. 36—47.

方针的要点是：坚持共产党领导和坚持社会主义；反击美国的经济制裁和政治及意识形态攻势；在不改变社会性质的前提下，继续稳步进行经济改革，并尽可能减少由此带来的社会代价。

古共"五大"通过的中心文件《团结、民主和捍卫人权的党》明确指出：坚持社会主义和共产党的一党领导，是维护国家独立、主权以及抵抗美国封锁、获得生存的保障；以马列主义、马蒂思想及菲德尔（卡斯特罗）思想为指导的古共，是国家稳定的捍卫者和中流砥柱，社会主义和共产党的领导，是古巴的唯一选择。"五大"通过的《经济决议》指出："古巴的经济政策开始了一个新阶段，它应当包括经济结构方面，如多样化、振兴出口、发展食品基地、提高能源、物资和财政部门的经济效益等"，"提高效益是古巴经济政策的中心目标。"①

古共"五大"后，古巴又继续推出一些新的改革举措。自1991年年底起古巴所实行的改革开放政策已取得了明显的成效，自1994年起，由于实行改革开放，古巴经济开始连续恢复增长；古巴的经济结构和外贸结构多元化；古巴的所有制和分配方式多样化：合资、外资所有制，个体所有制已初具规模；古巴已从巨大的灾难中摆脱出来，它不仅经受住了美国封锁和侵略的考验，而且也经受住了苏联东欧剧变的严峻的考验，使社会主义的古巴依然屹立在西半球。古巴的经济逐步好转，政治社会基本稳定，人民的基本生活得到保障，古巴的国际环境不断改善。

20世纪90年代以来，为摆脱困境、争取生存和发展、挫败美国的孤立和经济封锁政策，古巴积极发展对外关系，推进外交关系多元化。古巴对美国的封锁和敌视政策采取以斗争求生存，但不激化矛盾，避免美国的进一步干涉；对改善古美关系持积极态度，但不抱幻想。

七　俄罗斯总统普京访问古巴

古巴尽力维持与俄罗斯和独联体其他国家的经贸关系。苏联解体后，古巴竭力维系同俄罗斯、独联体其他国家及东欧国家的正常关系。与此同

---

① Granma, 7 de noviembre de 1997, p. 2.

时，俄罗斯为了自身的民族利益和经济利益，逐渐扭转向西方"一边倒"的方针，恢复和发展同古巴的关系。从 1992 年下半年开始，古俄经贸关系有所改善。1992 年 11 月，两国在莫斯科签署了政府间经济、贸易和航运合作协议，成立了政府间经贸和科技合作委员会，并签订了俄罗斯将以 310 万吨石油换取古巴 150 万吨食糖的贸易和支付协议书。1993 年 5 月，俄罗斯部长会议副主席舒梅科出访古巴，同年 7 月，古巴部长会议副主席索托回访俄罗斯。俄罗斯答应协助古巴完成 12 项未完成的工程，向古巴提供燃料、零配件、化肥，向胡拉瓜核电站提供 3 000 万美元的贷款。古俄还签订了关于建立合资企业的备忘录。同年 12 月，两国共同建立了俄古国际经济联合会，吸纳了双方众多公司企业。

在军事关系方面，1992 年 9 月 16 日，古巴同俄罗斯就俄罗斯撤出原驻古巴的苏联军队达成协议。根据协议，原苏联军事教练旅军事人员及其家属已于 1993 年上半年全部撤出古巴。

90 年代后半期，古巴同俄罗斯的关系逐步有所恢复。1995 年 5 月，古巴外长在苏联解体后第一次访问俄罗斯。古俄签署了用 100 万吨食糖换取 300 万吨石油的协议。俄罗斯还决定向古巴提供贷款，恢复古巴核电站的建设。同年 10 月，俄罗斯第一副总理索斯科韦茨出访古巴，两国签署了 1996—1998 年贸易议定书，规定 1996 年俄罗斯以 450 万吨石油换取古巴的 150 万吨食糖，签署了关于延长俄罗斯向古巴胡拉瓜核电站提供的 3000 万美元贷款期限的议定书，此外，还签署了关于密切两国企业在旅游、运输和轻工业方面进行合作的议定书。古俄贸易 1993 年为 5.39 亿美元，1995 年降为 4.67 亿美元。1996 年一度增加到 8.77 亿美元，这一年，俄罗斯再次成为古巴的第一大贸易伙伴。[①] 1996 年 5 月，俄罗斯外长普里马科夫访古，这是苏联解体后俄外长首次出访古巴。普里马科夫访古期间，古俄两国签署了相互关系准则声明和文化、教育和科技合作协定。1998 年 3 月、1999 年 1 月，古巴外长再次访俄。1999 年 1 月，当时已任总理的普里马科夫对到访的古外长表示，俄罗斯同古巴的关系是俄罗斯在拉美地区的重点之一。

---

① 1997 年古俄贸易额为 6.37 亿美元，1998 年降为 5 亿美元，1999 年降为 4.81 亿美元。

2000 年 12 月 13—17 日，俄罗斯总统普京访问古巴。这是苏联解体后，第一位访问古巴的俄罗斯总统。普京访古期间，古俄两国签署了 5 项合作协议，两国国防部还签署了一项技术—军事合作计划。古俄两国关系明显升温。然而，2001 年 10 月 17 日，普京总统单方面宣布俄罗斯将关闭在古巴的洛尔德斯电子监听站，使两国刚升温的关系再次降温。这一监听站由原苏联建于 1964 年并为苏古共同使用，冷战结束后交俄罗斯使用，俄方向古巴每年付 2 亿美元租金。2002 年 1 月底，监听站正式关闭。

总的说来，苏东剧变和苏联解体后，古巴曾一度受到很大的冲击。一是从 1989 年起古巴经济进入和平年代"最困难的时期"，人民生活水平大幅度下降。二是一部分党员和群众产生了思想混乱，对古巴过去所走的道路产生了怀疑，进而对古巴的未来失去信心。三是古巴的一些非政府组织和反对派发言人乘机加紧活动，反对现政权。四是美国加大了对古巴的封锁与和平演变的力度，通过各种手段千方百计在古巴社会中制造裂隙，妄图分裂古共，使古共与社会、与人民脱离，与武装力量脱离。在国外反对势力的煽动下，古巴曾发生了多起冲击国外驻古代表机构，掀起多次非法移民潮，伴之以抢商店、与军警对峙的社会骚乱事件。在美国的纵容和支持下，以美国迈阿密为基地的"兄弟救国会"，明目张胆地多次派遣轻型飞机入侵古巴领空，进行反古活动。有些预言家们预言，古巴的社会主义政权维持不了多久了。当时来自世界各地的数百名记者聚集在哈瓦那等待古巴的垮台。流亡于美国的反古分子兴高采烈地叫嚷"要返回哈瓦那过（1990）圣诞节"。美前总统老布什称，已经听到古巴政权垮台的声音了。他甚至声称，"期待着成为踏上卡斯特罗之后的古巴自由土地的第一位美国总统"。

但事实是，苏东剧变至今已过去近 20 年了，古巴社会主义政权非但没有垮台，却依旧傲然屹立在近在咫尺的、世界上最强大的夙敌美国的面前，老布什想成为踏上卡斯特罗之后的古巴自由土地的第一位美国总统的美梦也自然遭到了彻底的破灭。

（原载徐世澄《卡斯特罗评传——从马蒂主义者
到马克思主义者》，人民出版社 2008 年版）

卡斯特罗的人格魅力、思想和历史功绩

2008年2月19日，古巴最高领导人菲德尔·卡斯特罗发表致古巴人民的信，信中表示："我不想寻求或是接受国务委员会主席和革命武装力量总司令的职务。"作为近半个世纪来一直担任古巴党政军最主要职务的领导人，毅然决然地把最高权力让位于比自己更年轻的其他领导人，以实际行动打破领导职位的终身制，这一举措本身就是值得称颂的崇高品质。

一　卡斯特罗的人格魅力

在当今世界政坛中，第一代亲自领导和参加革命战争并打下江山的人已为数不多，能数十年一贯受到本国人民拥戴、又始终受到世界各国人民尊敬的政治领袖更屈指可数，而卡斯特罗就是其中突出的一位。无论是2006年7月底卡斯特罗生病住院，还是日前卡斯特罗主动让位，都引起国际社会和媒体的极大关注，这充分说明卡斯特罗有着巨大感召力。

卡斯特罗是不断追求革命理想的象征。卡斯特罗代表了现代革命者一种理想，那就是为人类追求一个更为美好、公正和自由的世界。人们有时把卡斯特罗这种理想和为理想而献身的精神比作堂·吉诃德。无疑，这种为理想而牺牲的崇高精神是令人钦佩的。

卡斯特罗是"富贵不能淫，贫贱不能移，威武不能屈"的象征，是"吓不怕、压不垮、打不倒"的硬汉。古巴革命胜利后49年来，美国先后更换了10位总统，历届美国总统都对古巴采取敌视政策：经济上封锁制裁、贸易禁运；军事上进行威胁，并曾策动雇佣军入侵古巴；外交上企图孤立古巴；美国政府和中央情报局曾对卡斯特罗本人进行过637次暗杀行动，企图从肉体上消灭他，但卡斯特罗毫不胆怯。卡斯特罗曾幽默地对记者说："如果奥林匹克设立受谋杀次数的项目，我肯定能拿金牌。"20 世纪 80 年代末 90 年代初，苏东剧变和苏联的解体又对古巴产生了巨大冲击和压力，但卡斯特罗带领古巴人民克服了种种难以想象的困难，使社会主义的古巴依然巍然屹立在西半球，这对世界社会主义和进步运动的恢复、发展和壮大作出了巨大的贡献。

卡斯特罗是团结的象征。在古巴革命进程中，有过三个革命组织，一个是卡斯特罗创建并领导的"七·二六运动"，另一个是古巴人民社会党，即老的古巴共产党，还有一个是"三·一三革命指导委员会"。这三个组织在古巴革命中都发挥了积极作用，但进行武装斗争的主要是"七·二六运动"。在 1959 年古巴革命胜利后，为了更好地进行社会主义革命和建设，卡斯特罗先把这三个组织合并成"革命统一组织"，后又改名为"古巴社会主义革命统一党"。最后，又在此基础上于 1965 年建立了古巴共产党。正是在以卡斯特罗为核心的古巴共产党的领导下，古巴人民团结一致克服种种困难，不断前进。

在国际舞台上，卡斯特罗也同第三世界各国政府和人民一起，为反帝反霸和反对新自由主义进行斗争。卡斯特罗本人两度担任不结盟运动主席。几十年来，卡斯特罗访问过亚非拉许多国家。目前，在第三世界许多国家，在卡斯特罗积极推动下，有数万名的古巴医生、教员在从事医疗、扫盲和教学工作，他们受到当地民众的热烈欢迎。

卡斯特罗本人也结交了世界各国不同社会地位、不同职业的朋友，有国家领导人，也有作家、画家、演员、运动员、商人、宗教界人士等等。卡斯特罗不摆架子、平易近人的作风和态度赢得了人们的一致好评和称赞。卡斯特罗曾几次到纽约联合国总部参加联合国大会，每次他都到纽约黑人聚居的哈莱姆居民区看望那里的平民。

卡斯特罗是以身作则的楷模。卡斯特罗严于律己，清正廉洁，带头垂范，以身作则，忘我工作，毕生奉献。卡斯特罗密切联系群众，凡遇重大事件都亲临第一线。20 世纪 60 年代初，卡斯特罗身先士卒，亲自率领古巴军民击溃雇佣军；每逢收割甘蔗季节，卡斯特罗等领导人都下农村帮助农民砍甘蔗；古巴年年都有飓风来袭，古巴革命胜利以来，每当飓风到来，卡斯特罗总是在第一时间赶到受灾最严重的地方，领导人民抗灾救灾。

作为一国的最高领导人，卡斯特罗为政清廉，他的工资每月只有30美元。卡斯特罗对记者说："我的工资从来没有变过，我的工资，以25比索1美元计算的话，每月30美元。"

卡斯特罗出身大地主家庭，在古巴革命胜利后，卡斯特罗即说服其母亲和大哥把他已故父亲留下的一万多公顷的土地和家产无偿地交给国家。卡斯特罗在一篇《总司令的思考》的文章中写道："我父亲的所有的土地都通过革命交给了人民。"

卡斯特罗出于对祖国和人民的无限热爱，忘我工作，毕生奉献。他不知疲倦地投入工作，每天只睡三四个小时。卡斯特罗说："我已经好几年没有休假，好几年没有休息过一天了，没有周六，没有周日。"早餐时他至少要阅读200页来自世界各地的消息，每天至少要审批50份文件和阅读国内的各种报告和报道。

卡斯特罗是严于律己、勇于批评和自我批评的典范。1970年古巴政府提出要将糖产量达到1000万吨的指标。结果，不仅糖产量的指标没有达到，而且由于过分强调发展糖业，致使国民经济各部门的发展比例严重失衡。对此卡斯特罗在古共"一大"报告中作了自我批评："我们在经济工作中无疑是犯了唯心主义的错误。我们有时看不到在现实中存在着我们必须遵循的客观经济规律"，"看起来我们当初好像在向共产主义的生产和分配方式日益靠近，实际上背离建设社会主义基础的正确道路愈来愈远。"

作为古巴的最高领导人，卡斯特罗一贯反对突出他个人，不搞个人迷信。在古巴，看不到一座卡斯特罗的塑像，也没有一所学校、街道、工厂或城镇以他的名字命名，但卡斯特罗的形象却已深深地刻在古巴人民的心中。

二　卡斯特罗的思想

卡斯特罗的思想是马克思主义与古巴实际相结合的产物，具有显著的古巴特色。卡斯特罗的思想对古巴革命的胜利和发展起了关键性作用。20世纪90年代初，古巴进入特殊时期后，卡斯特罗的思想经受了美国加强封锁、东欧剧变和苏联解体等诸多考验，并自成体系。

1997年10月，在古共"五大"的中心文件《团结、民主和捍卫人权的党》中，首次提出古巴共产党是"以马列主义、马蒂学说和菲德尔的思想为指导的"。

卡斯特罗思想有极其丰富的内涵，它总结和发展了古巴历史上所有的先进思想和经验。从1956年攻打蒙卡达兵营起，古巴革命已有半个多世纪，古巴革命的发展历程和社会主义事业各个方面的成就都体现了卡斯特罗的思想。

卡斯特罗是古巴土地上成长起来的马克思主义者，卡斯特罗思想主要包括以下方面：

民族独立的思想。卡斯特罗认为，古巴革命的目的首先并且最重要的是使古巴取得真正独立的地位，只有这样才能使古巴民族获得彻底解放。

国际主义思想。无产阶级国际主义是卡斯特罗思想的重要组成部分，它贯穿于他的长期革命实践中。他认为，取得独立的民族应该支援未独立民族的斗争，这不仅是一种义务，而且对独立民族本身也是有利的；对革命者来说，爱国主义和国际主义是统一的，当出现矛盾时前者应服从于后者，即"先人类，后祖国"；在拉丁美洲，各国的革命斗争从来都是互相支援的，今后也将如此。

反帝和反新自由主义的思想。卡斯特罗认为，我们时代的特点是资本主义向社会主义过渡。国际形势的缓和是各国人民长期斗争的结果，丝毫不意味着帝国主义失去了侵略本性。帝国主义没有前途，它终将消失。新自由主义是帝国主义的最后一种表现形式，反对新自由主义就是反对帝国主义。卡斯特罗说："我们不反对全球化，也不可能反对全球化。我们所反对的是新自由主义全球化"，"新自由主义全球化是对第三世界最可耻的再殖民化，这种全球化是现代帝国主义强加给世界的。它是持续不下去的，必将垮台。"

关于塑造新人的思想。卡斯特罗认为，为使社会主义在古巴能生存和发展，不仅需要建立牢固的制度，而且需要造就具有社会主义觉悟的人。这就是"社会主义的人"或"新人"。"社会主义的人"不会自发产生，需要进行革命教育和坚持不懈的政治思想工作。只有这样，才能发展社会主义的生活方式和全面造就高质量的具有共产主义道德风尚和原则的人。

党的建设思想。卡斯特罗提出,党是古巴革命的灵魂。党应集中体现古巴历史上一切革命者的理想、原则和力量。党必须同群众保持密切的联系;党必须保持思想上的纯洁性和组织上的团结。党不仅是工人阶级的先锋队,而且也是国家和民族利益的忠实代表。

军队的建设思想。卡斯特罗主张古巴必须有一支强大的、现代化的军队;军队应服从党的领导;建立人数众多的民兵组织和对广大群众进行军事教育,实现全民战争;军队在和平时期就是经济建设的重要参加者。

自 2007 年 3 月 28 日以来,卡斯特罗陆续在古共中央机关报《格拉玛报》"总司令的思考"专栏标题下,陆续发表了一系列重要文章,对和平与战争、反恐、生态和环保、生物燃料和能源革命、扶贫等关系到人类命运的问题以及古巴国内的一些问题提出了精辟的见解。卡斯特罗表示,他通过发表文章的方式,向古巴革命和人民提供"思想和经验"。他在 2008 年 2 月 19 日的辞职信中说:"我将作为一名思想战士去斗争。我还会继续在'菲德尔同志的思考'这一总标题下写作,这将是你们可依赖的另一个武器。"

三 卡斯特罗的主要历史功绩

领导了古巴革命和建设。卡斯特罗领导了 1956 年攻打蒙卡达兵营的行动、1956 年"格拉玛号"的远征和马埃斯特腊山区的游击战争。古巴革命胜利后,卡斯特罗又领导古巴人民进行了民主革命、社会主义革命和社会主义建设。这场革命之深刻、影响之广泛,在古巴和拉丁美洲历史上是前所未有的,在世界现代史上也占有重要的地位。这场革命的成果主要表现在两个方面:一是使古巴在历史上第一次取得了民族独立,并维护了独立的地位。二是通过社会主义革命彻底地消灭了阶级压迫和阶级剥削,实现了社会公正和平等,这在拉丁美洲是独一无二的。

缔造了西半球第一个社会主义国家。卡斯特罗于 1961 年 5 月 1 日正式宣布古巴是社会主义国家。在 20 世纪 60 年代,卡斯特罗领导古巴人民进行了大胆的探索,积累了宝贵的经验,也付出了一定代价。80 年代末和

90 年代初，古巴的社会主义制度经历了苏东剧变和苏联解体的严峻考验。但在卡斯特罗思想引导下，时至今日，社会主义始终在西半球屹立。

正如古巴外长罗克 2006 年 11 月 30 日在哈瓦那举行的《卡斯特罗和古巴：回忆和展望》的国际研讨会上所说的："卡斯特罗已不仅仅是卡斯特罗一个人，卡斯特罗代表他的人民，卡斯特罗代表着世界上所有准备为争取'一个更好的世界是可能的'而斗争的男男女女。""古巴人民对卡斯特罗有浓厚的感情，除了他的责任和功绩，还视他为父亲、兄长、自家人"，"我们承诺为菲德尔为之献身的思想和梦想而继续斗争。我们将再次与他一起走在我国人民的前面。但是，当他那一代人不在的时候，我们相信我国人民将永远去坚持这些思想和原则，保卫这些思想，生存的每一天都为这些思想而战斗，这就是我们献给菲德尔最好的礼物。"

2008 年 2 月 24 日，古巴全国人民政权代表大会一致推选劳尔·卡斯特罗为国务委员会主席和部长会议主席，正式接替因健康原因而移交国家最高权力的菲德尔·卡斯特罗的位置。劳尔当选后说，总司令仍然是菲德尔·卡斯特罗，菲德尔·卡斯特罗是不可替代的，虽然他现在不再担任领导职务，但是古巴人民还将继续他的理想事业。劳尔还要求议会在今后决策上仍然要参考菲德尔·卡斯特罗的意见，该提议得到了议会成员的一致举手通过。

（原载《当代世界》2008 年第 3 期）

如何正确看待格瓦拉

2008 年 6 月 14 日是古巴革命领导人之一的埃内斯托·切·格瓦拉（1928—1967）诞辰 80 周年。而 2007 年 10 月 9 日是格瓦拉遇害 40 周年，在世界各地，特别是在拉美国家，在格瓦拉的祖国阿根廷，在格瓦拉的第二祖国古巴，在格瓦拉的牺牲地玻利维亚等国家，人们纷纷举行各种纪念活动。在我国，一些报刊发表了纪念文章，出版了《格瓦拉语录》等与格瓦拉有关的书籍。

格瓦拉出生在阿根廷，为了实现他的理想，他先是投身于捍卫危地马拉阿本斯民主政府的斗争，后来参加了卡斯特罗领导的古巴革命武装斗争，从"格拉玛号"远征到马埃斯特腊山区游击战，再到圣格拉拉市的解放战役的胜利，格瓦拉为古巴革命的胜利立下了不可磨灭的功勋。在古巴革命胜利后，他担任了古巴党和国家的重要职务，并取得了古巴国籍。但是，为了实现他革命的抱负和信仰，他辞去了所有的高官要职，离开了家人，离开了古巴，投身到非洲和拉美的革命事业。格瓦拉的毕生追求，就是革命。他的革命理想，不仅是要为改变本国人民的命运而战，而是要为拉美和第三世界人民的命运而战，他将他的短暂的一生全部都奉献给了第三世界反帝和反独裁的革命斗争。在南美洲的玻利维亚，他领导一支国际主义游击队一直战斗到最后一刻。尽管人们对他的游击战争的指导思想看法有分歧，但是，他的无私无畏、崇高的革命品质和为理想和革命事业献身的伟大的国际主义精神，赢得了世界各国人民的崇敬。他的生命虽然已经终结，但是，他依然活在亿万人民的心中。

正如古巴国务委员会主席卡斯特罗在 21 世纪初对格瓦拉评价时所说的，格瓦拉是"一个深明廉耻、极有尊严和大公无私的人，这就是切（指格瓦拉）的为人和世界敬仰之所在。一个聪明人，一个富于幻想的人。切不是为了保卫别的利益或别的事业、而是为了保卫拉丁美洲被剥削者和被压迫者的事业而牺牲的。切不是为了保卫别的事业、而是为了保卫地球上的穷人和卑贱者的事业而牺牲的。切的事业必将取得胜利，切的事业正在取得胜利"，"切是一个榜样。一种不可摧毁的精神力量"，"（切·格瓦拉）留下了什么？我想，实际上最伟大的是精神价值，是觉悟"①。

　　但是，对于这样一个具有国际影响的著名人物，我国在不同历史时期对格瓦拉有过截然不同的评价。对格瓦拉及其思想的评价经历了一个由褒到贬，既褒又贬和以褒为主的过程。在20世纪60年代初，格瓦拉曾两次访问中国，受到我国党政领导人和人民群众的热情接待和欢迎。1963年，《人民日报》等主要报刊全文刊登了格瓦拉写的理论文章《游击战争：一种手段》，对格瓦拉本人及其思想是明显赞誉和认同的。然而，在"文化大革命"期间，在极"左"思潮的影响下，我国国内报刊曾发表不少文章，对格瓦拉的"游击中心主义"开展了广泛而严厉的批判。我国学术界曾有人说格瓦拉是"资产阶级民主派"，有人说他是"具有小资产阶级狂热性的革命家"，"左倾冒险主义者"；还有人甚至称他为"无产阶级革命的叛徒"。"文化大革命"期间，我国的主流媒体将格瓦拉的游击战的理论归结为"游击中心主义"或"游击中心论"，认为"这种思想就是不要党的领导，不依靠广大群众，不去建立根据地，只依靠少数人的武装力量进行冒险活动"②。以至于1967年格瓦拉在玻利维亚被杀害后，我国的媒体连一条简短的消息都没有刊登。

　　1978年中国进行改革开放后，我国国内逐渐改变了对格瓦拉的看法，在20世纪七八十年代，比较典型的看法是肯定格瓦拉的个人人品，但是否定格瓦拉的思想主张，认为"对格瓦拉个人的革命品质是肯定的"，但是，"对代表一种思潮的格瓦拉主义和格瓦拉本人是加以区别的"，一些学者引用有些拉美左派政党的评论，"认为格瓦拉主义否定党的作用"，"认为格瓦拉主义脱离群众"，"认为格瓦拉主义脱离实际情况"，"认为格瓦

---

　　① ［古］菲德尔·卡斯特罗、［法］伊格纳西奥·拉莫内：《卡斯特罗访谈传记——我的一生》，中国社会科学出版社2008年版，第275—276页。
　　② 《切·格瓦拉在玻利维亚的日记》，三联书店1971年版，"出版说明"。

拉主义想搞'大陆革命'"①。

自20 世纪 90 年代后期以来，我国媒体和出版物对格瓦拉及其思想的肯定意见逐步占上风。如新华社前副社长、曾在古巴革命胜利后任新华社驻古巴记者，并与格瓦拉有过多次接触的庞炳庵 1998 年在《关于格瓦拉问题反思》一文中认为，过去我们对格瓦拉思想的批判是错误的，我们当时对格瓦拉思想的批判，"主要还是出于当时国际斗争的某种需要"，"格瓦拉总结的这条（古巴人民武装斗争）经验与我们的'星星之火，可以燎原'思想，到底有什么本质的区别呢？从这条基本经验中得不出他创造了所谓'游击中心主义'的结论"，他认为"如果我们停止这种批判，还格瓦拉本来的面目，这对我国的社会主义精神文明建设是不无好处的"，"格瓦拉为真理和理想而捐躯，他是身后在全世界受到如此广泛的人们崇敬和怀念的不多的共产党人之一。他是 20 世纪共产主义运动的骄傲。在下个世纪，他会是一面人民的战斗的旗帜。我们没有理由给他抹黑"②。

2000 年 4 月，由沈林、黄纪苏、张广天等主创的史诗剧《切·格瓦拉》在北京等地上演，引起了热烈的反响。剧中主人公谴责种种社会不公后大声说："不革命行吗？"观众（多是年轻人）立即报以一阵掌声和呼喊。当然，剧场内同时也有笑声和叹息，表现出中国新时期价值观念的多元化和情感的多样性。③

世界知识出版社于 2000 年 5 月出版了庞炳庵同志主编的《拉美雄鹰——中国人眼里的切·格瓦拉》一书，此书收录了我国同格瓦拉有过交往的十多位在我国外交部、中联部、广电部、新华社、社会科学院工作的官员、大使、记者和学者撰写的文章，从多方面肯定和赞扬了格瓦拉。正如时任中联部副部长兼中国拉丁美洲学会会长的蒋光化在书的序中说的："切·格瓦拉是拉丁美洲历史上一位伟大的国际主义革命家"，"切的毕生

---

① 肖楠等编：《当代拉丁美洲思潮》，东方出版社 1988 年版，第 107—109 页。
② 庞炳庵：《亲历古巴——一个中国驻外记者的手记》，新华出版社 2004 年第二版，第 106、111、116 页。
③ 有关史诗剧《切·格瓦拉》上演后的反响和争鸣，请参见刘智峰主编《切·格瓦拉 反响与争鸣》，中国社会科学出版社 2001 年版。

追求，就是革命"，"切·格瓦拉是古巴革命的英雄"，"是中国人民的老朋友"，"一个外国人，毫无自私自利之心，把别国人民的革命事业毫无保留地当成自己毕生的事业，为之奋斗，为之献出自己宝贵的生命。这是什么精神？这是崇高的国际主义精神。"①

　　但据笔者所知，迄今为止，我国国内对格瓦拉的评价仍有分歧。主要在于对格瓦拉后期在非洲和玻利维亚游击斗争的方式存在分歧。一些人坚持认为，格瓦拉后期游击斗争的方式确实是"游击中心主义"。

　　笔者认为，今天我们推崇的是格瓦拉忘我的革命献身精神。格瓦拉是当今世界左派政治家和进步青年的一面旗帜、一种象征和一个榜样。在格瓦拉身上，充分体现了革命的坚韧作风、革命的牺牲精神、革命的战斗意志、革命的工作精神，格瓦拉是一个榜样，一种不可摧毁的精神力量。当今的拉美和世界的政治家明白，随着时代的变化，革命的方式方法发生了变化，各国国情不同，今天不必要去照搬格瓦拉的斗争方式，上山或到他国去打游击。正如 2007 年 10 月 2 日玻利维亚现任总统莫拉莱斯所说，他是格瓦拉遗训的继承者，尽管格瓦拉当年是手持武器进行变革，而他本人正在进行一场和平民主革命。莫拉莱斯说，"我是格瓦拉的崇拜者，我们之间的区别在于他是拿起武器反对帝国主义，而革命也可以以民主和和平的方式进行"。因此，可以认为，格瓦拉的革命精神是永远应该学习和发扬的。

　　为什么如今拉美和世界各国的民众还在怀念格瓦拉？今天，在我们这个喧闹的世界上虽然物欲横流，人们需要物质利益，然而人们对美好精神境界的追求却没有泯灭。只要社会还存在着压迫和不公，格瓦拉那种为解放苦难者不惜献身的精神便永远会受尊崇。

　　（原载李慎明主编《世界社会主义跟踪研究报告（2008—2009）——且听低谷新潮声（之五）》，社会科学文献出版社 2009 年版）

---

　　①　庞炳庵主编：《拉美雄鹰——中国人眼里的切·格瓦拉》，世界知识出版社 2000 年版，第 3—7 页。

拉美左派的崛起编

拉丁美洲左派的近况和发展前景

一　拉美左派重新崛起

本文所说的左派主要包括：左派党（共产党、一部分社会党或社会民主党、一部分民族主义政党）、部分左派政府（古巴、委内瑞拉、巴西、厄瓜多尔、阿根廷），部分左派社会运动（组织）和部分独立的左派人士。

（一）拉美左派的主张和活动

目前拉美左派的主要主张是：反对新自由主义的经济改革；反对新自由主义的全球化；反对建立美洲自由贸易区；反对美国入侵伊拉克；反对美国对古巴的封锁；反对美国提出的哥伦比亚计划；要求惩治腐败、恢复和争取民众权益；提出新自由主义的替代方案等。

苏东剧变曾使拉美左派受到巨大冲击。经过反思和调整，拉美左派的力量逐渐恢复和增长。不少人认为，"欧洲的左派处于危机，拉美的左派正在复兴"。自20世纪90年代以来，拉美左派所进行的主要活动有：创建圣保罗论坛（1990年）并定期举行论坛会议；创建世界社会论坛（2001年）并定期举行论坛活动；进行维护本国资源（石油、水、天然气、电力、土地等）的斗争（游行、罢工、占地、拦路等）；开展反全球化运动；进行反战运动和反对美国霸权主义的斗争；反对世界银行、国际货币基金组织、世界贸易组织召开的各种会议和提出的主张等。

（二）拉美左派崛起的标志

自20世纪80年代末90年代初东欧剧变、苏联解体以来，拉美的左派顶住了巨大的国际压力，经受了考验，不仅顽强地坚持和生存下来，而且获得了重要的发展，这是不争的事实，是当代拉美政治的一个亮点。其主要标志是：

（1）拉美一些左派政党在本国的大选中连连获胜或取得重要进展。在1998年12月大选中，查韦斯作为"第五共和国运动"同争取社会主义运动、大众党、委内瑞拉共产党组成的左派选举联盟"爱国中心"提名的候选人，当选总统，并于1999年2月2日就任总统。2002年6月和8月，在玻利维亚两轮大选中，玻利维亚左派组织社会主义运动和印第安人古柯种植者领导人埃沃·莫拉莱斯得票均占第二位。同年10月27日和11月24日，巴西左翼党劳工党领袖卢拉和厄瓜多尔左翼军官、"1月21日爱国社团"领导人古铁雷斯先后在本国的大选中获胜，当选总统，并分别于2003年1月1日和1月15日就任总统。也有人把2003年5月25日上台执政的阿根廷正义党基什内尔政府也称为"左翼政府"。几年前，尚未执政的卢拉曾预言，在6—8年内，拉美大多数国家将由左派党执政，他的这一预言已部分地得到实现。巴西知名学者多斯桑托斯认为，左派党在拉美第一大国巴西获胜，打破了新自由主义在拉美盛行和一统天下的局面，标志着拉美反帝政治社会运动的勃兴，使拉美地区的政治、思想发生根本的变化。委内瑞拉总统查韦斯认为，拉美已建立一个"善良轴心"。古巴卡斯特罗主席说，卢拉的胜利表明，在拉美地区类似巴西这样政治经济制度的国家里，坚持民族独立和国家权力的政治人物正日益受到爱戴。在一些拉美国家，左派党已成为主要执政党、参政党、在野党或反对党，成为本国主要政治力量，在本国政治舞台中起举足轻重的作用。除前面提到的执政党外，尼加拉瓜桑地诺民族解放阵线、墨西哥民主革命党、萨尔瓦多法拉本多·马蒂民族解放阵线、乌拉圭广泛阵线和新空间、玻利维亚社会主义运动、危地马拉全国革命联盟等党已成为本国第二或第三大党；在墨西哥、哥伦比亚和萨尔瓦多等国，左派党当选为首都市长。

（2）苏东剧变后，拉美的共产主义运动曾一度受到严重冲击，经过十多年的反思和调整，拉美共产党的力量有所恢复和扩大，至今仍有20多个共产党活跃在拉美政治舞台上。巴西、智利、阿根廷、秘鲁等国的共产党经受了考验，坚持了下来，有的还取得了发展。

（3）由拉美左派创办的圣保罗论坛和世界社会论坛在推动世界左翼运动方面的影响越来越大，已成为拉美和世界左派活动的主要舞台。

（4）拉美新社会运动日益壮大，在反对帝国霸权主义、迫使本国政府改变新自由主义政策、维护国家主权和独立、捍卫国家资源和维护民众权益方面发挥了重要作用。

（5）古巴的社会主义通过改革开放，经受了最严峻的考验，度过了最困难的时刻，得到巩固和发展；委内瑞拉查韦斯左翼政权也经受了反对派在美国支持下策动政变的考验。

目前，拉美左派力量在逐渐壮大，其在国际政治舞台上的地位在不断提高，所起作用在增长。正如巴西总统卢拉 2004 年 5 月 31 日会见中央电视台记者时说："自巴西劳工党（1979 年）成立以后，我们的党和其他拉美的左翼政党一道，通过民主斗争获得政权，比如在萨尔瓦多、尼加拉瓜的左翼政党现在正在参与竞选，很可能获得选举胜利，这种例子同样适用于阿根廷、乌拉圭、秘鲁等国。我认为，拉美的左翼势力有了很大的发展，而且学会了如何搞政治斗争，参加民主进程。"[①]

下面分别介绍拉美共产党、社会民主党、其他拉美左翼政党或组织、"圣保罗论坛"、"世界社会论坛"的情况，以及对拉美左派舞台和前景的看法。

二　拉美左派的近况

（一）拉美共产党

1918 年 1 月，阿根廷社会党左派建立了拉美第一个共产党，即阿根廷国际社会党（1920 年改称阿根廷共产党）。在第三国际存在期间（1919—1943），拉美当时 20 个独立国家除玻利维亚以外，先后都成立了共产党。拉美各国共产党成立后，积极宣传马克思列宁主义，开展工人、农民和学生运动。20 世纪 30 年代和 40 年代拉美各国共产党响应共产国际的号召，积极开展建立人民阵线、反对法西斯主义和本国反动势力的斗争，使拉美

---

① www.cctv.com 5 月 31 日，高端访问。

共产党的力量迅速壮大，拉美各国共产党党员总数从 1937 年的 9 万人增至 1947 年的 46.7 万人。党的政治影响和在群众中的威望显著提高。1947 年，在拉美各国议会中，有共产党议员 72 人。在厄瓜多尔、智利等国，共产党人还一度进入内阁。

但是，40 年代后期，拉美一些共产党受美国共产党白劳德主义的影响，力量有所削弱。第二次世界大战后，拉美各国政府在"冷战"气氛下掀起一股反共逆流，对拉美共产党进行迫害和镇压。由于 1956 年苏共二十大以后整个国际共运所出现的复杂形势，使拉美共运内部产生了比较严重的思想混乱，导致拉美各国共产党普遍发生组织上的分裂，党的力量进一步削弱，而且有些党在相当程度上脱离了本国群众。

70 年代初，有些拉美国家的共产党在合法斗争方面取得过一些成效和胜利。例如，智利共产党曾与智利社会党等组成人民团结阵线，并在 1970 年大选中获胜，成为 1970—1973 年期间智利的主要执政党之一。又如，乌拉圭共产党也和其他左翼政党组成"广泛阵线"，在 1971 年大选中取得了较大的胜利。然而，1973 年 9 月，智利和乌拉圭都发生右翼军事政变，这两个共产党均遭受了严厉的镇压。

70 年代后期和 80 年代初，拉美地区的形势发生了重大变化。随着民主化进程的发展，拉美共产党绝大多数都已恢复了合法地位，力量有所恢复和发展，并且积极探索适合本国国情的斗争目标与策略。

80 年代末和 90 年代初，苏东国家的剧变和苏联的解体使拉美的共产主义运动受到巨大冲击。经过十多年的反思和调整，不少拉美国家的共产党经受了考验，坚持了下来，有的还取得了发展，除古巴共产党（执政党）外，目前拉美非执政的共产党有 20 多个。但总起来看，除巴西、智利、阿根廷、秘鲁等国的共产党力量较强外，拉美多数共产党力量和影响不大。

（二）拉美社会民主主义政党

拉美社会民主主义思潮源于第二国际。20 世纪 60 年代后，随着拉美民族民主运动发展，这一思潮的影响逐步增加。拉美社会民主主义既批评资本主义，又反对共产主义，主张实现社会民主主义。即在政治、经济、社会和国际关系方面实现民主；宣称多元化和人权是社会民主主义思想的核心，主张实现社会和经济改革，巩固和完善民众参与的政治制度，积极推动拉美地区的一体化。

近一二十年来，社会民主主义的势力在拉美不断发展。20 世纪 80 年代前半期，有 18 个拉美政党加入社会党国际，其中有 11 个正式成员党，7个咨询成员党。到 2002 年社会党国际第 21 次大会时，加入社会党国际的拉美政党增加到 35 个。2003 年 10 月 27—29 日，在巴西圣保罗召开社会党国际第 22 次大会时，加入社会党国际的拉美政党已增加到 38 个。

在已加入社会党国际的拉美政党中，有的党如多米尼加革命党、智利争取民主党等目前正在执政。值得一提的是，不少加入社会党国际的拉美政党，如阿鲁巴人民选举运动、玻利维亚左派革命运动（新多数）、尼加拉瓜桑地诺民族解放阵线，并不叫社会党或社会民主党，而被称为"运动"、"民族解放阵线"等。此外，还有一些党虽然没有加入社会党国际，但明确主张社会民主主义，也可归属于这类政党。

由于社会民主主义政党的差异很大，因此拉美社会民主主义政党并不一定是左派党，但至少有一部分党，如乌拉圭新空间党、尼加拉瓜桑地诺民族解放阵线、委内瑞拉争取社会主义运动、墨西哥民主革命党等可以看作左派党。

（三）其他拉美左派政党和组织

拉美还有一些左翼政党和组织，它们不是共产党，也没有加入社会党国际，但根据其主张，也可归属于左派党。如巴西劳工党、厄瓜多尔"1月 21 日爱国社团"、委内瑞拉的"第五共和国运动"、乌拉圭的广泛阵线、危地马拉全国革命联盟、萨尔瓦多法拉本多·马蒂民族解放阵线等，其中有的党已成为执政党，另一些左派党和组织是本国第二或第三大政治力量，在本国政治舞台上起着举足轻重的作用。

（四）拉美新社会运动

拉美各国有不少进步的新社会运动（公民社会、非官方组织），包括一些工人、农民、妇女、青年、学生、印第安人、市民组织也可算作左翼组织。如：巴西无地农民运动；玻利维亚社会主义运动；厄瓜多尔全国印第安人联合会、帕恰库蒂克多元文化运动、人民民主运动；阿根廷"拦路者"（皮克特）运动等。这些新社会运动包括了广泛的社会阶层，它们组织和发起各种形式的抗议或声援活动，有的活动声势浩大，甚至迫使本国总统下台。如 2000 年 1 月，厄瓜多尔印第安人运动迫使马瓦德总统下台；2001 年年底，在阿根廷民众一片抗议声中，阿根廷先后出现了 5 位总统；2003 年 10 月，玻利维亚民众抗议政府将天然气出售给智利，迫使桑切斯·洛萨达总统辞职。但是，拉美新社会运动社会成分复杂，各种思潮泛滥，目的也不相同。因此，不能将所有的社会运动或社会行动都归属于左派，应对具体情况作具体分析，不能一概而论。

（五）"圣保罗论坛"与拉美左派

圣保罗论坛是拉美地区最具代表性与影响力的左派进步运动。1990年，正当苏联和东欧国家发生剧变，世界社会主义运动处于低潮时，在巴西劳工党倡议下和主办下，拉美 13 个国家的 48 个左派政党和组织在巴西圣保罗召开首次会议，讨论世界和拉美地区政治、经济和社会发展等重大问题。自 1992 年第 3 次会议起，除拉美地区左派党和组织的代表外，圣保罗论坛会议还邀请世界五大洲的共产党及其他左派党和组织与会。迄今为止，规模最大的是 2001 年在古巴哈瓦那召开的第 10 次会议，来自世界86 个国家的 138 个政党和组织的 3 000 名代表或观察员参加了这次会议。圣保罗论坛第 10 次会议将圣保罗论坛定性为"左派、反帝、反对新自由主义、反对一切殖民主义和新殖民主义、团结互助和参与制定'替代方案'的空间"。在近几次圣保罗论坛会议的文件中，均提出了"替代方案"、"替代模式"、"替代战略"、"替代社会"、"替代秩序"等概念，其战略目标是替代新自由主义。

经过十多年的发展，目前圣保罗论坛已发展到 112 个成员党。在这些拉美左派政党和组织中，既有信仰马克思主义的共产党如古巴共产党，又有不少左派民族主义政党，如巴西劳工党、墨西哥民主革命党、尼加拉瓜桑地诺民族解放阵线、乌拉圭民族解放阵线等，还有由前游击队演变而成的组织，如危地马拉全国革命联盟、萨尔瓦多法拉本多·马蒂民族解放阵线等。圣保罗论坛约每年一次的年会已成为拉美和世界左派政党的重要聚会。最近一次是 2002 年 12 月 2—4 日在危地马拉首都危地马拉城举行的第 11 次圣保罗论坛会议。来自拉美国家以及欧洲、亚洲、非洲和大洋洲 44 个左派党和组织的近 700 名领导人或代表出席了会议。会议通过的最后声明批评拉美国家政府所奉行的新自由主义经济政策，反对美国倡议建立的美洲自由贸易区和"哥伦比亚计划"，谴责美国的单边主义将世界推向战争的边缘，反对美国在中东地区的战争政策，批评国际货币基金组织和世界银行对阿根廷危机见死不救的态度，对古巴革命表示声援，对拉美左派在巴西、厄瓜多尔等国大选所取得的胜利和委内瑞拉查韦斯政权的巩固表示祝贺。声明重申拉美左派党和组织反对帝国主义的决心与建立国际新秩序的愿望，并提出近期的斗争目标是争取和平与民主，寻求一种替代性拉美一体化模式。据悉，原定在厄瓜多尔举行第 12 次圣保罗论坛会议因故推迟举行。

（六）"世界社会论坛"与拉美左派

近年来，拉美左派在世界政治舞台上所起的重要作用越来越令人刮目相看。正是在以卢拉为领袖的巴西劳工党等拉美左派党的积极倡导和主办下，2001 年创办了作为达沃斯世界经济论坛对立面的"世界社会论坛"。"世界社会论坛"自称是世界"平民百姓"的集会，它的中心口号是"另一个世界是可能的"，而与会的拉美左派党和组织的口号是"一个社会主义的新世界是可能的"。"世界社会论坛"在拉美其他国家厄瓜多尔、哥伦比亚等国，在亚洲的尼泊尔、欧洲意大利和美国的加利福尼亚等地举行了地区性的社会论坛。这说明，被称为"穷人联合国"的"世界社会论坛"的影响越来越大。"世界社会论坛"已成为世界各大洲中左派政党和非政府组织广泛参加的"反帝、反新自由主义性质"（埃及理论家萨米尔·阿明语）的"另一种全球化的具体化"（美国乔姆斯基语）。

2003 年 1 月 23—28 日，在巴西南里奥格兰德州州府阿雷格里港举行了举世瞩目的第 3 届"世界社会论坛"。这次论坛规模空前，来自 156 个国家、5 717 个组织，共 10 万多人参加了这次论坛，其中正式代表 20 763 人，其余为特邀代表、列席代表或观察员。此外，还有来自世界 51 个国家 1 423 家新闻机构的 4 094 名记者到会采访。同 2001 年第 1 届论坛（1.8 万）和 2002 年第 2 届论坛（5.13 万）相比，第 3 次论坛的参加人数大大增加。尽管由这么多政治组织参加的一个广泛的社会运动难免鱼龙混杂，但应该说，它的主流方向是积极的。第 4 届世界社会论坛已于 2004 年在印度举行。根据世界社会论坛国际委员会最近的决定，第 5 届世界社会论坛将于 2005 年 1 月 26 日至 31 日在巴西阿雷格里港举行。

三　拉美左派面临的问题和前景

（一）目前拉美左派所面临的主要问题

　　除古巴、巴西、智利等共产党外，拉美多数共产党力量和影响不大；大多数拉美左派组织和社会运动缺乏明确的目标、纲领和有威信的领导人，厄瓜多尔、阿根廷、玻利维亚等国的左翼社会运动曾迫使其总统下台，但随后又将政权拱手交给了当局；拉美左派组织，特别是拉美社会运动鱼龙混杂，各种思潮包括马列主义、民众主义、无政府主义、托派、极左派泛滥；左派内部分歧和矛盾比较突出；卢拉上台后，巴西一些左派组织已开始批评卢拉"向右转"。而厄瓜多尔多数左翼组织已同古铁雷斯政府决裂，指责古铁雷斯不兑现竞选时的诺言，是"叛徒"；古巴《格拉玛报》也已公开批评厄古铁雷斯政府。阿根廷基什内尔政府的某些政策也常常遭到批评。近些年来，拉美一些左派党常常在大选中同本国右翼政党结成选举联盟，在大选后，有的左派党参与议会和政党政治，有的参与组阁。这往往容易引起党内的思想混乱和组织分裂。美国共和党政府干涉委内瑞拉内政、委内瑞拉政局动荡不稳；美国加强对古巴的封锁、社会主义古巴面临严重困难等。

　　此外，从目前情况来看，拉美左派还只是在一部分拉美国家中得势，拉美地区不会出现整体向左转的局面。尽管与美国有这样那样的矛盾，拉美大多数国家在政治和外交方面依然同美国关系密切；在经济方面，尽管拉美国家今后有可能会对某些政策进行一定的调整，但多数国家政府仍会继续奉行新自由主义。被认为是左翼政府的巴西卢拉政府、厄瓜多尔古铁雷斯政府和阿根廷基什内尔政府自执政以来，力图同国内企业界、各种政治力量以及同美国、国际货币基金组织和世界银行等国际组织搞好关系，并正在参与建立美洲自由贸易区的进程。

（二）拉美左派的前景

古巴将坚持并进一步巩固社会主义；拉美左派力量将会继续壮大，有可能在另一些国家如乌拉圭等上台执政；拉美左派政府淡化左派主张并不意味着已经完全右翼化；拉美左派力量和新社会运动的崛起将为拉美国家的发展提供新的选择。拉丁美洲是一个充满希望的大陆。尽管拉美左派力量目前所面临的国际形势并不有利，美国正在借反恐和扫毒为名，加强对拉美国家的军事和政治控制，进一步打压古巴和委内瑞拉，遏制拉美进步的社会运动的发展；国际金融垄断资本对拉美左派政权设置重重障碍，但是，拉美左派进步力量有悠久的历史传统和丰富的斗争经验，近20年拉美新自由主义模式所暴露出来的种种弊端，使拉美左派政党和力量不断进行思考和进行理论和实践上的创新。拉美左派力量已逐渐成熟，社会主义依然是不少拉美左派党的政治信念。在今后一段时间里，拉美左派力量对本地区乃至世界政治进程的影响必将逐步增强。

（原载李慎明主编《世界社会主义跟踪研究报告——且听低谷新潮声（之一）》，社会科学文献出版社2006年版）

国际学术界和政界对拉美左派的看法

自 20 世纪末以来，拉美左派党的领导人先后通过大选，在拉美一些主要国家上台执政，如：委内瑞拉"第五共和国运动"领导人查韦斯（1999 年）、巴西劳工党领袖卢拉（2003 年初）、乌拉圭进步联盟—广泛阵线主席塔瓦雷·巴斯克斯（2004 年 3 月初）、玻利维亚"争取社会主义运动"领导人莫拉莱斯（2006 年 1 月）、智利社会党领导人巴切莱特（2006 年 3 月）、尼加拉瓜桑地诺民族解放阵线奥尔特加（2007 年 1 月）、厄瓜多尔主权祖国联盟运动科雷亚（2007 年 1 月）等国的左派党领导人通过选举纷纷上台执政。

近些年来国际学术界、政界、媒体对拉美左派提出了多种看法，这里进行简要介绍。

一　关于拉美左派的定义

一种看法认为，拉美左派是指拉美各国的共产党和社会（民主）党。① 另一种看法认为，目前拉美及欧洲一些社会民主党主张新自由主义，已不能再把它们看作左翼政党（古巴学者丹尼埃尔·拉富斯②）。有的人把拉美现存的一些游击组织，如哥伦比亚革命武装力量、哥伦比亚民族解放军和墨西哥萨帕塔民族解放军等都看成左翼组织（《跨入 21 世纪的左派》一书作者、古巴党中央国际部已故前部长皮内罗的夫人、智利学者玛

---

① ［英］莱斯利·贝瑟尔主编：《剑桥拉丁美洲史》，第六卷（下），当代世界出版社 2001 年版，第 173 页。
② Daniel Rafuls, "*Crisis de la izquierda*" *o conformacion de una nueva alternativa politica*, www. rebelion. org.

尔塔·哈内克①）。但是，在"9·11"恐怖袭击事件后，美国和欧盟把哥伦比亚上述两支游击队都定性为恐怖主义组织，拉美不少左派党已与这些游击组织拉开了距离，"世界社会论坛"也不再邀请这些游击队参加其活动。有人把拉美一些民族主义政党，其中有些是前游击队组织如危地马拉全国革命联盟、萨尔瓦多法拉本多·马蒂民族解放阵线、尼加拉瓜桑地诺民族解放阵线，以及近些年来新成立的政党和组织，如委内瑞拉"第五共和国运动"（委内瑞拉现总统查韦斯属于该组织）、乌拉圭新空间等都被看成左翼政党。玛尔塔和古巴一些学者认为，拉美左派应该把拉美左派社会运动（组织）包括在内："左派是指反对资本主义制度及其致富逻辑并为建立为劳动阶级利益服务的社会而奋斗的力量组合"，左派可分为"左派党（izquierda de partido）"和"社会左派（izquierda social）"，前者是指政党和政治组织，后者是指社会运动。② 美国左翼学者詹姆斯·佩德拉斯对鉴别拉美某个政党和政府是否左派提出了 14 条标准，其中包括：减少社会不均；提高人民生活水平；将民众利益和国家利益置于私人利益和外国利益之上；鼓励民众参与；生产多样化；社会开支和公共投资优先；增加最低工资；实现反帝的外交政策等。

二　当今拉美左派的分类和性质

对拉美新左派特点的看法，一些人认为拉美新左派的主要特点是"务实"："近年来，拉美一些国家出现了一种新型的左派，它对抗性不太强，比较务实，主张建立广泛的联盟，以对新自由主义产生的恶劣的社会影响进行改革。"（阿根廷学者比拉斯）③

一些人认为拉美左派可分成两类："拉美有两种左派，一种左派比较务实和温和，它包括巴西的卢拉、智利的拉戈斯、阿根廷的基什内尔和乌

①　Marta Harnecker, *La Izquierda en el Umbral del Siglo XXI*, Editorial Ciencias Sociales, La Habana, 2001.

②　Ibid. .

③　Carlos M. Villas："La izquierda latinoamericana y el surgimiento de regimenes nacional – populares", *Nueva Sociedad*, mayo – junio 2005, No. 197, pp. 84—99.

拉圭的巴斯克斯（政府）等；另一种左派比较激进，它包括古巴的卡斯特罗和委内瑞拉的查韦斯（政府）等。"（委内瑞拉争取社会主义运动创始人和前经济部长特奥多罗·佩特科夫）① 墨西哥前外长豪尔赫·卡斯塔涅达也认为拉美有两种左派：一种是"有社会主义根源的拉美政党、运动及其领导人"；另一种是"有民族主义和民众主义倾向的政党和组织及其领导人"②。

对拉美左派的性质，有的拉美左派政党领导人如委内瑞拉查韦斯在执政初期标榜自己是"第三条道路"，然而，自 2005 年年初起，查韦斯又多次提出他主张"21 世纪社会主义"和"新社会主义"。玻利维亚现总统、争取社会主义领导人莫拉莱斯称他奉行的是"社群社会主义"（socialismo comunitario），而查韦斯称莫拉莱斯奉行的是"玻利瓦尔印第安社会主义"。

关于拉美左派的战略，美国学者史蒂夫·埃尔内尔在他写的《拉美左派目标和关于新自由主义的辩论》一文中指出，自 20 世纪 90 年代以来，拉美左派在反新自由主义斗争中有三种战略，一种是豪尔赫·卡斯塔涅达的中派战略，第二种是玛尔塔·哈内克主张重点进行反新自由主义斗争的战略，第三种是詹姆斯·佩德拉斯主张反新自由主义任务不能削弱反帝和反资本主义的斗争。玛尔塔·哈内克认为，目前拉美左派主要的任务是反对新自由主义，而不是反帝。法国《异政见》杂志主编、历史学家弗兰克·戈迪绍认为，拉美左派的内部存在三个重要战略：首先是"第三条道路"的社会自由化；其次是组成反新自由主义的阵线；此外是若干选举战略。这些战略的目标是建立一种广泛的社会基础，除了人民群众外，这一社会基础还应该包括中小资产阶级。作为最后的一个焦点，还有一些人仍在试图回归社会主义的目标，以及一种决裂性的、反资反帝的政治策略，这种策略能够指导社会斗争。建立这种新社会的道路各不相同，应符合各国实际情况。目前左派没有模式遵循。左派谈论的是积累的经验。③

---

① Teodoro Petkoff: "Las dos izquierdas", *Nueva Sociedad*, mayo – junio 2005, No. 197, pp. 114—128.

② Jorge Castañeda: "Las dos izquierdas de America Latina", La Tercera, 30 de diciembre de 2004.

③ www. ah. xihuanet. com, 2005 年 11 月 17 日。

三　对拉美左派的看法

墨西哥著名作家卡洛斯·富恩特斯认为，拉美向左转有不同的方式，"卡斯特罗是拉美左派的元老"，"卡斯特罗之所以能执政近半个世纪是由于两个原因，一是美国的敌视，十届美国政府对古巴的敌视不仅没有摧毁，反而使卡斯特罗政权更加巩固"，"二是由于在经济上过去有苏联的支撑，现在有委内瑞拉查韦斯的支持"。他认为"基什内尔介于强硬的庇隆主义和软弱的庇隆主义之间"，"巴斯克斯将民族利益置于左派和右派的标准之上"，"卢拉在经济贸易方面取得成功，但党内腐败严重"，智利是"拉美唯一的现代化的左派，是拉美唯一同欧洲社会民主党相似的左派"[1]。俄罗斯共产党主席久加诺夫说："我们对拉美国家出现的一切问题和显现出的不稳定因素感到特别的担忧。这是一块我们正在见证其加速'变红'的大陆，尽管这仅仅是因为在那里生活着为共产主义运动和国家自由而战的卡斯特罗。"[2]

哥伦比亚学者豪尔赫·恩里克·博特罗认为，"拉美左派的高潮不是暂时的，而是长期的现象"，"当代拉美左派同20世纪70和80年代的左派不同，过去拉美左派主张武装斗争夺取政权，而现在是通过选举取得政权"，"拉美现在的左派中有些人，如查韦斯过去并不是什么政党的党员，而是代表某种进步力量或运动"，"查韦斯的上台执政，标志着拉美左派新阶段的开始"，"拉美新左派同过去激进的、正统的、过时的左派不同，它是理智的、温和的、现代的"[3]。墨西哥《标志》周刊文章指出，与20世纪左派力量发展的性质截然不同，拉美今天的"红色浪潮"本质上只是一种"玫瑰红"色的民众主义。智利学者帕特里西亚·纳维亚在美国《外交》季刊2006年第2期（4—6月号）发表题为《拉戈斯的左派与查韦斯

---

①　Carlos Fuentes：*Hay distintos modos de girar a la izquierda en America Latina*, www. caritapanama. org 3 de marzo, 2006.

②　www. globalview. cn, 2006 年 2 月，第 104 期。

③　Jorge Enrique Botero："El auge de la izquierda en America Latina：Coyuntura pasajera o fenomeno a largo plazo?" http：//eltiempo. terra. com. co10 de febrero de 2006.

的左派》的文章，对比智利刚卸任的总统拉戈斯和查韦斯，文章认为，查韦斯是拉美"影响最大的左派领导人"，但是，拉戈斯是"近50年来拉美最成功的左派总统"①。

美国左翼学者乔姆斯基对拉美出现主张社会主义的政府表示欢迎，并认为这是拉美国家争取经济和领土主权希望的真正象征。他高度评价由拉美左翼发起的"世界社会论坛"，认为"'世界社会论坛'是国际民众组织的新形式，是史无前例的新型的强大的群众运动。这是左翼国际的开始"。但是，同是左翼学者的詹姆斯·佩德拉斯则认为，"那些通过选举上台的所谓'左派'政府，一般都已右翼化"。他认为巴西卢拉的内外政策表明，"卢拉更接近于一个新自由主义的右翼政治家"，而阿根廷的基什内尔是"一个进步的领导人"，但"离左派还很远"；玻利维亚的莫拉莱斯上台后，"正在步他的前任新自由主义政策的后尘"，"其政策更接近中右，而不是左翼"②。

保加利亚《箴言报》记者波萨雷沃夫认为，除查韦斯和卡斯特罗外，拉美现在的左派政府与20年前的拉美左派已大不相同，它们是"用右脚向左转"，遵循市场经济原则，进行贸易自由化，但同时注意保障穷人的社会权利。他认为，卡斯特罗主要是靠"信仰"，而查韦斯主要靠"石油"③。

巴西学者弗雷·贝托认为，短期来看，拉美社会斗争的革新应该同时向两个领域发展：首先，是一种"没有斯大林主义、没有教条主义、不对领导人和政治制度进行神化的社会主义"的理论建立或重建；其次，是积极参与实践活动，旨在"重新着手进行基层工作，重新构建工会制度，重新提倡学生运动，并把印第安人事务、种族事务、女权事务和保护生态事务等作为首要工作"④。

（原载李慎明主编《2006年：世界社会主义跟踪研究报告——且听低谷新潮声（之三）》，社会科学文献出版社2007年版）

---

① Foreign Affairs en el español, abril - junio, 2006.

② James Petras, Nuevos Vientos desde la izquierda o aire caliente desde una nueva derecha, www. rebelion. org 13 de marzo de 2006.

③ Radio Bulgaria 2006 - 2 - 1. http：//www. bnr. bg/.

④ www. ah. xihuanet. com, 2005 年 11 月 17 日。

拉美左派执政后对内政策动向

近年来，拉美左派纷纷上台执政。由于拉美各国国情不同，各左派政府的国内政策也不尽相同。拉美左派政府可以分为激进的和温和的两种类型，激进的左派政府除古巴外，主要有委内瑞拉查韦斯政府、玻利维亚莫拉莱斯政府、厄瓜多尔科雷亚政府等，温和的左派政府有巴西卢拉政府、智利巴切莱特政府、乌拉圭巴斯克斯政府等，阿根廷基什内尔政府和尼加拉瓜奥尔特加政府等介乎这两者之间。这里重点介绍拉美激进左派政府的对内政策。

一　在政治上，委、玻和厄都已经或准备通过召开立宪大会，制定新宪法，以延长现总统任期，巩固其执政地位

委内瑞拉查韦斯于 1999 年 2 月执政，同年 12 月召开立宪大会，制定新宪法草案，经过全民表决通过新宪法后，于 2000 年 7 月 30 日又举行大选，查韦斯再次当选总统，新宪法将总统任期延长为 6 年，并规定可连选连任一次。2006 年 12 月委再次举行大选，查韦斯第三次当选总统，2007年 1 月就任，查韦斯至少可执政到 2013 年 1 月。现正酝酿再次修改宪法，允许他继续当总统。

玻利维亚的莫拉莱斯于 2005 年 12 月 17 日当选总统，2006 年 1 月 22日就任。2006 年 7 月 2 日，玻利维亚举行立宪大会选举，执政的争取社会主义运动获得了 255 席中的 137 席，超过 60%。玻立宪大会将在 2007 年 8月 6 日前制定新宪法，玻新宪法将仿效委内瑞拉新宪法，规定总统可连选连任一次，每届任期从 4 年延长到 5 年，总统可连选连任一次。新宪法如获通过，玻将在 2008 年提前举行大选，莫拉莱斯将再次竞选总统，如当

选，他将有可能一直执政到 2018 年。

厄瓜多尔的科雷亚于 2006 年 11 月 26 日在第二轮总统选举中当选总统，并于 2007 年 1 月 15 日就任。4 月 15 日通过公民表决，82% 的人支持成立立宪大会，厄将于 9 月 30 日举行立宪大会议员的选举，选举立宪大会议员共 130 名。立宪大会将在 6 个月内制定新宪法，然后再通过公民表决来决定是否通过。

委、玻、厄三国左派政府的不同之处在于：查韦斯控制了委国民议会；莫拉莱斯控制了众议院，但参议院控制在反对派手里；而科雷亚的主权祖国联盟运动则在议会中没有席位，他想用立宪大会取代议会，但阻力很大。

二　在执政理念上，委、玻、厄三国都提出 21 世纪社会主义或社群社会主义的口号

委内瑞拉查韦斯的"21 世纪社会主义"的主要主张是：（1）以"玻利瓦尔和平民主革命"替代"新自由主义改革"；（2）以"21 世纪社会主义"替代"资本主义"；（3）以"美洲玻利瓦尔替代方案"替代"美洲自由贸易区计划"；（4）以成立"委内瑞拉统一社会主义党"来统一革命力量。今年 1 月 10 日，查韦斯在第三次就任总统时，强调要建设委内瑞拉式的社会主义化，他说："社会主义才是拯救我们人民，拯救我们国家的唯一道路"，"要么社会主义，要么死亡！"为实现社会主义，查韦斯提出了五项措施（motores），其中第一项便是议会授予总统"委任立法权"，使总统获得制定法律的特别权力。另外四项措施是：修订宪法，在宪法中明确加入有关建设"社会主义政治模式"的条文；推动公民教育，帮助公民建立"社会主义"的价值观；调整行政区划和地方权力分配现状；强化基层人民权力机构"社区委员会"等。查韦斯的"21 世纪社会主义"尚在探索中，从目前来看，它尚不是科学社会主义。从某种程度上来看，它是基督教教义、印第安主义、玻利瓦尔主义、马克思主义、卡斯特罗思想等各种思想的混合体。最近，查韦斯一方面规定所有职工每周必须至少用 4 小时时间学习马克思主义理论，同时又号召大家学习托洛茨基主义，又

要求讨论耶稣是不是社会主义者，查韦斯说："真正的基督比任何社会主义者都更加具有共产主义思想。"在实施"21 世纪社会主义"过程中遇到了不少阻力和问题。美国公开指责查韦斯是"灾难"，委内瑞拉国内反对派在美国或明或暗的支持下，正在聚集力量伺机反扑；委内瑞拉共产党等三个左翼政党最近宣布暂时不考虑合并到委统一社会主义党，一些人不同意查韦斯把耶稣说成是社会主义。

玻利维亚莫拉莱斯的指导思想社群社会主义（也有人称之为印第安社会主义）的主要主张是：政治上，主张参与民主，召开制宪大会；承认玻利维亚是多民族、多元文化的国家；经济上反对新自由主义政策，捍卫经济主权和发展权，实行国家资源国有化，重视落后地区的开发等；社会方面，认为公社、工会和家庭是社会发展基础，政府将保护它们；解决人民的问题是该党和政府的宗旨；发展社团民主；保障充足的粮食供应、有效的医疗和良好的教育，捍卫贫困和边缘居民的权益；外交方面，反对帝国主义的企图，主张第三世界国家和人民的团结。莫拉莱斯在实施社群社会主义主张时，遇到了地方分裂主义和反对党的挑战，反对党控制的参议院常常阻挠一些法律草案的通过。

厄瓜多尔科雷亚在 2007 年 1 月 15 日就任总统时也表示要在厄推行"21 世纪社会主义"。他说："新自由主义的漫漫长夜应当终结了！""一个拥有独立主权、受人尊敬的、公正合理的、社会主义的拉丁美洲正要诞生。"他主张能源国有化，反对与美国签署自由贸易协定，并要求美国军队在租借合约到期后从厄瓜多尔撤出。

三　在经济上，力图改变新自由主义发展模式，实行能源等战略性部门的国有化，加强国家对经济的干预，大力推进合作化运动

查韦斯在能源、电力、电信业等战略性部门采取了一系列加强国有化（能源）或实现国有化（电力、电信业）的措施；2007 年 1 月 7 日，查韦斯宣布委内瑞拉的主要电信公司 Cantv 将被国有化，这家公司的股权目前由一家美国公司和一家西班牙公司控制。2 月，宣布电力国有化，并加强国家对

天然气项目的控制。此外，中央银行将不再独立于政治之外。2007年5月1日，委国家石油公司正式接管重油带所有项目的控制权，查韦斯宣布委内瑞拉已全部收回石油主权。

查韦斯还大力发展国家所有制、社会（集体）所有制和合作制，大力推进合作化运动。2001年，委颁布新的土地法，规定政府有权没收和再分配闲置、产权不明晰的土地，将其分给无地农民。2007年3月25日查韦斯宣布没收大庄园的200万公顷空闲的土地，并表示，作为向社会主义方向改革的一部分，该国政府计划实行"集体所有制"。

玻利维亚的莫拉莱斯政府在经济上反对新自由主义政策，捍卫经济主权和发展权，于2006年5月1日颁布石油和天然气国有化法，实行国家资源国有化，实行土地改革，重视落后地区的开发等。同年11月28日深夜在拉巴斯颁布新的土改法，宣布将把大量私有空置土地的所有权收归国有并重新分配给贫民和土著居民。2007年4月，玻利维亚总统下令实行电信国有化。

科雷亚政府正在考虑同外国公司谈判，重新审视同外国石油公司签订的合同和协议，以增加厄本国的股份和增加税收和利润分成，科雷亚力推"平民经济"，要让农民、小手工业者、小企业主和经商者从经济发展中受益。2007年1月，厄政府宣布将重新分配闲散的和耕种不好的土地。

拉美左派执政的国家纷纷提前偿还欠国际货币基金组织和世界银行的债务，委内瑞拉提前5年偿还了最后一笔30亿美元的债务，查韦斯于4月30日宣布退出国际货币基金组织和世界银行；今年4月，厄宣布偿清对国际货币基金组织的1140万美元债务，并决定断绝与该组织联系。厄还宣布世界银行在厄的代表为"不受欢迎的人"，要求他立即离境。尼加拉瓜总统奥尔特加4月29日说，他希望尼加拉瓜能够挣脱国际货币基金组织债务的"牢笼"，因此"正在就退出基金组织与他们谈判"，准备在5年内偿还欠FMI的全部债务。此外，阿根廷也已向世界货币基金组织偿还了数十亿美元债务，以摆脱该组织对阿根廷经济政策的控制。

四　在社会领域，制定各种扶贫计划，强调平等、缩小贫富差距保障低收入阶层和弱势人群利益，促进社会公平

2002 年 12 月，委内瑞拉政府颁布新的社会保障制度，为所有公民提供非歧视性的终身保障。查韦斯要求，社保体系要保证民众获得最大福利，包括：养老、健康、职业培训、住房乃至娱乐。2004 年委内瑞拉政府建立了食品商店网，叫食品市场，国家对这些商店的食品提供 30% 的补贴。食品市场在全国有 1.4 万个销售网点，包括最边远的地区。委内瑞拉有一半的人口，即 1300 万人到这些商店里采购食品。食品市场网络每天销售 250 种基本食品，数量达到 6000 吨。根据罗宾逊计划而开展的扫盲运动，近 150 万委内瑞拉人学会了读和写。2005 年 12 月，联合国教科文组织宣布在委已经扫除了文盲。现在委正在执行罗宾逊 2 号计划，目的是让所有的居民都达到 6 年级的水平。同时还实施里瓦斯计划和苏克雷计划，已经使数万成年人和青年开始了大学课程的学习。查韦斯总统强调，必须保障所有的委内瑞拉人接受质量好的高等教育。在卫生方面，委内瑞拉建立了国家公共卫生系统，目的是保障所有的委内瑞拉人都能免费得到医疗救助。3 年以前实施的"居民区内计划"已经取得了很出色的成果。近 1700 万人在新建立的医疗机构得到治疗，以前只有 300 万人能够得到一般的医疗救助。在每个居民区里建立了由母亲们领导的委员会，现在组成了社区委员会。这些过去每月没有收入的家庭主妇现在能收到相当于 80% 的最低工资的报酬。近 20 万妇女得到了国家的这一帮助。

玻利维亚莫拉莱斯政府于 2006 年 6 月提出 Propaís 扶贫计划，实施 1700 项社会项目，增加公共投资 2100 万、增加 5 万就业机会。

尼加拉瓜奥尔特加政府保卫国家和穷人的利益，尼政府将预算中的 1.72 亿科尔多瓦（近 1000 万美元）用于克服饥饿和贫困。

2007 年五一国际劳动节，查韦斯、莫拉莱斯、奥尔特加均宣布增加最低工资。查韦斯将委最低工资增加了 20%，月最低工资增加到 286 美元（61.5 万玻利瓦尔，汇率 2147.30 玻利瓦尔等于 1 美元），为拉美国家最

高月最低工资。玻利维亚最低月工资从 500 玻利维亚诺（65.6 美元，汇率 7.9 玻利维亚诺等于 1 美元）增加到 525 玻利维亚诺（66.5 美元），增加了 5%。奥尔特加也宣布将尼加拉瓜最低工资增加 15%，并将进一步增加至 25%。

今后，值得我们认真思考和研究的问题包括：（1）应该如何看待委内瑞拉、厄瓜多尔、玻利维亚等国提出的社会主义？我们应该大肆赞扬，还是冷眼观察、认真研究，还是泼冷水？（2）如何看待拉美左派国家的政治改革？（3）如何看待拉美一些国家的国有化运动？当今的国有化与 20 世纪六七十年代的拉美国有化有何相同和不同之处？（4）目前拉美左派政府究竟有没有改变新自由主义经济发展模式？（5）如何看待委内瑞拉退出 FMI 和 BM 及此前退出安第斯共同体、三国集团，以及可能退出 OEA 的行动？（6）拉美左派政府在解决社会矛盾和社会问题方面的政策措施有没有值得我们学习和借鉴的经验和教训？

笔者认为，拉美左派纷纷上台执政是近十年来拉美政坛上出现的新现象，其中一些国家的左派党和政府的领导人提出"21 世纪的社会主义"等社会主义的口号，总的来看，对于世界社会主义运动的振兴是一件好事。任何一种进步的思潮在形成和实施过程中都难免会遇到这样或那样的困难、阻力和问题，都需要有一个探索的过程，拉美的进步思潮也不例外。

（原载李慎明主编《2007 年世界社会主义跟踪研究报告——且听低谷新潮声（之四）》，社会科学文献出版社 2008 年版）

委内瑞拉查韦斯的"21世纪社会主义"初析

自2005年年初以来,查韦斯多次提出要在委内瑞拉实现"21世纪社会主义"。为此,查韦斯所领导的委内瑞拉政府和执政党(1999年至2008年为第五共和国运动,2008年后为委内瑞拉统一社会主义党)正在采取一系列的措施,以实现他所提出的"21世纪社会主义"。

一 从"第三条道路"、"玻利瓦尔革命" 到"21世纪社会主义"

查韦斯在20世纪90年代中后期和21世纪初,曾一度是英国布莱尔"第三条道路"的热情追随者。他曾表示,自己所主张的既不是"不现实"的共产主义,也不是"野蛮"的资本主义,而是一条有拉美和委内瑞拉特色的"第三条道路"。2005年8月,查韦斯在接受智利《终点》杂志社长采访时说:"有一时期,我考虑过第三条道路。当时我在认识世界方面遇到问题。我认识不清,看了一些错误的书刊,我的一些顾问使我越来越糊涂。我甚至建议在委内瑞拉举行一次关于布莱尔'第三条道路'的讨论会。我当时说了很多'人道资本主义'的话,也写了很多关于这方面的文章。今天,我深信这是不可能的。但这是我6年来艰苦努力和认真向许多人学习的结果。我深信,社会主义才是出路,我在阿雷格里港是这么说的,在国民大会也是这么说的。我已号召全国进行讨论。我认为,应该是新的社会主义,提出符合刚刚开始的新纪元的新的主张。因此,作为一个计划,我把它称为'21世纪的社会主义'。"[1]

---

[1] Manuel Cabieses Donoso, *Socialismo del siglo XXI Donde va Chavez*? Revista Punto Final, No. 598, 19 de agosto, 2005.

查韦斯于 1998 年 12 月当选总统并于 1999 年 2 月首次就任总统后，实行了一场以和平民主方式进行的"玻利瓦尔革命"，目的就是对国家的政治、经济和社会结构进行全面调整。其具体措施包括：在经济方面，兴办国有企业，把废弃的工厂收归国有；推动企业实行"共同管理"，在城市和乡村扶持建立各类合作社；以适当途径收回被非法占用或是长期闲置的土地，将其分配给缺地农民；在社会方面，查韦斯利用石油收入在教育、医疗、住房、就业等领域实施一系列社会"计划"，以提高中下层民众的福利。例如，在社区推行免费医疗，进行教育改革，帮助穷人的孩子上学，为国有商店提供资金，使医疗卫生和教育条件大幅改善，贫困人口的比例显著下降，所有这些都赢得了穷人的广泛支持。在外交方面，委内瑞拉积极推动地区经济一体化进程，与古巴、玻利维亚、厄瓜多尔、尼加拉瓜、巴西、阿根廷和乌拉圭等国保持密切关系，共同探索一条符合自身特点的发展道路；还在拉美能源合作进程中扮演"发动机"角色，以能源一体化推动拉美经济一体化；在拉美之外，继续加强与发展中国家的关系，推动世界格局朝着多极化方向发展。

尽管执政以来，查韦斯经历了一次政变（2002 年 4 月 11 日）、一次大规模的石油工人罢工（2002 年 12 月 2 日至 2003 年 2 月 3 日）和多次示威游行、一次决定其去留的罢免性全民公决（2004 年 8 月 15 日）和一次修宪公投的失败（2007 年 12 月），但是因为有了广大穷苦民众的支持，他不仅经受住了这些考验，还赢得了一个又一个总统任期。

自 2005 年年初以来，查韦斯把寻求新发展道路的目光投向社会主义，希望能够在新任期把"玻利瓦尔革命"导向"21 世纪的社会主义"。尽管这一理念的具体内容尚处形成阶段，但它可被视为拉美国家对发展模式进行的一次有益尝试。

二　首次提出"21 世纪的社会主义"

一般认为，查韦斯首次提出"21 世纪的社会主义"是在 2005 年 1 月 26 日在巴西阿雷格里港举行的第 5 届"世界社会论坛"。例如，委内瑞拉驻华大使罗西奥·马内罗 2007 年 7 月 26 日在中国社会科学院拉丁美洲研究所所作的报告说："'21世纪的社会主义'是一个理论概念，是由乌戈·查韦斯总统于2005年在巴西阿雷格里港举行的第5届"世界社会论坛"期间首次提出的。"① 经查，查韦斯在论坛上的讲话的原文是："我日益坚信的是，我们需要越来越少的资本主义，越来越多的社会主义……资本主义需要通过社会主义道路来实现超越。超越资本主义模式的道路在于真正的社会主义。"在这里，查韦斯提出"真正的社会主义"，但并没有提到"21世纪的社会主义"。

委内瑞拉国内不少人认为，查韦斯首次明确提出"21世纪的社会主义"是2005年2月25日在加拉加斯举行的第4届社会债务峰会开幕式上。他说，委内瑞拉的"革命应该是社会主义性质的，否则就不是革命"，"这一社会主义应该是21世纪的社会主义"。2005年以来，查韦斯多次表示，"我是21世纪的社会主义者"，"社会主义是我国人民和人类唯一的解决办法"，"解决目前世界上存在的问题，依靠资本主义是行不通的，而是要靠社会主义"。

2006年12月3日，委内瑞拉再次举行大选，查韦斯获得62.57%的选票，以绝对优势击败对手，第三次当选总统，并于2007年1月10日就任。查韦斯在当选总统和就职后，加快了在委内瑞拉建立"21世纪的社会主义"的步伐。他在大选获胜后明确表示，他将努力把他所倡导的"玻利瓦尔革命"推向"21世纪的社会主义"的新高度，并振臂高呼"社会主义革命万岁！一个新的时代已经开始"。

查韦斯在大选获胜的主要原因：一是2004年至2006年委内瑞拉经济增长速度很快。2004年增长17.9%，2005年增长9.4%，2006年增长10.3%，在拉美名列前茅。二是查韦斯政府出台了多项造福于民的社会计划。例如，对贫困居民实行免费医疗的"深入贫民区"计划，扫除全国文盲的"罗宾逊计划"；进行土地改革，把土地分给贫苦的农民的"萨莫拉计划"等，使中下层平民取得了实实在在的好处。三是在外交方面敢于同美国霸权主义抗衡，开展多边外交，使委内瑞拉的国际地位显著提高。

---

① 见委内瑞拉驻华使馆提供的西班牙文原文讲话稿第6页和中文参考译文第6页（均为打印稿）。

三 "21世纪的社会主义"的主导思想和主要主张

查韦斯领导的党（2008年前为第五共和国运动，2008年以来为委统一社会主义党）和他所提出的"21世纪的社会主义"的指导思想并不十分明确，2006年12月和2007年1月，查韦斯在几次讲话中号召委内瑞拉执政党党员、政府官员和民众既要学习马克思、列宁著作，又要学习圣经，说"耶稣基督是社会主义的先锋"。他说，社会主义接受私有制，应该吸收天主教真正的思潮，实行参与和主角民主，应将平等与自由相结合。

查韦斯再次当选总统后不久，2006年12月15日，他在一次讲话中说："那些想知道我准备把委内瑞拉建设成什么样的社会主义国家的人，应该去读马克思和列宁著作。"

查韦斯强调，委内瑞拉的社会主义计划是有机地从委内瑞拉人民的传统和信念中衍生出来的，是"印第安—委内瑞拉的、本土的、基督教的和玻利瓦尔的"。他在讲话中说，"我们可以从圣经中找到社会主义思想"，他引用了圣经中的一些段落来加以说明。查韦斯说，"你们注意先知以赛亚说的在穷人与富人之间的阶级斗争：'祸哉！那些以房接房，以地连地，以致不留余地的，只顾自己独居境内。'接着，他又说：'祸哉！那些设立不义之律例的和记录奸诈之判语的，为要屈枉穷乏人，夺取我民中困苦人的理，以寡妇当作掳物，以孤儿当作掠物'"[1]。查韦斯说："先知以赛亚和其他许多先知传达了平等的、明确的社会主义精神的信息"，"耶稣在山上布道祝福穷人而指责富人：'你们富足的人有祸了！因为你们将要饥饿'。"[2] 查韦斯说："耶稣是一个激进的叛逆者、主持正义者，正因如此，他被那个时代的资本家和帝国主义者钉死在十字架上。"查韦斯指出，以早期的基督教会为例，引用圣经内的故事指占有土地和其他财产的信徒将之奉献给集体，"并照各人所需用的，分给各人。"

---

[1] 《旧约全书》以赛亚书，第十章1。
[2] 《新约全书》路加福音，第六章20。

　　查韦斯认为，西蒙·玻利瓦尔"是一名主张社会主义的思想家"，"因为他相信社会必须建立在平等的基础之上"；西蒙·罗德里格斯的社会主义思想比玻利瓦尔更加深刻；而巴西的何塞·伊格纳西奥·阿布雷·德利马（Jose Ignacio Abreu de Lima）将军写了"美洲第一部社会主义的著作"；秘鲁的何塞·卡洛斯·马里亚特吉（José Carlos Mariátegui）是20世纪初伟大的社会主义思想家，查韦斯还引用了马里亚特吉的名言："我们确实不想在美洲照搬照抄马克思主义，它应该是一种英雄的创造性事业。我们必须用自己的现实和自己的语言创造出印第安美洲的社会主义。"①

　　查韦斯指出，委内瑞拉的社会主义计划的根源可追溯至美洲的印第安人社会，他列举了几个委内瑞拉的印第安人社区，包括了"在那里我们赢得100%选票"的阿马库罗三角洲。查韦斯称那里是"孕育我们土地上、我们家园、我们美洲的社会主义种子的地方"，"我们要提倡印第安—委内瑞拉的社会主义"，查韦斯说："我们会将这些模式带进社区近邻，带进房屋的发展去。我们要为社会主义开创空间。"

　　查韦斯还说："空想的社会主义解决不了问题，只有在马克思和恩格斯发表《共产主义宣言》这部科学社会主义纲领之后，人们才找到解决的办法。"他说，马克思和恩格斯两人开始提出的解答是以"经济模式的变革"为基础的，"如果我们想建立真正的社会主义，这是根本的，所以我们必须把经济体社会化"，包括把土地社会化，并且建立一个"新的生产模式"，所有"我们创造和重新取回的新空间"，都是"社会主义建设的内核"。

　　查韦斯说，"我认为，这种畸形发生在社会主义革命的最初时期，而我们在70年之后，从苏联解体中看到了后果。工人们并未站出来保卫苏维埃制度，因为它已异化成为一个不能建设社会主义的精英结构"。查韦斯强调："我们在这里将建立委内瑞拉式的社会主义，一种独特的委内瑞拉模式。"

　　查韦斯强调，委内瑞拉"21世纪的社会主义"从本质上来说是民主

---

　　①　［秘鲁］何塞·卡洛斯·马里亚特吉：《关于秘鲁国情的七篇论文》，白凤森译，商务印书馆1987年版，第2页。

的，他认为马克思所提出的无产阶级专政在委内瑞拉是不可行的，它不是委内瑞拉的道路。"21世纪的社会主义"是人民民主、参与民主和（人民当）主角的民主。要建设"21世纪的社会主义"必须进行经济改革，必须具有社会主义道德，必须有爱心，讲团结，实现男女平等。查韦斯认为，耶稣是最早的社会主义者；玻利瓦尔、西蒙·罗德里格斯也是主张社会主义的；查韦斯认为委内瑞拉的社会主义是印第安社会主义，它不是空想社会主义，而是科学社会主义；委内瑞拉要建设的是委内瑞拉的社会主义，是委内瑞拉独特的社会主义模式。①

查韦斯总统在2007年1月8日主持其新内阁宣誓就职时发表了重要讲话表示，要加快改革的步伐，把前任几届政府实行私有化的主要产业如通讯和电力公司国有化，同时扩大政府对石油业的产权，而国家（中央）银行的独立性会被削减。同年4月查韦斯总统下令，政府部门的工作人员，军队、学校、国有企业和私人企业中的雇员都要学习马列主义理论，而且每周学习的时间不得少于4小时。同年6月28日，查韦斯在访问俄罗斯期间参加莫斯科外国文学图书馆拉美文化中心成立仪式时，号召与会者学习"关于马克思和列宁预言资本主义必然灭亡的著作，战胜美帝国主义"。他还指出，"我们应当记住列宁，重拾他的思想，特别是关于反帝国主义斗争的内容。世界是多极的，要么是我们战胜美帝国主义，要么是它战胜世界"。

2008年7月20日，在庆祝委内瑞拉儿童福利节之际，查韦斯告诉孩子们，要阅读马克思、恩格斯以及其他社会主义思想家的经典著作。同年8月10日，查韦斯总统访问玻利维亚时再次强调，"只有社会主义才能挽救人类，我们正在建设我们的社会主义，书写历史的新篇章，过去邪恶的资本主义模式为少数人创造财富，给大多数人带来贫困"，实现正义和和平的唯一方式是社会主义道路，只有社会主义才能使人类摆脱贫困、饥饿和破坏。

2009年11月20日，查韦斯在加拉加斯举行的第一次左派党国际会晤

---

① Hugo Chávez, *El discurso de la unidad*, 15 de diciembre de 2006, Ediciones Socialismo del Siglo XXI, No. 1, enero de 2007, pp. 29—30, 37, 41—42, 46.

上倡导成立"第五国际"，他主张"第五国际"应该将马克思、恩格斯、列宁的思想与玻利瓦尔、莫拉桑（1830—1840 年中美洲联邦总统、自由派领袖）、桑地诺（尼加拉瓜民族英雄）、格瓦拉以及主张"解放神学"的托雷斯、阿连德和毕晓普（格林纳达前总理、新宝石运动领导人）等人的拉丁美洲思想相结合。

　　值得一提的是，早在 20 世纪 80 年代，查韦斯青年时代从军后就阅读了不少毛泽东著作，尤其是毛泽东关于政治、军事问题的深刻论断，受益匪浅。1992—1994 年，查韦斯服刑期间，由于时间充裕，阅读了所有已译成西班牙文的毛泽东著作，系统地研究了这位东方伟人的思想体系。查韦斯执政后，继续认真学习毛泽东著作，他对毛泽东关于"在战略上藐视敌人"等论断，经常脱口而出，甚至还能说出某段语录出自《毛泽东选集》第几卷。2009 年 4 月 9 日，查韦斯在访问中国期间，在中共高级党校发表讲话时表示："少年时代，生活就使我成为了毛泽东主义者。我是伟大舵手毛泽东的崇拜者和追随者"，"我认为，毛泽东过去、现在和将来都是正确的，时间将证明他是正确的。大家可以看看现在的帝国主义是何等模样！正如毛泽东所预言的那样，帝国主义是纸老虎！纸老虎！而我们要成为钢老虎！钢老虎！"查韦斯说："毛泽东曾说过，中国学会了用自己的脚走路。委内瑞拉正在学着用自己的脚走路。拉丁美洲已经开始学着用自己的脚走路了。"查韦斯在结束讲话时还振臂高呼："毛泽东万岁！中国万岁！"[①] 2010 年 3 月 26 日，查韦斯在出访厄瓜多尔期间，号召人们学习马克思、列宁和毛泽东的著作，他说他刚刚拜读毛泽东的《矛盾论》，获益匪浅。

　　查韦斯"21 世纪的社会主义"的主要主张是：第一，以"玻利瓦尔和平民主革命"替代"新自由主义改革"。查韦斯是一个坚定的反新自由主义者，他认为自己是一个玻利瓦尔主义者。他受玻利瓦尔思想影响，希望"彻底改革国家体制，实现真正参与式民主"，"建立自由、主权、独立的国家"和"造福于民"，进行"和平民主革命"。查韦斯执政以来，

---

　　① 委内瑞拉玻利瓦尔共和国驻华大使馆编：委内瑞拉—中国建交 35 周年纪念特刊，2009 年 7 月，第 31 页。

实行大刀阔斧的反新自由主义的政治、经济和社会改革。第二，以"美洲玻利瓦尔替代方案（ALBA）"替代"美洲自由贸易区（ALCA）计划"。查韦斯把实现拉美国家的大联合作为他对外政策的最高目标，希望建立一个类似于欧盟的大联邦。查韦斯倡导"美洲玻利瓦尔替代方案"，得到古巴卡斯特罗等的积极响应。第三，以"21世纪的社会主义"替代"资本主义"。第四，成立委内瑞拉统一社会主义党来一统革命力量。

四　建立"21世纪的社会主义"的步骤

查韦斯在2007年1月8日的讲话中说，从他1999年当政至2006年，是玻利瓦尔革命的一个过渡时期，如今这个过渡时期已经顺利完成，自2007年起，委内瑞拉将进入一个新的历史时期，这就是建设"21世纪的社会主义"时期。他强调要建设委内瑞拉式的社会主义，他说："社会主义才是拯救我们人民，拯救我们国家的唯一道路。"

查韦斯为在委内瑞拉建立"21世纪的社会主义"，在政治、经济、社会等方面采取了一系列措施。在政治方面，首先，建立人民政权社区委员会。以参与制和主角民主代替代议制民主，鼓励社会各阶层广泛参与国家决策。其次，修改宪法。查韦斯于2007年8月提出宪法修改方案，提交给国民大会讨论获得通过。这一宪法修改草案允许总统无限期连选连任，但不允许省长和市长连选连任。修宪案的重点是有关所有制的改革，据此修宪案，在委内瑞拉将不再由私有制占优势，将由国有制和社会所有制即集体所有制和合作制占优势，但仍允许私有制存在。查韦斯说："我们的社会主义接受私有制，只要它符合宪法、法律和社会利益"，"不会取消私有制。"[1] 同年12月，修宪案提交全民公决，但未能获通过。随后，查韦斯又提出一个新的修宪案，并于2009年2月15日再次进行全民公决，这次的修宪案获54.86%的支持率获得通过。该修宪案对现行宪法的第230条内容进行修改，取消对委总统连选连任的限制，同时对州市议员、国会

---

[1]　Prensa Latina, *Socialismo venezolano acepta la propiedad privada*, asegura Chavez, http：// www. rebelion. org/noticia. php? id = 53981，2007 - 7 - 23.

议员、市长、州长的连选连任一并纳入此次宪改公投内容。这一宪法修正案的通过，意味着已执政 10 年的总统查韦斯 2012 年仍可作为总统候选人寻求连任。公投结果宣布后，查韦斯总统立即发表讲话指出，这是人民和委内瑞拉民主的胜利，委内瑞拉玻利瓦尔革命的进程将得到保证。再次，建立委内瑞拉统一社会主义党的工作也取得了进展，2008 年委内瑞拉统一社会主义党正式在第五共和国运动的基础上建成。

在经济方面，首先，查韦斯加快了能源、电力和电信等行业的国有化。查韦斯在能源、电力、电信业等战略性部门采取了一系列加强国有化（能源）或实现国有化（电力、电信业）的措施；2007 年 1 月 7 日，他宣布委内瑞拉的主要电信公司国有化。同年 2 月，宣布电力国有化，并加强国家对天然气项目的控制。他发布的一项法令，规定委重油带的外资控制项目都必须转为由委国家石油公司控制的合资项目，其中委方股份不低于60%，使委方在上述项目中的平均股份已从原来的 39% 上升到 78%。委国家石油公司已于 2007 年 4 月 25 日正式开始委重油带战略合作项目和风险开发项目的国有化进程，并于 2007 年 5 月 1 日凌晨接管了奥里诺科重油带项目的控制权，查韦斯宣布委已全部收回石油主权。委国家石油公司于 2007 年 6 月 26 日与美国雪佛龙—德士古石油公司、挪威石油公司、法国道达尔石油公司等 7 家跨国企业签署谅解备忘录，把奥里诺科重油带战略合作项目和风险开发项目改组为委国家石油公司控股的合资企业。至此，委内瑞拉奥里诺科重油带的国有化过程正式完成。加拿大石油公司决定撤出委内瑞拉，双方已经就赔偿达成了协议。美国埃克森—美孚公司和康菲石油公司也退出了奥里诺科重油项目以及风险开发项目，但是撤资细节还有待双方谈判代表进一步商定。

其次，着手进行土地改革。2007 年 3 月 25 日查韦斯宣布没收大庄园的 200 万公顷空闲的土地，并表示作为向社会主义方向改革的一部分，该国政府计划实行"集体所有制"。

在社会方面，强调社会公正、平等和互助，开展扶贫工作，缩小贫富差距，实施新的社会保障制度，为所有公民提供非歧视性的终身保障。政府还实行了各种社会计划，如通过"食品商场计划"，政府建立了食品商场网，政府对这些商店的食品提供一定的补贴，使民众特别是低收入的民众能购买到廉价的食品；通过"罗宾逊计划"扫除了文盲，通过第二个"罗宾逊计划"，使数十万人达到小学毕业文化水平，目前正通过实施"里瓦斯计划"和"苏克雷计划"使数十万成年人和青年开始中学和大学课程的学习；通过"深入贫民区计划"建立了国家公共卫生网，保障所有的委内瑞拉人都能免费得到医疗救助。政府还多次宣布提高委内瑞拉最低工资标准，使委最低月工资居拉美国家最高水平。

五　实施"21世纪的社会主义"过程中遇到的阻力和问题

查韦斯在实施"21世纪的社会主义"过程中，遇到不少阻力和问题。美国公开指责查韦斯是"灾难"，千方百计想颠覆查韦斯政权。委内瑞拉是美国石油的主要供应国之一，到目前为止，委内瑞拉仍照常向美国供应石油，但查韦斯曾多次警告美国，如美国不停止干涉委内瑞拉，委将中止对美的石油供应。委美之间控制与反控制斗争仍将延续，两国关系还将面临新的挑战。委内瑞拉国内反对派在美国或明或暗的支持下，正在聚集力量伺机反扑。

当查韦斯宣布将把所有的革命政党和组织都统一合并到新成立的委内瑞拉统一社会主义党之后，委内瑞拉共产党、委内瑞拉争取社会民主党和"大家的祖国"党这三个左翼政党宣布将不考虑合并到委内瑞拉统一社会主义党之中，这自然引起查韦斯的不快。后来，由于"大家的祖国"党在2007年12月修宪公投中，不支持查韦斯提出的修宪案，被查韦斯指责为"玻利瓦尔革命的叛徒"。在委内瑞拉统一社会主义党成立后，党内有一些人不同意查韦斯把耶稣说成是社会主义者，也有人指责查韦斯权力过于集中，对私人中小企业的政策偏左。①

此外，查韦斯在2007年提出的大力推行社会主义民主、社会主义经济的修宪案在同年12月修宪公投中遭到失败，这无疑是对查韦斯在委内瑞拉实现"21世纪的社会主义"的计划的一个巨大打击。然而，查韦斯

---

① Vicente Portillo, *Surgen críticas dentro del partido chavista, que se unen a las de los empresarios*, *Todos contra Chavez*, http：//www. americaeconomica. com/portada/reportajes/julio07/270707/rrVenezuela. htm.

并没有因此而灰心，2007 年修宪公投失败后，他仍坚定地表示，他将继续向委内瑞拉人民提出建设社会主义的计划，决不收回这个计划的哪怕一个逗点，并认为"这项计划仍然有效"。他认为，21 世纪将是委内瑞拉社会主义的世纪。2009 年 9 月 28 日，查韦斯与利比亚领导人卡扎菲举行会晤时还坚定地表示，"我们正在写下历史的新篇章，我们在改变历史，我们创造新的社会主义和新的世界"。

六　对查韦斯"21 世纪的社会主义"的基本看法

查韦斯多次表示："我不是共产党人"，"社会主义不是马克思主义的同义词"。他强调，委内瑞拉的"21 世纪的社会主义"植根于委内瑞拉和拉美的历史，它受到基督教的深刻影响；委内瑞拉的社会主义的基督社会主义、玻利瓦尔社会主义，是区别于苏联东欧社会主义的社会主义。查韦斯表示，"耶稣是我们时代的第一位社会主义者"，"玻利瓦尔是社会主义者"，"'21 世纪的社会主义'不是马克思主义的"[①]。总的来看，查韦斯"21 世纪的社会主义"尚在探索中，从目前来看，它尚不是科学社会主义。从某种程度上来看，它是基督教教义、印第安主义、玻利瓦尔主义、马克思主义、卡斯特罗思想和托洛茨基主义等各种思想的综合体。查韦斯一方面规定所有职工每周必须至少用 4 小时时间学习马克思主义理论，同时又号召大家学习托洛茨基主义，又要求大家讨论耶稣是不是社会主义者，查韦斯说："真正的基督比任何社会主义者都更加具有共产主义思想。"

被认为是查韦斯"21 世纪的社会主义"理论的主要顾问主要有两个人，一个是在墨西哥首都自治大学任教的德国教授海因兹·迪特里希（Heinz Dieterich）和智利学者、已故的原古共党中央国际部拉美局局长曼努埃尔·皮内罗的夫人玛尔塔·哈内克（Marta Harnecker），他们两人曾多次访问委内瑞拉并同查韦斯总统会见，发表了多部关于委内瑞拉玻利瓦

① Mary Oili Hernandez, ¿ Que es el Socialismo del siglo XXI? http：//www. aporrea. org/ideologia/a28332. html.

尔革命和"21 世纪的社会主义"的著作和文章。

但是，2009 年以来，海因兹·迪特里希对委内瑞拉查韦斯的玻利瓦尔革命和"21 世纪的社会主义"持批评和悲观的态度。2010 年 1 月 4 日，他在接受阿根廷《经济圈报》记者访谈时竟说，如果查韦斯领导的党（委内瑞拉统一社会主义党）在 2010 年议会选举中失败，那么，玻利瓦尔革命进程将会终结。①

拉美左翼崛起有其深刻的历史和现实背景。查韦斯"21 世纪的社会主义"是拉美新自由主义发展模式变革过程中产生的一种新社会运动，是用"另一个世界""替代资本主义"的社会思潮的反映。查韦斯和拉美一些左派人士试图以"21 世纪的社会主义"替代"新自由资本主义"，反映出社会主义对资本主义世界中那些追求社会进步的人们的吸引力和生命力，也表明新世纪世界社会主义运动在多样性中不断发展。

查韦斯声称"21 世纪的社会主义"决不是照搬曾经的社会主义模式，"我们的社会主义是原生的社会主义，印第安人的、基督徒的和玻利瓦尔的社会主义"，"这是崭新的、委内瑞拉特色的社会主义"。查韦斯的思想虽然受古巴社会主义的影响，但他并没有照搬古巴模式。查韦斯的"21 世纪的社会主义"含有国有和集体所有制、以人为本、团结、平等、公正、共同发展等内容，但到目前还只是一个新生事物，没有形成一个完整的理论体系，尚不能视为科学社会主义。

（原载《马克思主义研究》2010 年第 10 期）

---

① http：//www. ambito. com/diario/noticia. asp？ id = 501128.

厄瓜多尔科雷亚的"21 世纪社会主义"

一　科雷亚和厄瓜多尔主权祖国联盟

厄瓜多尔总统拉斐尔·科雷亚（Rafael Correa，1963—）毕业于厄天主教大学经济学专业，后在比利时获经济学硕士学位，1999 年又获美国伊利诺伊大学经济学硕士学位，两年后在该校获经济学博士学位。科雷亚1987 年大学毕业后自愿到印第安人聚居的山区，在一所土著人学校教数学，并协助当地土著人发展农业项目。科雷亚曾任大学经济学教授。20 世纪末和 21 世纪初，厄民众运动日趋高涨，印第安人、妇女、青年不断举行游行示威和抗议活动。2000 年 1 月，厄瓜多尔罢免了马瓦德总统，由副总统诺沃亚接任总统。2002 年 11 月，"1·21 爱国社团"领导人古铁雷斯当选总统，并于 2003 年 1 月就任。2005 年 4 月，厄再次爆发大规模民众示威游行，抗议古铁雷斯总统干预司法，古铁雷斯被迫辞职，由副总统帕拉西奥斯接任总统。帕拉西奥斯接任总统后，任命科雷亚担任经济和财政部长，但科雷亚只当了 4 个月的部长（2005 年 4 月至 8 月）。任内，科雷亚进行深刻的经济改革，引起右派和石油大亨的不满，但进步人士支持科雷亚。科雷亚因与帕拉西奥斯总统在对待世界银行和国际货币基金组织的态度上有分歧而辞职。2005 年 11 月，科雷亚及其支持者创立了主权祖国联盟，制定了一个计划，要改变厄瓜多尔。计划提出两项任务：成立立宪大会，制定一部新宪法。2006 年，科雷亚被刚成立不久的主权祖国联盟运动提名为总统候选人。在同年 11 月第二轮选举中，科雷亚当选总统。

科雷亚被称为拉美政坛的"年轻面孔"，是新兴左翼势力的代表人物。在政治方面，他主张实行政治体制改革和司法制度改革，保障司法的独立性和公正性，严惩贪污腐败。他许诺成立"立宪大会"进行修宪，以便增加政府权力，限制国会、最高法院和政党的权力。在经济方面，他力推发展"平民经济"，让农民、小手工业者、小企业主和经商者从经济发展中受益，抵制新自由主义政策。他还主张制定新的社会发展战略，重视发展教育和卫生事业，降低高失业率，谋求设立社会发展基金，救助贫穷阶层。在外交上，他反对外来干涉，主张在相互尊重、平等互利、相互合作的基础上发展同别国的关系。他主张能源国有化，反对与美国签署自由贸易协议，并要求美国军队在租借合约到期后必须从厄瓜多尔的军事基地撤出。

2007年1月15日，科雷亚在就任总统时表示："一个拥有独立主权、受人尊敬、公正合理的社会主义的拉丁美洲正要诞生"，宣布厄瓜多尔也将推行"21世纪社会主义"，他说："新自由主义的漫漫长夜应当终结了！"

2007年4月15日，厄瓜多尔举行全民公决，决定成立具有最高权力的立宪大会，以制定一部新宪法。同年9月30日，厄瓜多尔举行立宪大会代表选举，科雷亚领导的执政联盟"主权国家联盟"获61.5%的选票，在130席中占有80席，占有绝对多数。立宪大会的任务是制定一部新宪法。2008年7月24日，立宪大会通过了新宪法草案，9月28日，厄对新宪法草案举行全民公决，63.93%的公民投票赞成，新宪法正式通过。

科雷亚认为，他所说的"21世纪社会主义"，"不是根据教科书，也不是根据教条主义"，"我们应该不断进行民主建设，来建设'21世纪社会主义'"。他认为，实施21世纪社会主义，必须根据厄瓜多尔的特点，"我们正在进行一场公民革命，一场政治、社会和经济结构发生激进、深刻和迅速的变革"，"为了进行公民革命，我们需要'21世纪社会主义'"，"通过社会主义我们寻求正义、公正、生产型和创造就业的经济"。

自2007年1月15日正式就职以来，科雷亚多次提出要在厄瓜多尔实施"21世纪社会主义"，并强调他提出的"21世纪社会主义"是具有厄瓜多尔特色的，是不同于委内瑞拉查韦斯等所提出的"21世纪社会主义"的。

2007年11月21日，科雷亚总统在访问中国期间，在中国社会科学院发表了题为《厄瓜多尔的"21世纪社会主义"》的演讲，对他提出的"21

世纪社会主义"的背景、主要内容、特点和现实意义作了全面的论述。①
这里，根据科雷亚在中国的这一演讲及他的其他有关论述，介绍和分析一
下科雷亚所提出的"21世纪社会主义"。

二 科雷亚提出"21世纪社会主义"的背景

科雷亚认为，新自由主义和"华盛顿共识"在拉美的失败，是厄瓜多
尔"21世纪社会主义"产生的主要背景。科雷亚说："'华盛顿共识'在
拉美13个国家都遭到了失败"，"'华盛顿共识'不仅仅是政治上的一个
失败，在经济上和社会上也造成了失败"，同时，"在拉丁美洲，正在尽力
创造自己的思想，我们拉丁美洲的进步政府正在推行我们称之为'21世
纪的社会主义'"。

三 科雷亚"21世纪社会主义"的主要内容

第一，科雷亚说，厄瓜多尔"21世纪社会主义"认为，"劳动比资本
更重要。这也是我们在近20—30年间所积累的经验。我们可以从新自由
主义的失败中看到该原则的重要性，所以我觉得有时我们是从资本取得，
利用资本，但这并不一定是好的。有的资本仅仅是为积累而积累，并未考
虑人类工作，把人力资源仅仅作为一种资本，认为是一种生产途径"。

科雷亚认为，"我们积累的资本也应该是为人类而服务"，"按小时来
计算工人的工资，这样就能更好地保障工人的权利，我们还要对工人进行
一系列培训，我们还要对自己的员工进行一些投资，让他们更好地适应自
己的工作。这就是我们现在进行的一些社会改革"，"我们新兴的'21世
纪社会主义'认为人类的劳动和劳动力是生产的结果而不是生产的手段，
我们不应该按照资本来进行积累，我们应该让所有的生产过程，资本生产
过程，必须要按劳动力来进行定价"。

第二，科雷亚说，"我们认为和交换价值比，使用价值更重要。这也

---

① 科雷亚总统演讲的中文译文全文，请参见《拉丁美洲研究》2008年第1期。

是马克思和恩格斯所提倡的","我认为物的价值首先是满足使用的需要。但市场经济和资本主义经济所提倡的是必须要创造交换价值","资本主义就是对市场定价过分的强调,对交换价值过分的强调,造成了社会上有很多交换的价值但没有可使用的价值","对于一个低收入的国家来说,市场这个机制并不是一个非常良好的机制。高的价格意味着产品只能被很少的人所接受。这样的现象在社会上造成了一个非常大的不平等和差距:谁能付更多的钱,谁就能买得起这个东西,但所付的钱并不能真正反映这件物品的价值,它反映的只不过是个人的支付能力","资本主义社会只满足了这样一个有支付能力的人的需求"。

第三,厄瓜多尔"21世纪社会主义"重视社会公正的这样一些基本作用,"因为拉丁美洲是世界上最不平等的地区"。

第四,厄瓜多尔"21世纪社会主义"提出新的发展观,"以前的发展观是不可持续,我们还有很多要做的"。

四 科雷亚"21世纪社会主义"的特点

第一,科雷亚认为,厄"21世纪社会主义"是方法论,而不是固定的规律或教条;是原则,而不是任何预设定模式。厄"21世纪社会主义"的原则就是与资本主义不同。

第二,厄"21世纪社会主义"就是要不断革新创造。

第三,厄"21世纪社会主义"就是要结合厄瓜多尔的现实,具有厄瓜多尔的特色。

第四,厄"21世纪社会主义"是人民的参与和更加民主的社会主义。

五 科雷亚"21世纪社会主义"与委内瑞拉 查韦斯"21世纪社会主义"的异同

科雷亚认为,"我们在厄瓜多尔提倡的'21世纪社会主义'跟委内瑞拉、玻利维亚的不一样。我们在学术界也是提倡这个社会主义,但是我想这个社会主义永远是在自我建设过程中的,我们并不存在一些固定的规律或教条。比如说方法论方面的观点，我们讲的是一些观点，但并非模式，我认为我们的原则就是与资本主义不同，这是非常重要的。我们的社会主义是比较科学的，并没有一个固定的模式。我们本来就是不一样的国家。我们的社会，国情都不相同。一个智利的圣地亚哥人和委内瑞拉加勒比地区的人同我们厄瓜多尔的基多人对'21世纪社会主义'模式的认识都是不一样的"。

六　"21世纪社会主义"与科学社会主义的区别

第一，厄"21世纪社会主义"吸收了很多基督教社会主义的思想和一些原则。科雷亚说，"我们吸收了很多基督教社会主义的思想"，"基督教社会主义对拉丁美洲、对我们国家政府及对我本人都是非常重要的一种思潮，因为我也是基督教徒，我的很多政治、经济及社会政策的基础都来源于基督教社会主义、来源于基督教。所以拉丁美洲这个特殊的社会主义也包含基督教社会主义"。

第二，科雷亚认为，"厄'21世纪社会主义'同传统社会主义、古典社会主义的区别是：传统社会主义总是认为自己发现了最后的真理。比如：国家可以沿着一条道路取得发展，这个就是古典社会主义的认识。但我们只是提倡一个总的原则，并没有制定这个模式。比如我们认为人力资源很重要，我们认为这个使用价值很重要。"

第三，科雷亚认为，厄"21世纪社会主义""吸收了新的一些原则，我们认为社会生产力的发展和改变不应该是既定的方式，应该是通过一些和平的方式来进行改变"，"我认为对于我们的21世纪社会主义，一个挑战就是要提出一个新的社会主义发展观点，今天我们所理解的发展模式并不是可持续的"。

第四，科雷亚的厄"21世纪社会主义"不赞成生产方式的完全国有化。科雷亚主张重要的基础设施应该由国家控制和管理，但工业、农业中小型企业和服务业应该实行产权的民主化。

七　"21世纪社会主义"与"公民革命"

科雷亚及其领导的"主权祖国联盟"为推行"21世纪社会主义"，正在厄瓜多尔进行"公民革命"。根据科雷亚本人的解释,"公民革命"① 包括 5 个轴心:"宪法革命"、"道德革命"、"生产力革命"、"社会教育和卫生革命"、"主权和拉美一体化革命"。第一个轴心"宪法革命"是要在厄实行真正的民主和参与式的民主,以对政治体制进行改革。为此,厄先后成立了立宪大会,制定了新宪法,进行公投,通过了新宪法。第二个轴心"道德革命"是要展开根除腐败的斗争,使所有公务员透明执法,严惩政府败类。第三个轴心"生产力革命"即经济革命,主张转变经济增长方式,结束投机钻营,征用闲置的土地,实行公有经济、私有经济、混合经济、合作经济、协作经济、社区经济和家庭经济共存的混合经济体制以促进生产的发展。第四个轴心"社会教育和卫生革命"是要建立医疗网络,推行普遍的医疗卫生制度;对教育进行全面改革并开展扫盲运动;推行公私组织的合作,加强对弱势群体的社会保障。第五个轴心"主权和拉美一体化革命",反对外国在厄建立军事基地,不再延长美国在厄的曼塔海军基地的期限;重返欧佩克组织,不同美国签订自由贸易协议,倡议成立南方银行,加入南美洲国家联盟等一体化组织等。2009 年 6 月,厄瓜多尔正式加入了"玻利瓦尔美洲国家联盟"(原"美洲玻利瓦尔替代计划")。

八　新宪法与"21 世纪社会主义"

2008 年 7 月 24 日,厄瓜多尔立宪大会通过了新宪法草案,9 月 28 日,厄对新宪法草案举行全民公决,63.93% 的公民投票赞成,新宪法正式通过。新宪法的通过表明,厄总统科雷亚所倡导的"公民革命"赢得了广大民众的支持。新宪法将推动厄瓜多尔发生深刻的社会变革。然而,需要指出的是,在新宪法条文中并没有提及"21 世纪社会主义"。对此,厄执政党"主权祖国联盟"的领导成员的解释是,目前厄多数民众尚未接受"21 世纪社会主义"的口号。但新宪法在许多地方体现了上述"公民革命"的 5 个轴心所包含的主要方面。

---

① http：//es. wikipedia. org/w/index. php? title = Revoluci% C3% B3n_ Ciudadana&printable = yes.

厄新宪法①对厄瓜多尔现行国家体制、政治结构和经济模式均作了深刻调整，主要体现在以下几个方面：

第一，在政治领域打破传统的"三权分立"体制，除行政、立法和司法权外，增设公民参与社会管理和选举职能。新设的公民参与社会管理委员会，其成员由社会各界公民组织推荐、选举产生，可任命总检察长、总审计长以及国家选举委员会和司法委员会等部门的重要成员，将对国家政治生活产生举足轻重的影响。由此，普通民众可有效地对上层权力机构形成监督和牵制。

第二，新宪法大大加强了总统的权力。在新宪法中，至少有60个条文涉及总统权力，规定总统可以连选连任一次，有权颁布紧急经济法案和有条件地解散立法机构。此外，新宪法还削弱了司法机构的权力。作为最高立法机构的国民议会虽然有权罢免总统，但议员同时也必须辞职。

第三，新宪法强化了国家在经济领域的主导作用，以保护国家和民族利益。政府将严格控制涉及国计民生的石油、矿产、水资源和电信等行业，加强对国民经济的宏观规划与指导。同时，新宪法强调在保持经济增长的同时，缩小贫富差距，增加就业，避免社会两极分化。

第四，新宪法突出了以人为本和公平分配理念，特别强调保障中下层民众利益。

厄新宪法得到了大多数民众的支持和认可，但新宪法对现行传统体制的大胆调整和突破，触及了保守势力和既得利益集团的根本利益。鉴于党派斗争的复杂和外来势力的干涉，对抗在所难免，厄瓜多尔由制定新宪法推动的全面改革之路未来仍面临许多挑战。

2009年4月27日，根据新宪法，厄瓜多尔举行大选，科雷亚作为"主权祖国联盟"候选人参选，以51.72%的得票率再次当选总统。科雷亚再次获胜的主要原因是：首先，2008年制定并顺利通过了新宪法，使国家的政治面貌发生重大变化，由此开辟了全面改革之路。借助新宪法，"主权祖国联盟运动"控制了行政和立法两大权力，在厄政治生活中确立了话语权。其次，科雷亚任总统执政以来，能顺应民众求变图新的要求，

---

① 厄瓜多尔新宪法的全文，参见：Constituciòn 2008, La Revoluciòn Ciudadana està en Marcha.

积极推动政治与经济变革，主张重新分配社会财富，大力推行惠民政策，赢得了民众的，特别是广大中下层选民的坚定支持。最后，科雷亚借国际金融危机爆发、新自由主义经济政策弊端凸显之机，大力宣传其民族主义经济主张，并继续推行其经济和社会政策。

但是，目前科雷亚也面临内外诸多严峻考验。特别是受国际金融危机以及原油价格大幅下降的双重冲击，主要依赖石油收入的厄财政捉襟见肘，其在住房、医疗及教育方面的惠民政策难以为继。此外，厄美关系摩擦不断，与邻国哥伦比亚的外交冲突至今仍无缓和迹象。随着改革进程不断深入发展，科雷亚政府如不能在国际金融危机的背景下制定有效措施，恢复经济发展，其较高的民意支持率能否维持尚待观察。

总的来看，科雷亚提出的"21世纪社会主义"现在尚在探索中，从目前来看，它还不是科学社会主义。厄瓜多尔仍然是一个发展中的资本主义国家，"主权祖国联盟"也不是以马列主义为主导的社会主义政党。但厄总统科雷亚所提出的"21世纪社会主义"的一些主张，还是有一定的创新意义的，值得对此进一步深入研究。

（原载徐世澄主编《拉丁美洲现代思潮》，当代世界出版社2010年版）

玻利维亚莫拉莱斯的社群社会主义

一　莫拉莱斯当选为玻利维亚第一位印第安人总统

2005 年 12 月 17 日玻利维亚举行全国大选，大约 400 万登记选民投票选举下届总统、副总统以及 27 名参议员、130 名众议员和全国 9 个省的省长。这次大选共有 8 个党派的总统候选人参加竞选，其中具有较强的竞争实力的有 3 人，他们是：争取社会主义运动候选人埃沃·莫拉莱斯，民主和社会权力党候选人豪尔赫·基罗加和民族团结党候选人萨穆埃尔·多里亚。莫拉莱斯以 53.74% 的高得票率获胜。

莫拉莱斯 1959 年 10 月 26 日出生于玻利维亚东南部奥鲁罗省奥里诺卡县的一个贫穷的印第安人矿工家庭。他小时候放过驼羊，因家境贫寒中学辍学后当过矿工和面包工人，还服过一年的兵役。1979 年参加了查巴雷地区的垦殖者工会组织，6 年后，他当选为该组织的领导人。1988 年当选为查巴雷地区古柯农组织执行秘书，1996 年成为玻利维亚全国古柯农组织的领袖。1997 年当选玻利维亚众议员，1999 年组建争取社会主义运动；2002 年作为该党总统候选人参加大选，但在第二轮选举中以微弱劣势失利。在 2005 年 12 月 17 日大选中当选总统，2006 年 1 月 22 日正式就任，成为该国历史上第一位印第安人总统，任期 5 年。

莫拉莱斯在就职演说中说，玻利维亚腐败和贫困问题仍然十分严重，这说明新自由主义模式绝不是解决经济和社会问题的灵丹妙药。因此，玻利维亚将彻底抛弃这种模式，根据本国国情来搞好自己的经济建设。他表示，新政府将严厉打击毒品走私等犯罪活动，主张实行"零可卡因"政策，但反对实行"零古柯"的做法，因为在玻利维亚要完全清除古柯是行不通的。他还说，玻利维亚拥有丰富的自然资源，但还是有那么多的同胞不得不离开自己的祖国去谋生，到国外去找一份不稳定的工作来谋生，这令人感到痛心。他表示，本届政府将采取有效措施，使这些自然资源重新回到人民的手中。关于对外关系，他强调要进一步加强与邻国的友好合作关系，特别要与尚未恢复邦交的智利发展关系，以妥善解决历史遗留问题。

二　莫拉莱斯的执政理念——社群社会主义

莫拉莱斯称自己奉行的是"社群社会主义"（Socialismo comunitario），而委内瑞拉总统查韦斯称莫拉莱斯奉行的是"玻利瓦尔印第安社会主义"①。也有人把莫拉莱斯的主张称为"埃沃主义"。

莫拉莱斯认为，"社群社会主义就是人民生活在社群与平等之中。从根本上看，农民社群里就存在社会主义"，"我认为我们的模式具有更深远的意义。这是一种建立在团结、互惠、社群与共识基础之上的经济模式，因为对我们来说，民主就是共识，在社群中，我们是协商一致"，"我们正在探索建立在社群基础之上的社群社会主义，我们认为，这就是建立在互惠与团结之上的社会主义"②。

从玻利维亚争取社会主义运动的纲领、莫拉莱斯的就职演说和执政以来所采取的政策来看，莫拉莱斯的"社群社会主义"的主要主张是：在玻利维亚实现社会正义，以人为本，承认人的权利；主张参与民主，召开制宪大会，选举真正代表人民利益的议员；承认玻利维亚是多民族、多元文化的国家；以印第安文明和价值为根基、以独立战争英雄的思想为指导，建立"拉美大祖国"；反对帝国主义的企图，主张第三世界国家和人民的团结，声援正在为自由、正义和解放而斗争的力量和运动；反对新自由主义的新殖民主义政策，捍卫主权、经济主权和发展权。国家资源要掌握在

---

① Chávez: triunfo de Evo marca era del socialismo indígena bolivariano, Agencia de Noticias Fides, 23 de enero de 2006.

② 海因兹·迪特里齐：《莫拉莱斯与社群社会主义》，《国外理论动态》2006年第4期。

国家的手中；公社、工会和家庭是争取社会主义运动的社会发展基础，政府将保护它们；解决人民的问题是争取社会主义运动和政府的宗旨；争取社会主义运动主张"社群社会主义"，发展社团民主；保障充足的粮食供应、有效的医疗和良好的教育，捍卫贫困和边缘居民的权益，不断提高人民的购买力，重视落后地区的开发等。

三　莫拉莱斯执政后的重大举措

莫拉莱斯执政已有一年，期间主要采取了以下政策措施：

（1）实行石油和天然气国有化。2006 年 5 月 1 日，莫拉莱斯总统签署第 28701 号最高法令，即玻利维亚天然气和石油国有化法，① 宣布对本国石油和天然气资源实行国有化，并派军队控制了全国油气田。法令的主要内容是：国家恢复对石油天然气资源完全和绝对的控制和所有权；从 2006 年 5 月 1 日起，所有在玻从事石油和天然气生产活动的外国公司，都应向玻利维亚国家石油公司交出所有的石油天然气生产经营权；YPFB 全面负责全国石油天然气产品的管理和商业运作，负责确定贸易的条件、国内市场和出口的规模及价格；在法令发布后 180 天内，所有在玻利维亚运营的外国公司必须按照宪法和法律所要求的条件，与 YPFB 重新签订合同；期限过后，没有重新签订合同的外国公司不能继续在玻从事生产活动；对于不遵守或者拒绝履行最高法令的外国公司，YPFB 将负责这些公司气田的生产活动；在过渡期间，对于 2005 年日均产量达到 1 亿立方英尺的天然气田，其生产价值 82% 归国家（包括 18% 的矿区权使用费，32% 的石油天然气生产税，32% 的额外收益税），18% 归外国公司（包括生产成本、投资收益等）；国家负责全国石油天然气产品的生产、运输、加工、存储、分配、贸易和产业化；对现有的混合制公司实行必要的股份化重组，使 YPFB 在这些公司的股份不少于 51% 。

---

① 玻利维亚天然气和石油国有化法令原文全文，请参阅：Decreto 28071 de Nacionalización de Gas y Petróleo de Bolivia. http：//www. rodolfowalsh. org/spip. php? article1870 Redacción de APM, La nacionalización ha sido completada en forma ejemplar.

石油和天然气国有化法令公布后，巴西、阿根廷、西班牙等国一开始存有疑虑，同玻利维亚发生过这样和那样的矛盾。经过玻政府的一再解释和做工作，外国公司的疑虑逐步消除，双方在一些具体问题上各自作了一些让步。玻一再强调在国有化进程中，玻政府不会没收或驱逐任何公司，在玻已经进行投资的外国公司有充分的权利收回投资，但它们将成为合作伙伴，而非自然资源的拥有者。根据国有化法令，在规定的6个月期限到期之前，玻政府已于同年10月份先后同巴西、西班牙、阿根廷、法国、比利时、英国等在玻经营的所有12家外国石油公司重新进行了谈判，达成了协议，共签订了44项新的合同。玻利维亚国会已于11月30日正式批准了这些合同。外国公司已向玻政府及YPFB移交了多数控制权。与此同时，玻政府也允许外国公司可以从投资中获利，但不能具有控制权。①

（2）召开立宪代表大会。7月2日玻利维亚举行立宪大会选举，这是玻利维亚第一次通过大选的方式产生立宪大会的代表。立宪大会是玻利维亚负责修改宪法的机构。在此次选举产生的全部代表中，有210名由普选产生，另外45名则按照每省5个名额在全国9个省中分别选举产生。选举结果，执政的争取社会主义运动获得了立宪大会255个代表席位中的137席，超过60%，超过了莫拉莱斯当选总统时所得的56%，但不到2/3。立宪大会于8月6日在法定首都（最高法院所在地）苏克雷成立。255名由各地区选举产生的制宪代表及数千名群众参加了成立大会。印第安人妇女西尔维娅·拉扎尔特当选为立宪大会主席。拉扎尔特曾是古柯种植农会的领导人，是执政党争取社会主义运动的骨干成员。在全体制宪代表中，妇女代表和农会、工会代表分别占1/3左右。莫拉莱斯总统发表讲话指出，立宪大会的成立具有历史意义，玻利维亚将借此"重建"一个平等、没有歧视的国家。他呼吁立宪大会为消除玻利维亚殖民化、抛弃新自由主义模式、保障土著居民的公民权利而努力。成立立宪大会的根本目的是起草一部新宪法。近年来，该国不同地区、各利益集团、不同民族之间矛盾纷呈。新政府希望通过制定新宪法来解决矛盾，明确国家今后的发展方向。制宪大会将主要讨论以下几个关键性问题：土地所有权、国家的经

---

① http://www.prensamercosur.com.ar/apm/nota_completa.php?idnota=2580.

济发展模式、区域自治、加强自然资源国有化等问题。① 由于莫拉莱斯所领导的 MAS 在这次选举中没有如愿获得超过 2/3 的席位，这将使玻政府推动颁布新宪法的计划遇到阻力。反对党和一些地方势力强烈要求新宪法必须经 2/3 代表投票赞成才能通过，而 MAS 和莫拉莱斯的支持者则强调只需半数以上代表投票赞成就可通过。此外，莫拉莱斯想使立宪大会成为一个凌驾于立法、司法和行政三权之上的机构，遭到反对党和一些地方势力的坚决反对，他们主张立宪大会的功能仅限于制定新宪法。

（3）举行全民公决，否决扩大地方自治计划。在 7 月 2 日举行立宪大会选举的同时，还就是否给予全国 9 个省更大自治权的问题举行了全民公决。公决的结果，56.2% 的选民反对改革现有的地方自治机制，反对扩大省级政府的自治权力。但在全国 9 个省中，有 4 个省，即东部富裕的圣克鲁斯、贝尼、潘多省和南部塔里哈省的多数人对扩大自治权投了赞成票。所以，这次投票的结果实际上给随后这 4 个省闹分裂埋下了祸根。

（4）进行土地改革。2006 年 6 月 3 日，莫拉莱斯总统在东部圣克鲁斯市将第一批土地国家所有权的证书交给贫穷的农民，从而开始一场他所说的真正的土地革命。莫拉莱斯总统说，这次土地革命的概念比 1953 年进行的土改更广泛、更深刻。除了公正分配土地，还包括国家对小生产者提供技术支持、贷款和补贴。他宣布，政府将分配 200 万公顷国家的土地给农民，在开始阶段分配土地不包括征收私人的土地，以后将会影响到庄园主不生产的土地，政府准备将其收回归国家所有。同年 11 月 28 日，在参议院通过土地改革法以后，莫拉莱斯正式颁布新土改法，根据新土改法，国家有权向庄园主征收部分闲置土地，并按一定比例分配给无地的贫民和土著居民。莫拉莱斯宣布将把大量私有空置土地的所有权收归国有并重新分配给贫民和土著居民，但这一法律遭到一些省，特别是东部省的大庄园主的拒绝。

（5）改变新自由主义的经济模式。莫拉莱斯制定了国家发展 5 年计划（2006—2011），计划强调要改变新自由主义的发展模式，指导计划的四项

---

① El MAS logró más apoyo todavía que cuando Evo llegó a la presidencia, Evo Morales proclama una "triple victoria" electoral en Bolivia, www. rebelion. org, 3 de julio, 2006.

原则是要使玻利维亚成为一个"发展生产的、有尊严的、民主的和主权的国家"。除前面已提到的石油国有化、土改等措施外，计划共分四个部分：一是战略部门，包括石油天然气、矿业、能源、环境资源等；二是就业和收入；三是基础设施和生产；四是生产服务。计划提出经济年增长率达7%。在扶贫方面，制定了扶贫计划和支持团结互助计划，规定每年要创造 10 万个就业机会，第一年重点发展 80 个贫困市（县），5 年内基本消除赤贫（目前玻贫困人口占总人口的 67.3%，赤贫人口占 34.5%）；此外，还制定了扫盲计划，规定在一年内扫盲 72 万人。莫拉莱斯主张打击贩毒活动，但允许农民种古柯。莫拉莱斯政府允许每户农民种 1600 平方米的古柯叶。他说，"应当推动反对贩毒，反对美国军队和警察的干涉"，"只有做到零消费和零市场，才能消灭贩毒"。莫拉莱斯称玻利维亚将实现"零可卡因，零贩毒，但并非零古柯"。莫拉莱斯强调要改变新自由主义的经济模式，必须从结构上解决问题，建立适合于玻利维亚的经济体制。他宣布取消自 1985 年 8 月 29 日开始实施的推行新自由主义计划的 21060 法令，将改变国有企业和私人企业自由裁员的做法，将取消自由进口商品。

（6）奉行独立自主的外交政策。在对外政策方面，莫拉莱斯奉行独立自主的、多元化的外交政策。具体反映在以下几个方面：

第一，加强同古巴和委内瑞拉的关系。外交上，与古巴和委内瑞拉组成"人民间贸易条约"。莫拉莱斯在当选总统后即访问了古巴和委内瑞拉。2006 年 4 月 29 日他再次访问古巴，并在哈瓦那与古巴和委内瑞拉领导人签署了抵制美国支持的美洲自由贸易协定的"人民间贸易条约"，并把这一条约纳入"美洲玻利瓦尔替代计划"框架之内。国际舆论评论说，玻、委、古三国结成了"三国反美联盟"。莫拉莱斯说："在古巴和委内瑞拉，我们感受到了无条件的团结。他们是改变玻利维亚最好的盟友"，三国领导人在签署的文件中提出了多项具体的合作建议，古巴承诺向玻利维亚派遣医生为穷人治病，同时还将派遣教师前往玻利维亚展开扫盲行动。委内瑞拉则承诺向玻利维亚输送汽油，并设立了总额为 1.3 亿美元的开发和社会基金。鉴于哥伦比亚与美国签署自由贸易协定导致玻利维亚的大豆失去市场，古巴和委内瑞拉还承诺收购玻利维亚所有的大豆。

第二，竭力维护同巴西、阿根廷及邻国的良好关系，努力促进拉美地区的一体化。认真处理因天然气国有化所引发的问题和矛盾。玻利维亚宣布油气国有化后，影响了巴西、阿根廷等国公司在玻利维亚的投资利益，使玻与巴、阿，特别是与巴西的矛盾加剧。5 月 13 日莫拉莱斯和卢拉在维也纳会晤后，两国矛盾有所缓和。莫拉莱斯还努力改善同智利的关系。2006 年 3 月，莫拉莱斯去智利参加了智利新总统巴切莱特的就职仪式，并同巴切莱特会晤，这是几十年来，玻利维亚总统首次访问智利。莫拉莱斯虽然批评秘鲁和哥伦比亚同美国签署自由贸易协议，但玻没有退出安共体。巴西总统卢拉、智利总统巴切莱特、秘鲁总统加西亚等南美大多数国家元首都参加了在玻利维亚科恰班巴举行的第二次南美国家共同体首脑会议。

第三，重视发展同欧洲的关系。莫拉莱斯在当选后不久便访问了西班牙和法国。2006 年 5 月中旬，他去维也纳参加了第四届欧拉首脑会议，会议期间会晤了欧洲一些国家的领导人。12 月 1 日，莫拉莱斯对采访他的荷兰电台台长说，玻利维亚同西班牙、法国、荷兰等欧洲国家保持良好的关系。[1]

第四，保持同美国的正常关系，冷而不断。莫拉莱斯在当选总统后曾对媒体说，"在这个世界上，我所知道的唯一的恐怖分子是布什。他的军事干涉，比如说对伊拉克的军事干涉，是国家恐怖主义"。他还说过，他领导的争取社会主义运动"是美国政府的噩梦"。2006 年 1 月，美国助理国务卿香农出席了莫拉莱斯的就职仪式；2 月，美国决定减少对玻的援助，从 8000 万美元减少到 6700 万美元，美国国会宣布将削减 94% 的对玻的军援。3 月，莫拉莱斯同美国国务卿赖斯在智利会晤。莫拉莱斯公开反对美国倡议建立的美洲自由贸易区，认为美洲自由贸易区只对美国的企业有利，将损害拉美国家中小生产者的利益，损害拉美国家的主权，表示玻利维亚新政府不会与美国签署这样的自由贸易协议。莫拉莱斯同查韦斯和卡斯特罗签订了针对美洲自由贸易协议的"人民间贸易条约"，成为"美洲玻利瓦尔替代方案"的成员国之一。9 月 19 日莫拉莱斯在联大发言时举

---

[1]　Entrevista a entrevista de Evo Morales con Fernando Cabrera, de Radio Nederland Wereldomroep, http: //www. informarn. nl/informes/americas/bolivia/act061201_ morales3.

着一片古柯叶，抗议美国批评玻利维亚的反毒政策，强调玻利维亚不会屈从美国的压力。但莫拉莱斯也多次表示，玻利维亚与美国政府的对话是开放的，但是对话必须是平等的，应当尊重玻利维亚人民的主权意志。"我们需要与美国的关系，但不是屈从和服从的关系，这种关系应当是为了解决多数人的问题。不应当有讹诈，不应当附加条件"。

四　莫拉莱斯所面临的挑战和问题

莫拉莱斯执政以来，遇到了国内外的众多的挑战和问题，目前面临的主要挑战和问题是：

（1）地方分裂势力和反对党的挑战。在 7 月 2 日的全民公决否决了扩大地方自治计划之后，成为被称为"半个月亮"的 4 个省，即东部富裕的圣克鲁斯、贝尼、潘多省和南部塔里哈省在反对党的支持下，加紧进行分裂活动。12 月 10 日，上述 4 省决定成立"自治委员会"，负责起草"自治条例"；12 月 15 日，4 省又举行了公开的"市政议会"，会上公开要求新宪法必须经立宪大会 2/3 的代表投票赞成才能制定，不能只经半数以上代表投票赞成就通过。圣克鲁斯省省长在发言中提出了 11 项要求，其中强调地方政府有权确定土地的分配和所有权，公开维护大庄园主的利益，同莫拉莱斯政府的土改政策唱对台戏。4 省还准备在 4 省举行"公民表决"，以通过"自治条例"；甚至还准备起草一部"宪法"，以取代将由立宪大会通过的新宪法。① 12 月 16 日，反对派袭击了争取社会主义运动的总部。应该看到，在反对派的队伍中，除大资本家和大庄园主外，也有一些工会组织和民间团体，还有一些中小企业主，他们担心自己的利益会受到莫拉莱斯所推行的改革措施的影响。

12 月 18 日，莫拉莱斯总统在庆祝他当选总统一周年的集会上说，"寡头不接受一个印第安人总统执政"，"但人民已经解放，谁也阻挡不住人民"。副总统阿尔瓦洛·加西亚说，"新自由主义的先生们，请承认你们在

---

① Matías Mongande la Redacción de APM, La derecha boliviana quiere crear su propia constitución，www. americaeconomica. com/ 19 de diciembre de 2006.

民主方面的失败"，"政府支持自治，但政府不会将军队、警察、土地、自然资源和能源交给地方政府"。

（2）美国的敌视和跨国公司的挑战。莫拉莱斯曾多次指责美国企图派人暗害他，指责美国在背后支持反对派反对玻政府。此外，莫拉莱斯的国有化、土改等改革措施，也触犯了一些在玻利维亚经营的跨国公司的利益，他们对莫拉莱斯政府仍然持观望和保留的态度。

总的来看，莫拉莱斯的执政理念和政策措施，与他的前任有很大的区别。有人称莫拉莱斯所进行的是"21世纪拉美的第一场革命"，也有人称之为"玻利维亚的第二次革命"。在玻利维亚国内外，对莫拉莱斯所采取的措施评价不尽相同。莫拉莱斯能否顺利地把他的改革措施进行下去，有待于进一步观察。

（原载江时学主编《2006—2007年：拉丁美洲和加勒比发展报告》，社会科学文献出版社2007年版）

巴西劳工党和劳工社会主义

一　巴西劳工党的成立

巴西劳工党成立于 1980 年 2 月 10 日，它主要起源于 20 世纪 70 年代末圣保罗劳工自发的工会运动，劳工党的成立是巴西城市和农村地区劳工为改善劳动和生活条件、争取言论和组织自由而长期斗争的结果。

劳工党成立以来，共召开了三次全国代表大会：1991 年 12 月"一大"，1999 年 11 月"二大"，2007 年 8 月 31 日至 9 月 2 日"三大"。此外，劳工党还召开过十多次全国代表会议。劳工党的党章规定，"劳工党是巴西男女公民自愿结合的组织，为争取民主、多元化和团结，为进行旨在消灭剥削、统治、压迫、不平等、不公正和贫困的政治、社会、制度、经济、司法和文化改革而斗争，目的是为了建设民主的社会主义"①。

劳工党的创始人、首任主席和领袖是巴西现总统路易斯·伊纳西奥·卢拉·达席尔瓦。卢拉出生于一个贫苦的农民家庭，由于家境贫困，他只上了 5 年小学，从小就到街上擦皮鞋，12 岁到洗染店当学徒，14 岁成为一家五金厂的正式工人。1975 年，卢拉成为圣保罗地区拥有 14 万成员的冶金工会主席。自 1978 年起，卢拉组织了巴西最大规模的罢工运动，抗议军政府的独裁统治。1980 年 2 月，卢拉与一些工会领袖、进步人士和知识分子创建了劳工党，同年 9 月当选为党的主席，并使该党很快发展成为巴西最大的反对党。1983 年，卢拉参与组建"劳工统一中心"。他领导的工会运动为加快军人独裁在 1985 年下台做出了重要贡献。卢拉曾于 1989

---

① http://www.pt.org.br/portalpt/images/stories/textos/estatutopt.pdf.

年、1994 年、1998 年三次竞选总统。2002 年 10 月，他第四次参加总统选举并获胜，当选巴西第 40 任总统，2003 年 1 月 1 日任职，任期 4 年。他是巴西历史上第一位工人出身的总统。随着卢拉的就职，巴西劳工党首次成为巴西的执政党。

2006 年 10 月卢拉再次当选巴西总统，2007 年 1 月 1 日正式宣誓就职，成为巴西历史上第二位通过直接选举获得连任的总统。巴西劳工党继续成为巴西的执政党。

劳工党领袖卢拉执政 5 年多来，巴西政局总体保持稳定，在经济方面，努力改变使巴西经济陷入恶性循环的新自由主义经济政策，建立以推动社会发展为核心的发展模式，通过降低利率、税制改革、增加出口、加大基础设施投资等措施使巴西经济增长步伐加快，对外资的依赖减少。他承诺严厉打击腐败现象，大力解决就业、教育、卫生、住房、社会治安和贫富悬殊等社会问题。在外交方面，卢拉主张继续巩固南方共同市场，倡导建立南美洲国家联盟，在建立美洲自由贸易区谈判中坚决捍卫巴西的利益，加强同中国、俄罗斯和印度的经贸关系。

二　劳工党的"劳工社会主义"的主要内容

巴西劳工党成立时，就主张要在巴西实现社会主义，但究竟要实现什么样的社会主义，并不明确。时任党主席的卢拉在 1982 年 11 月曾坦率地对记者说："劳工党的方向是社会主义，但究竟是什么样的社会主义，说实话，我不清楚。"[①] 直到 1990 年 5 月 31 日至 6 月 3 日劳工党召开的第七次全国会议，才通过了"劳工社会主义"的决议，首次明确提出"劳工社会主义"。后来，在 1999 年 11 月 24—28 日召开的劳工党"二大"又重申党的指导思想是"劳工社会主义"。

2007 年 8 月 31 日至 9 月 2 日劳工党在圣保罗市举行"三大"，来自巴西全国各地的 1000 多名党员代表代表全国 90 万党员参加了大会。"三大"

---

① Pedro Petit: "Primer Congreso del PT. Alianzas, hegemonías y divergercias", en *Nueva Sociedad*, No. 121, septiembre – octubre, 1992, pp. 68—77, www. nuso. org.

是卢拉执政以来，作为执政党，劳工党首次召开党代会。"三大"又一次专门通过了有关"劳工社会主义"的决议，重申劳工党在新的历史条件下，在 21 世纪面临的挑战是"重建社会主义的选择"，确定把社会主义事业作为党的基本的、历史性的和理论性的任务。

劳工党"三大"通过的有关"劳工社会主义"的决议共 20 点，其主要内容如下：①

（1）劳工党成立于 20 世纪 70 年代末 80 年代初，它是城市和农村地区劳工为争取改善劳动和生活条件、言论和组织自由而斗争的产物。在同军事独裁斗争中，在受剥削的困难条件下，从一开始，在建党过程中，劳工们得到了知识分子、自由职业者、人权捍卫者、基层教会组织、青年、学生的认可，得到由妇女、环保者、黑人、同性恋者等组织参与的社会运动组织的支持和参与。同军事独裁进行过斗争的左派组织的党员起了很大作用。

（2）劳工党反独裁和争取巴西社会民主化的斗争出自于反对资本主义的信念，民主是与不公正、社会排斥、饥饿、暴力、战争和自然的被毁坏不相容的；对民主的承诺使我们都成为反资本主义者，把我们的民主斗争看成是反资本主义的选择。

（3）苏联的解体和东欧的剧变、东欧的颜色革命并没有带来社会主义的革新，而是给野蛮的资本主义的建立打下基础；而欧洲的民主社会主义逐渐放弃了过去改革的思想并开始取消第二次世界大战后建立起来的福利国家。

（4）新自由主义并没能掩盖其保守主义和倒退的本质；全球化的概念被用来否认民族国家；以激进的个人主义名义，用消费者取代公民，否认阶级斗争，宣布"历史的终结"，取消任何资本主义的取代计划，攻击民主，否认国家主权。

（5）柏林墙倒塌后，人类处在唯一的霸权强国美国的统治下，在"华盛顿共识"的影响下，新的国际秩序在外围国家推动了经济战略部门的私

---

①　关于"劳工社会主义"的原文（葡萄牙语）全文，请参见：Resolução sobre Socialismo Petista http：//www. pt. org. br/portalpt/index. php？ option = com_ content&task = view&id = 8395&Itemid =319.

有化。

（6）在资本主义外围国家，特别在拉美国家，这一共识的影响是强烈的，新自由主义意味着金融资本把持着生产活动。新自由主义想克服拉美国家通胀加剧、外债增加的财政危机。经济的调整没有达到主要目标：解决宏观经济的失衡，反而使宏观经济形势恶化，造成非工业化和土改的倒退，使贫困和社会排斥增加。

（7）新自由主义在巴西的影响比较晚，在拉美大多数国家是从80年代开始，在巴西，由于工人的和中产阶级的抵制，推迟了十年。90年代新自由主义对巴西的影响要小于拉美。巴西的社会运动、左派党和中左党派在抵制新自由主义方面功不可没，特别是劳工党。自2002年起，形势发生了变化。

（8）2002年劳工党候选人卢拉在大选中获胜，使劳工党在一个资本主义国家和阶级社会中成为执政党。在巴西，权力不仅是政治权力，还包括经济、媒体和军事。建立一个超越资本主义秩序的新社会的理想使我们的党员和领导人认识到，建立一个主权和民主的国家是为在巴西建立社会主义而斗争的组成部分。

（9）尽管近四年巴西和拉美其他国家都发生了变革，但是，无论在巴西，还是在拉美，新自由主义思想仍占主导地位。今天我们生活在一个过渡时期，这一时期将多长还不清楚，我们的任务是提出一个新自由主义的替代方案。克服新自由主义的思想，要通过具体的替代方案，这具有十分重要的意义，我们在21世纪面临的挑战是重建社会主义的选择。

（10）世界金融危机说明资本主义的脆弱性，但危机本身不一定会引发革命和社会进步的变革，常常会兴起反动、反革命的运动。

（11）卢拉首任期间和第二任以来在完成民主任务、捍卫国家主权方面的成就是力量积累重要的一步，它不仅使巴西社会公正，而且是巴西独立民主。巴西和20国集团在世界贸易组织中保持坚定的立场，反对保护主义，结束同国际货币基金组织的协议，建立南美洲共同体等说明卢拉联合政府的主权。

（12）同社会民主党和共产党进行批判性对话，从建党时起，"劳工社会主义"是一个理论和政治建设的进程。在1990年党的第七次全国会议上通过的"劳工社会主义"的文件对资本主义进行了批判，对 20 世纪社会主义的进步和倒退进行了反思。我们这一反思在同全世界几十个政党和组织，特别是拉美的政党和组织的接触中得到了丰富，重新思考资本主义的替代方案。

（13）与 20 世纪许多占优势地位的思潮不同，"劳工社会主义"没有一个单一的政治和哲学模式，它包括左翼阵营广泛的多元思想；它将反对资本主义社会，乃至所谓社会主义的社会里的经济剥削和一切压迫的形式；劳工社会主义反对一切形式的种族歧视、性别歧视、宗教歧视和意识形态等方面的歧视。

（14）民主不仅是实现人民主权意愿的工具，还是目的，是目标，是我们政治行动的固定的价值；"劳工社会主义"是彻底民主党，因为它要求政策社会化。它意味着将民主扩大到所有人，将政治、个人化集体自由和经济、社会权利相结合。

（15）"劳工社会主义"捍卫发言权和表达权，使民众拥有物质财富和象征财富，具有文化和知识生产条件；捍卫和扩大人权；主张尊重法制民主国家，将代议制民主与建设保证公民参与方式的公共空间相结合，使社会能控制国家；"劳工社会主义"意味着与民主不可分的共和国实践。

（16）"劳工社会主义"建立一种新的经济，使经济增长与收入分配相协调，发挥国家在民主计划经济中的作用；使国有制、非国家公有制、私有制和集体私有制共同存在；在巴西，要特别重视土地改革的深化，和家庭农业与农业企业的关系。

（17）"劳工社会主义"应该关注劳动关系，尽管由于科技的巨大变化，生产率发生巨大变化，但工作时间仍几十年没有变化。应当减少日工作时间。应该充分就业。

（18）"劳工社会主义"主张自然资源集体民主所有，不能私有化，要保护生态，为后代着想。

（19）"劳工社会主义"将本国建设与国际主义的前景相结合，国际关系应进行彻底的改革，我们需要一个多边的和多极的世界，减少经济和社会发展的不平衡，不应屈从于大国的霸权主义。我们需要一个民主的世界，各国都应保障和平，建立一个没有饥饿、疾病，没有遗弃的孩子，对男女来说都有前景和希望的世界；为大陆团结，特别是南美洲团结而斗争。

（20）"劳工社会主义"以劳工为本，不断取得经济、社会、政治和文化新的成果，为新的成果开辟道路；在不忽略现在的前提下，将目光投向未来。

根据劳工党的党章，劳工党公开允许并承认党内的各种流派，目前党内有 6 种主要流派，从中间派到激进左派，其主张不尽相同。但各种流派有一个共同点，就是一致反对资本主义，主张社会主义。卢拉认为劳工党最重要的任务，就是要塑造一个巴西的社会主义模式，而不是照抄照搬其他国家的经验。劳工党认为，工人阶级的解放"要求在一个社会主义的世界上实行反对资产阶级的彻底的民主"。劳工党相信，只有社会主义才有真正的民主；同时，没有民主便没有社会主义。劳工党认为，社会主义事业"应该吸纳反对各种形式压迫的不同社会运动的观点，例如妇女的、黑人的、青年的、同性恋的……这些观点是推翻资产阶级统治基础所不可或缺的，也是争取巴西人口大多数投入到革命进程所不可或缺的"。社会主义还应吸纳文化和环保运动，因为资产阶级对这些运动的利用使它们"失去了批判的品格"。

2003 年 1 月 1 日，劳工党领袖卢拉正式就任巴西总统，劳工党首次成为巴西执政党。对劳工党来说，成为执政党之后，党的工作重点和政治取向都面临着转型的问题。在这个问题上，劳工党内部意见并不一致。在与中右党派结盟、政府的社会经济政策等方面，劳工党内都有不同的声音。党内和社会上对劳工党目前的定位以及卢拉政府的政策意见不一。此外，劳工党成为执政党后，所出现的最大问题是党内腐败现象严重。劳工党原主席热诺伊诺，原总书记西尔维奥·佩雷拉，劳工党党员、政府第二号实权人物、总统府办公室主任若泽·迪尔塞乌、党的司库德卢维奥·苏亚雷斯等好几位党的领导人纷纷卷入腐败事件，使党的威信大受影响。2004 年 5 月 7 日，以埃洛伊萨·埃莱娜为代表的原劳工党一些议员，因不满卢拉的政策，认为卢拉的政策偏右，宣布退出劳工党，另成立了新左派政党社会主义自由党。

尽管如此，在 2006 年的大选中，卢拉再次当选总统，劳工党赢得了

83 个众议院议席和 12 个参议院议席。考虑到腐败丑闻的负面因素，劳工党能够基本保住原来拥有的大部分议席，实属不易。当前，劳工党仍面临巴西政坛和国内外的种种难题和挑战，劳工党的所作所为不仅关系到劳工党自身的兴衰荣辱，而且影响着巴西乃至整个拉美政治发展的走向。

2007 年劳工党"三大"再次通过有关"劳工社会主义"的决议，重申劳工党在新的历史条件下，在 21 世纪面临的挑战是"重建社会主义的选择"，确定把社会主义事业作为党的基本的、历史性的和理论性的任务，这对统一党的思想，明确党今后的任务有着重要的意义。

三　对劳工党"劳工社会主义"的初步看法

巴西劳工党是拉美最有影响的左派党之一，在 20 世纪 90 年代初苏东剧变、国际共产主义和社会主义运动出现低潮时，它与古巴共产党等拉美一些左派党一起，于 1991 年创建了"圣保罗论坛"，对拉美左派的重新崛起和拉美和世界社会主义运动的振兴起了积极的作用。2001 年 1 月，以卢拉为领袖的巴西劳工党还倡导发起"世界社会论坛"，与"世界经济论坛"分庭对抗，它汇集了世界上反对"新自由主义全球化"的广泛阶层，探讨有关世界发展的重大问题，产生了重大的国际影响。至 2008 年 1 月，共举行了 8 届"世界社会论坛"，其中有 4 届（2001 年、2002 年、2003 年和 2005 年）是由巴西劳工党主办，在巴西的阿莱格里港举行的。

笔者认为，劳工党的"劳工社会主义"可以说是具有巴西特色的社会主义。需要指出的是，尽管劳工党目前在巴西处于执政地位，但劳工党并不认为巴西现在是社会主义国家，而是认为巴西目前仍然是一个资本主义国家；劳工党也并没有认为，卢拉政府所执行的政策是社会主义的政策。劳工党认为，在现阶段，为了治理国家，卢拉不得不同巴西的中右力量结盟。无论是卢拉总统，还是劳工党并没有急于在巴西立即实现社会主义，在这一点上，卢拉和巴西劳工党的做法同委内瑞拉的查韦斯总统及其领导的委内瑞拉统一社会主义党是不同的。但是，劳工党认为，应该提出一个新自由主义的替代方案，劳工党在21世纪所面临的挑战是重建社会主义的选择。劳工党强调，"建立一个超越资本主义秩序的新社会的理想使我们的党员和领导人认识到，建立一个主权和民主的国家是为在巴西建立社会主义而斗争的组成部分"。

巴西劳工党常常被认为是属于社会民主党性质的政党，劳工党提倡的"劳工社会主义"被认为是民主社会主义在拉美和巴西的变种。然而，迄今为止，巴西劳工党并没有加入社会党国际。对于劳工党与社会党国际和社会民主党的关系，劳工党强调，巴西劳工党自成立起，一直同社会党国际和各国社会民主党保持定期的联系。1991年12月在劳工党召开"一大"后，巴西不少媒体评论说，劳工党已成为一个社会民主党。有记者问时任劳工党主席的卢拉："您此时是否已是一个社会民主党的主席？"卢拉回答说："不是，我继续说一个社会主义政党的主席。"① 劳工党在"一大"通过的文件中强调，"劳工党同社会民主党保持着，并将继续保持着公开和坦诚的关系"，"但是，劳工党不把社会民主党看作解决巴西社会困难的一个出路"。2003年10月，已是巴西总统的卢拉出席了在圣保罗召开的社会党国际"二十二大"，并在开幕式上致辞。在2007年劳工党举行"三大"之际，巴西国内右派势力千方百计想使卢拉脱离劳工党。针对这一企图，卢拉在"三大"公开向与会的1000多名党代表表示："高原宫（总统府）是为你们服务的"，"我们的党在发生变化，这是事实。为什么会发生变化，是因为现实在变化。但是，我们对巴西社会最受排斥的阶层的承诺没有变"，卢拉说，"我并不因为我是劳工党党员、胸口别着劳工党红星的党徽而感到害怕。劳工党是使巴西迈开通向尊严的大步的伟大的缔造者之一，这是全世界都公认的"②。

应该说，目前巴西劳工党"劳工社会主义"的理论和实践还不是很完备，劳工党的一些主张同民主社会主义确实有不少相似之处，如主张政治多元化、多党制，奉行改良主义，等等。因此，它尚不能说是科学社会主

---

① Pedro Petit："Primer Congreso del PT. Alianzas, hegemonías y divergercias", en Nueva Sociedad, No. 121, septiembre – octubre, 1992, pp. 68—77, www. nuso. org.

② Prensa Frente Transversal: *Resumen del último Congreso del PT brasileño*, http: // fogonesdelapatria. blogspot. com/2007/09/resumen – del – ltimo – congreso – del – pt. html.

义。目前巴西劳工党的"劳工社会主义"正在探索和发展之中，对"劳工社会主义"，我们应进行深入研究和观察。

（原载《当代世界社会主义问题》2008 年第 4 期）

尼加拉瓜桑地诺和桑地诺主义

一　桑地诺及其主义

奥古斯托·塞萨尔·桑地诺（1893—1934）是尼加拉瓜著名的民族英雄。桑地诺主义是指桑地诺本人的思想和业绩。此外，桑地诺主义通常也指 1961 年由卡洛斯·丰塞卡（1936—1976）创建的以桑地诺命名的桑地诺民族解放阵线（简称桑解阵）的理论与实践。

桑地诺出生在尼加拉瓜马萨亚省尼基诺莫村，其父是庄园主，母亲是家仆。1921—1922 年他在洪都拉斯和危地马拉打工。1923 年在墨西哥坦皮科一家美国石油公司当机械师，并参加当地反帝爱国斗争。1926 年回国，在新塞哥维亚省率领爱国志士宣布起义，参加自由党反对亲美保守党政府的斗争。同年 12 月，以萨卡沙和蒙卡达为首的自由党人在卡贝萨斯港成立护宪政府，桑地诺立即响应并去该港会见他们，要求接济军火，未果。同月美军占领该港，护国军不战而退。桑地诺于 1927 年 2 月返回北部山区开展武装斗争，建立根据地。同年 4 月，桑地诺被任命为护宪军将军。他组织骑兵击败迪亚斯保守党政府军，打通了进军马那瓜的要道。然而，身为护宪军司令的蒙卡达率军向美军投降。

在护宪军将领中只有桑地诺拒绝投降。他在新塞哥维亚省创建尼加拉瓜保卫军，坚持抗战长达 7 年。保卫军占领了大西洋沿岸 8 个省的广大农村地区，控制了一半以上的国土，迫使美国侵略军于 1933 年 1 月全部撤出尼加拉瓜。美国撤出后，桑地诺应立宪政府萨卡沙总统的邀请赴首都马那瓜谈判，1934 年 2 月 2 日签订"和平协定"。2 月 21 日，第二次谈判的最后一天，国民警卫队头子索摩查（1896—1956）秉承美国旨意，派人杀害了桑地诺。

在抗击美国侵略军的斗争中，桑地诺逐步形成了他的民族革命的思想。主要内容为：

（1）提出"自由祖国"概念，以"要祖国，要自由"为革命誓言，反对民族压迫，明确指出美帝国主义是尼加拉瓜人民的主要敌人。

（2）采取以游击战为主要形式的人民武装斗争，在山区开展根据地，建立"尼加拉瓜主权保护军"，发动工农群众参加武装斗争。

（3）提出统一战线政策，建立由各阶层和各派政治力量参加的国内统一战线。

（4）积极争取建立中美洲和拉美各国团结一致共同反美的国际统一战线。桑地诺曾几次写信给拉美各国总统，主张成立拉美国家联盟，用玻利瓦尔的拉美主义对抗美国的门罗主义。

桑地诺主义反映了当时尼加拉瓜资产阶级中进步的民族主义思想。

二　丰塞卡和桑地诺民族解放阵线

桑地诺民族解放阵线创始人卡洛斯·丰塞卡（1936—1976）1936年6月23日生于马塔加尔帕市，父亲是美资矿山的出纳，从小过着贫困的生活，当过报童。1953年上中学时，学习了《共产党宣言》等马列主义书籍，同年参加尼加拉瓜社会主义党。1956—1957年在尼加拉瓜国立自治大学法律系学习时，组织马克思主义学生支部。1957年作为尼加拉瓜代表参加在莫斯科举行的第六届世界青年与大学生联欢节并访问苏联和东德。回国后被监禁。1959年在查帕拉尔武装行动中负伤后，曾到古巴养伤并学习古巴革命的经验。1961年7月，他与博尔赫等人在洪都拉斯的特古西加尔巴创建了桑地诺民族解放阵线。1963年回国领导在尼加拉瓜国内的游击斗争。1968—1974年任桑解阵总书记。1971年访华。1976年在游击战中牺牲。丰塞卡对桑地诺思想进行过系统的研究，是最早提出把桑地诺思想与马克思列宁主义结合起来的尼加拉瓜革命领导人，著有《桑地诺思想》等。

在反对索摩查独裁政权的民族民主运动中，尼加拉瓜的革命者在新的历史条件下，根据尼加拉瓜的实际情况发展了桑地诺思想，使之在一定程度上突破了资产阶级民族主义思想范畴，赋予新的历史意义。这在桑解阵的纲领、路线、政策和行动中都有体现。主要有：

（1）明确指出桑解阵是工人阶级及其同盟军农民的先锋队，革命领导力量是工人阶级，动力是工人、农民和小资产阶级，对象是亲美的独裁统治集团索摩查家族、地主寡头和资产阶级，革命的方向是社会主义。

（2）在农村和山区建立根据地，通过以游击战为主要形式的武装斗争道路，而后发动全国起义，夺取政权。革命胜利后，解散旧军队，建立人民军队。

（3）建立以工农联盟为基础的统一战线，联合一切反索摩查的阶级、政党和群众组织进行斗争，并在联盟中保持桑解阵的领导权。

（4）积极争取拉美各国以及世界其他地区广泛的国际支援，以孤立索摩查集团。

1975—1978 年，由于在斗争战略上的分歧，桑解阵内部形成三派，即无产阶级派、持久人民战争派和起义派即第三派。1976 年，桑解阵创始人丰塞卡在游击战中牺牲。1978 年 7 月，桑解阵三派在起义派纲领的基础上，达成统一战略、协调行动协议。桑解阵通过武装斗争，领导和发动人民举行全国起义，终于于 1979 年 7 月 19 日推翻了索摩查的独裁统治，取得了民族民主革命的胜利。

三　1979 年革命胜利后的桑解阵主导思想的演变

在革命胜利后，桑解阵从 1979 年 7 月一直执政到 1990 年 4 月，长达 11 年。桑解阵把政治多元化、混合经济和不结盟外交确定为建国三原则。桑解阵于 1980 年召开第一次代表大会，宣布成立桑地诺主义党（仍沿用桑解阵名称）。在 1979—1984 年民族复兴政府时期，在政治上，桑解阵领导的民族复兴政府在加强自身建设、确保领导权的条件下，允许各种政治组织自由活动，吸收其代表参加执委会、国务委员会和内阁。在经济上，约占国民经济 40% 的国营经济同私营经济"和平共处"。在外交上，以丹尼尔·奥尔特加（Daniel Ortega，1942—）为首的民族复兴政府强调尼加拉瓜奉行不结盟的外交政策。但在实际上，尼加拉瓜同苏联和古巴的关系十分密切，同美国的关系日趋恶化。

在 1984 年举行的大选中，桑解阵以 67% 的有效票获胜，奥尔特加当选为总统，以奥尔特加为首的新政府取代了执政委员会和民族复兴政府。

桑解阵领导人曾公开表示自己是马克思列宁主义者，指导思想是马列主义和桑地诺思想，革命的方向是社会主义。如丹尼尔·奥尔特加的哥哥、曾任桑地诺人民军总司令及桑解阵全国领导委员会成员的温贝托·奥尔特加在他 1975 年所著的《自由人民的道路——桑地诺主义者斗争的五十年》一书中说："在革命先锋队的领导方面，则奠定了以马列主义方法指导斗争的基础。"[1] 1977 年 5 月，桑解阵起义派（丹尼尔·奥尔特加和温贝托·奥尔特加原属于这一派）发表的《争取桑地诺人民革命胜利的政治军事总纲》明确指出："推翻索摩查暴政，建立人民民主革命政府是桑地诺人民革命的当前目标"，"这是一场革命战争，因为它依靠工农联盟，并在马克思列宁主义先锋队的领导下，不仅要推翻索摩查集团，而且还为桑地诺革命准备条件，使它能通过民主的进程而走向社会主义。"[2]

然而，1985 年后，桑解阵不再提社会主义。1987 年桑解阵主要领导人丹尼尔·奥尔特加总统宣称："现在不是搞社会主义的时候，我们的社会模式不是东欧式的，也不是古巴式的，而是斯堪的纳维亚国际的模式。"

由于尼加拉瓜连年战乱，美国封锁和禁运，国民经济发展停滞不前，人民生活得不到改善，再加上桑解阵政府在一些政策上的失误，以及 20 世纪 80 年代末东欧剧变、美国对尼加拉瓜反对派的支持等因素，桑解阵在 1990 年 2 月 25 日的大选中失利，同年 4 月 25 日交出政权，桑解阵成为国内第一大反对党。在 1994 年、1998 年和 2002 年的大选中，桑解阵由于党内分歧，力量削弱，连续失败。

在 2006 年 11 月 5 日的大选中，桑解阵领导人奥尔特加以 38.1% 的微弱优势获胜，于 2007 年 1 月 10 日他再次就任总统。奥尔特加在竞选中，声称自己已放弃了当年的马克思主义理想。再任总统以来，对内和对外政

---

① ［尼］温贝托·奥尔特加·萨维德拉：《《自由人民的道路——桑地诺主义者斗争的五十年》，商务印书馆 1981 年版，第 81 页。

② 李春辉、苏振兴、徐世澄主编：《拉丁美洲史稿》下卷，商务印书馆 2001 年版，第 227—228 页。

策都有较大幅度的调整。

桑解阵现有党员 12 万人。1992 年 9 月正式加入社会党国际。党内曾多次发生分裂，1994 年分裂为正统派和改革派。1995 年包括前副总统塞尔西奥·拉米雷斯等全国委员会 7 名重要成员退党，另成立新党桑地诺革新运动。1996 年又有一些党的领导成员退党。2005 年年初，亨利·路易斯和赫蒂·莱维特斯等原桑解阵领导成员另组"解救桑地诺主义运动"。

2002 年桑解阵召开第三次全国代表大会，组成由 40 人组成的桑地诺委员会和 8 人组成的执委会。奥尔特加当选为总书记，托马斯·博尔赫（1930—2012）任副总书记。

（原载徐世澄主编《拉丁美洲现代思潮》，当代世界出版社 2010 年版）

圣保罗论坛成立 20 周年与拉美左派崛起

一 圣保罗论坛成立 20 周年和论坛第 16 次会议

2010 年 7 月，是拉美左翼政党和组织的协调机构——圣保罗论坛成立 20 周年之际。8 月 17 日至 20 日，在阿根廷首都布宜诺斯艾利斯举行了圣保罗论坛第 16 次会议，来自世界 33 个国家的 54 个左翼政党和组织的 600 名代表与会。这次会议的主要议题是"巩固拉美民众主义、进步和左翼政党的团结，深化变革，巩固一体化，击退右翼的进攻"。8 月 20 日，阿根廷前总统、阿正义党主席和南美洲国家联盟秘书长基什内尔在会议闭幕式上讲了话，呼吁拉美国家推动收入分配改革，稳步提高劳工收入水平，缩小贫富差距并推动社会公正。他强调，拉美国家需要对不合理的发展模式进行反思，调整经济和社会政策。

会议通过的《最后声明》充分肯定了圣保罗论坛成立 20 年来所取得的巨大成绩和进展，总结了论坛的经验，指出了拉美左翼政党和组织当前所面临的主要任务和挑战。声明指出，近 20 年拉美政局发生了深刻的变化，特别是从 1998 年以来，拉美左翼政党纷纷上台执政。1990 年圣保罗论坛成立时，拉美只有古巴一个国家由左翼政党（即古巴共产党）执政，而今天，左翼政党已在委内瑞拉、巴西、阿根廷、玻利维亚、厄瓜多尔、乌拉圭、尼加拉瓜、萨尔瓦多等十多个拉美国家执政。圣保罗论坛已成为拉美左翼政党和组织"团结、声援、交流和合作的空间，成为拉美地区新的政治舞台"。声明肯定了拉美左翼政府为扩大人民群众的民主权利，提高民众的生活质量，建立和加强拉美一体化组织如美洲玻利瓦尔联盟、南美洲国家联盟、拉美和加勒比共同体等所作的努力。

声明还指出，拉美地区的变化是在新自由主义—资本主义发生危机、美国霸权日益衰落的背景下发生的。在拉美，国家与民族利益、团结、一体化和社会主义已取代了资本主义的市场经济模式，多元化和多极化已取代了帝国主义的单边主义。拉美进步的、民众主义的社会运动，左翼政党、组织、议员，左翼掌权的地方政府、州政府和中央政府都积极参与了这些变化。如果没有它们的行动，拉丁美洲会像其他地区一样，新自由主义危机会给保守主义开辟道路。圣保罗论坛成立时，新自由主义正处在上升时期，欧洲的社会主义发生了深刻的危机，美国的单边主义盛行。20 年来，拉美的左派政党和组织进行了抵抗和斗争，提出了建议，捍卫了自己的思想，建立了革新的政府，战胜了那些鼓吹唯一的思想和历史终结的人。但拉美国家内部的保守势力以及他们的国外盟友不愿意接受这一现实，他们千方百计企图阻挠和改变左翼的进程。为此，他们动用各种手段，包括媒体宣传、选举和公决，甚至策动政变、进行经济封锁和施加军事压力等。

声明强调说，论坛第 16 次会议是在近年来人民群众与右翼展开政治斗争、就地区发展方向进行激烈争辩的时刻召开的。2009 年，拉美左翼取得了重要的进展。玻利维亚和厄瓜多尔的左翼总统获得连任，乌拉圭的左翼广泛阵线在大选中取得巨大胜利，萨尔瓦多左翼"法拉本多·马蒂民族解放阵线"在大选中获胜。在这些拉美国家以及墨西哥、秘鲁等国，圣保罗论坛在团结左翼力量方面发挥了积极作用。但目前拉美右翼和美国正在向拉美左翼和进步力量发动反攻。为了打败右翼和帝国主义的进攻，继续前进，论坛第 16 次会议提出，拉美左翼、进步政党和组织今后的重要任务是：加强进步政党、民众主义政党和左翼政党之间的团结；巩固已有的成就，不给右翼任何活动的空间；深化由左翼执政国家的变革，支持那些尚未执政的左翼政党，打败右翼的进攻；加快一体化的进程；促使进步和左翼力量执政的政府开始实施拉美和加勒比新发展模式。声明指出，"圣保罗论坛是成功的倡议。但是，我们的目标并没有都已实现"。论坛号召拉美左翼政党和组织加强团结，选择一条变革的道路，建立新的经济社会发展模式和执政方式，反击新自由主义—资本主义和捍卫社会主义。

会议还专门邀请了 2009 年 6 月被军事政变推翻的洪都拉斯前总统塞

拉亚，以洪都拉斯人民抵抗民族阵线的代表的身份与会，并决定吸收该阵线为论坛成员。

第 16 次会议除举行全会外，还举行了各种专题会议，讨论了议员、州或省领导、青年、妇女、人权、地区安全政策、反对有组织犯罪、禁毒、环保和气候变化、社会运动、文艺工作者、媒体民主化、国家主权、非殖民化、移民等问题，共通过了 38 项声明或决议。其中有一项决议表示声援古巴革命，再次要求美国结束对古巴的经济、金融和贸易封锁，要求美国释放 5 名被关押的古巴特工。另一项决议支持阿根廷收复马尔维纳斯群岛的主权的斗争；还有一项决议表示反对帝国主义的战争道路，主张和平和对话解决伊朗核问题，支持巴西、土耳其和伊朗达成的协议；要求撤出所有在拉美的外国军事基地，维护拉美地区的和平。认为美国对拉美的战略的主要表现是"哥伦比亚计划"、建立新老军事基地、恢复第四舰队、以各种借口向拉美国家派遣特务和警察等；主张充分发挥南美洲国家联盟的调解作用，支持哥委两国恢复外交关系，支持南美洲防务理事会的成立。

圣保罗论坛第 16 次会议决定，第 17 次会议将于 2011 年在尼加拉瓜首都马那瓜举行。

二　圣保罗论坛的发展历程

圣保罗论坛是拉美地区最具代表性和影响力的、由拉美大多数左翼政党和组织参加的协调和磋商机构，因 1990 年 7 月在巴西圣保罗市举行首次论坛会议而得名。当时，东欧剧变使世界社会主义运动处于低潮，拉美地区不少左翼政党和组织在思想上和理论上陷入混乱和困惑，迫切需要一个讨论空间，以明确和把握政治方向。同时，随着资本主义全球化的迅速发展，尤其是新自由主义全球化对包括拉美各国在内的发展中国家带来的不良影响，向拉美左翼政党和组织提出了批判资本主义、辨析社会主义、寻求新自由主义替代方案的任务。在这种情况下，拉美左翼政党和组织开始寻找团结合作的新形式。

1990 年 7 月初，由巴西劳工党发起，在古巴共产党的大力支持下，来自拉美 13 个国家的 48 个政党和组织的代表在圣保罗举行第一次集会，宣告了论坛的成立。会议讨论了世界和拉美地区经济、社会和政治发展等重大问题，应对新自由主义的攻势。围绕拉美形势和前景等问题，与会代表基本达成共识，多数代表表示要在重大问题上协调力量，采取共同行动，并约定此后一般每年举行一次论坛会议。圣保罗论坛成立的宗旨是：反对资本主义全球化、反对新自由主义，倡导进行合法斗争，替代现行的不合理的国际秩序，争取民主的未来和全球善治。论坛的特点是：广泛多元的参与主体，民主自由的组织形式，激进开放的主张。

1991 年 6 月 12—15 日，论坛在墨西哥城举行第 2 次会议，拉美 22 国 68 个政党组织的代表与会。会议决定将拉美左派党一年一度的会议正式定名为"圣保罗论坛"。与会各党认为东欧剧变对国际上争取社会主义的斗争不利，但是，对各国共产党人尤其是拉美革命者来说，不应放弃争取社会主义的旗帜。

第 3 次会议于 1992 年 7 月 16—19 日在尼加拉瓜首都马那瓜举行，拉美 69 个政党组织的代表出席。会议分析了拉美地区的严峻形势、苏联解体对国际化拉美形势的影响以及拉美左翼政党、民主力量和人民应走的道路。自马那瓜第 3 次会议起，除拉美地区左派党和组织的代表外，论坛还邀请其他地区的共产党及左派政党和组织的代表作为观察员与会，但他们只有发言权，没有投票权。

第 4 次会议于 1993 年 7 月 21—24 日在古巴首都哈瓦那举行，拉美 112 个政党组织的千余名代表出席。大会批判了当时盛行于拉美的新自由主义，谴责美国对古巴的封锁，会议还就拉美共运状况及前途、拉美人民的斗争状况和政策进行了讨论。

第 5 次会议于 1995 年 5 月 25—28 日在乌拉圭首都蒙得维的亚举行，拉美近 30 个国家的 100 多个政党组织的代表出席。会议讨论了拉美的政治、经济和社会形势，地区一体化进程等问题。

第 6 次会议于 1996 年 7 月 26—28 日在萨尔瓦多首都圣萨尔瓦多市举行，拉美及世界其他地区的 144 个政党组织的代表出席。会议重点讨论了全球化和地区一体化进程等问题。

第 7 次会议于 1997 年 7 月 31 日至 8 月 3 日在巴西的阿雷格里港举行，

拉美20个国家的58个政党组织的代表出席。会议的中心议题是"给新自由主义寻求一个人民的和民主的替代出路",会议通过的"最后声明"严厉批判了新自由主义,会议还纪念切·格瓦拉遇害30周年。

第8次会议于1998年10月29日至11月1日在墨西哥城举行,拉美44个政党组织的代表出席。会议的中心议题是"面向21世纪的拉美左翼",对拉美面临的重大政治、经济和社会问题进行了讨论。

第9次会议于2000年2月18—21日在尼加拉瓜马那瓜举行,拉美及欧洲、北美、亚洲、非洲39个国家的90多个政党组织的代表与会。会议除继续批判新自由主义外,着重探讨如何从本国和自身的实际出发建立替代发展模式。会议的声明指出:实践证明,世界上占统治地位的社会模式——资本主义,没有能力解决困扰拉美大陆的落后、贫困和社会不公正,财富在增长的同时却比以往任何时候都更加集中,社会边缘化和社会排斥愈加残酷等问题。

第10次会议2001年12月4—7日在古巴哈瓦那举行,来自拉美以及欧洲、北美、亚洲和大洋洲86个国家的138个政党和组织的3 000名代表或观察员参加了这次会议。这是迄今为止,参加政党和代表人数最多的一次会议。第10次会议将圣保罗论坛定性为"左派、反帝、反对新自由主义、反对一切殖民主义和新殖民主义、团结互助和参与制定'替代方案'的空间"。在圣保罗论坛几次会议的文件中,均提出了"替代方案"、"替代模式"、"替代战略"、"替代社会"、"替代秩序"等概念,其战略目标是替代新自由主义。这次会议认为,新自由主义在拉美已经失败,要加强拉美社会进步力量的团结,通过开展议会斗争和发动群众运动来抵制美洲自由贸易区的建立。

第11次会议于2002年12月2—4日在危地马拉首都危地马拉城举行,来自拉美22个国家的33个左翼政党和组织的600多名代表以及欧洲、亚洲和北美洲11个左翼政党和组织近百名代表与会。会议通过的《最后声明》认为,目前的世界不平等、不公正,发达国家大肆掠夺和野蛮剥削发展中国家,因此应推动建立一个公正合理的国际政治经济新秩序,并抵制美国倡导的美洲自由贸易区;现阶段资本主义的主要特征是新自由主义。阿根廷、巴西和乌拉圭的经济危机是推行新自由主义所酿成的苦果。声明还批判美国实行单边主义政策，大搞军事霸权主义，严重威胁世界和平。

第 12 次会议于 2005 年 7 月 1— 4 日在圣保罗举行，并专门就圣保罗论坛成立 15 周年举行了庆典，圣保罗论坛的创始人之一、巴西劳工党领袖、巴西总统卢拉参加了庆典。出席这次会议的有来自拉美 16 个国家的 36 个左翼政党和组织以及欧洲、亚洲等其他地区共 30 多个国家的 150 个左翼政党和组织的代表，共 364 人。会议的主题是"拉丁美洲人民和国家的一体化"。会议经过充分讨论，通过了《圣保罗宣言》，宣言回顾和总结了论坛成立 15 年来走过的历程，分析了当前拉美的形势，指出：15 年前，国际形势恶化，美国成为独霸世界的强国，当时拉美除古巴外还没有一个拉美国家的左翼掌握政权；而现在拉美的政治形势发生了重大变化，巴西、委内瑞拉、乌拉圭等国的左翼已掌握政权。

第 13 次会议于 2007 年 1 月 13—16 日在圣萨尔瓦多举行，拉美 58 个政党和组织的代表出席。大会就拉美左翼政党在部分拉美国家执政后所面临的挑战、地区一体化、安全形势及群众运动等问题进行了讨论，认为拉美人民正在为彻底打败新自由主义和建立新制度打下基础。

第 14 次会议于 2008 年 5 月 23—25 日在乌拉圭首都蒙得维的亚举行，来自 33 个国家的 844 名代表与会。在会议通过的《最后声明》中，对拉美左翼和社会运动的不断发展以及左翼政党已在 13 个拉美国家掌权表示满意，提出了拉美左翼的目标、战略，以及所面临的危险，认为各国的左翼力量可根据本国情况，确立实现革命计划的不同道路，为发展、巩固主权和人民的进步做出贡献。

第 15 次会议于 2009 年 8 月 20—23 日在墨西哥城举行，会议讨论了国际金融危机、反对美国利用哥伦比亚的军事基地和洪都拉斯的政变等问题。

第 16 次会议于 2010 年 8 月 17—20 日在阿根廷首都布宜诺斯艾利斯举行。

圣保罗论坛无正式领导机构，只有一个工作组负责论坛的会议，包括确定每次会议的议题、起草会议文件等。该工作组由拉美 17 个左派政党和组织的代表组成。每年工作组召开两三次会议。论坛会议的召集工作由主要成员党磋商，召集者由各主要成员党轮流担任。

三 对圣保罗论坛的评价

圣保罗论坛成立20年来，影响越来越大，已成为拉美乃至世界最重要的左翼政党和组织的论坛，其一年一度的年会已成为拉美和世界左翼政党的重要集会。论坛的成立和发展对拉美左翼的崛起发挥了重要推动作用，使拉美的政治格局发生了重大变化，左翼和进步力量已在拉美不少国家掌权。

圣保罗论坛的成员在不断增加。到目前为止，其成员党已发展到82个。在这些政党和组织中，既有信仰马克思主义的共产党如古巴共产党、阿根廷共产党、玻利维亚共产党、巴西共产党等，也有不少传统拉美左翼政党，如巴西劳工党、墨西哥民主革命党、尼加拉瓜桑地诺民族解放阵线、乌拉圭广泛阵线等，以及成立时间不长的新左翼政党，如委内瑞拉统一社会主义党、厄瓜多尔主权国家联盟党、玻利维亚争取社会主义运动等。此外，一些由前游击队演变而成的合法政党，如危地马拉全国革命联盟、萨尔瓦多法拉本多·马蒂民族解放阵线等，也加入了论坛。在上述政党中，有些党如墨西哥民主革命党、尼加拉瓜桑地诺民族解放阵线、乌拉圭广泛阵线等，是社会党国际的成员，还有一些政党如巴西劳工党、古巴共产党、墨西哥民主革命党、乌拉圭广泛阵线等同时也是拉丁美洲和加勒比政党常设大会成员党。

为了寻求基本政治共识，圣保罗论坛在历次会议的主要文件中往往提及社会主义，但并没有把实现社会主义作为基本口号或方针。尽管如此，很多成员党的代表在历次会议上对社会主义的讨论和探索从未停止，并且在批判新自由主义的斗争中深化了对社会主义的理解，在寻求替代模式的过程中不断探索社会主义。除古巴共产党坚持和实践科学社会主义外，作为论坛核心的巴西劳工党一直坚持"劳工社会主义"，查韦斯领导的统一社会主义党以及科雷亚领导的厄瓜多尔主权祖国联盟提出了"21世纪社会主义"的主张，莫拉莱斯领导的争取社会主义运动主张"社群社会主义"。这些都可以被看作对新自由主义替代方案的探索，也是对社会主义内涵的丰富。

发展拉美左翼政治力量，制定战略计划，积蓄力量，取得国家政权，是圣保罗论坛向拉美左翼提出的主要战略建议："在所有国家，需要左翼作为政府的有效选择，超越反对派角色，成为有条件左右国家命运的力量，拥有切实可行的、有内在联系和实效的方案，以便实现自己的目标。"在政治和意识形态极端多元化的拉美，圣保罗论坛却能够获得发展并形成一些基本政治共识，充分显示了它的生命力。

通过合法斗争赢得选举，在本国推行替代新自由主义的政策，改善社会分配结构，是论坛所关注和追求的主要斗争目标。通过合法斗争和民主选举上台执政，已成为论坛成员党的主要从政方式。在创立之初，成员党中只有古巴共产党执政，而如今，执政的成员党已有十余个，如巴西劳工党、玻利维亚争取社会主义运动、委内瑞拉统一社会主义党、厄瓜多尔主权祖国联盟、乌拉圭广泛阵线、尼加拉瓜桑解阵、萨尔瓦多法拉本多·马蒂民族解放阵线等。

但也应看到，参加圣保罗论坛的拉美左翼政党和组织在很多问题上的看法和主张不尽相同，论坛很难完全统一成员党的立场和观点。因此，论坛特别强调自身的多元化和多样性，主张开展对问题的讨论和辩论，但不要互相伤害，成员间可以有不同意见和分歧，但不要搞分裂，可以在论坛会议上交流各自的经验并协调行动，互相声援。特别是因为在论坛的成员党中有的是执政党，有的是参政党，有的仍在野，它们之间的主张是不可能完全相同的。即使同样是执政党，其主张和政策也有很大不同，例如古巴和委内瑞拉明确反对建立美洲自由贸易区，而巴西、乌拉圭等国虽然在农产品补贴等问题上与美国有分歧，但并不反对建立美洲自由贸易区。就是同一个政党，在执政前和执政后的主张也有所不同。例如执政前它们一般都反对新自由主义的经济改革，反对国际货币基金组织和世界银行的政策，但在执政后出于国内稳定的考虑，往往仍延续新自由主义的经济政策。还有一些左翼政党执政的政府，虽然同国际货币基金组织和世界银行有矛盾，但仍须履行前届政府同它们签订的协议。因此，圣保罗论坛今后如何更好地协调拉美左翼政党和组织的立场、观点和行动，充分发挥它的积极作用，还有待时间的考验。

此外，参加论坛的拉美左翼政治力量除民族主义政党外，还有为数众多的马克思主义政党和组织，包括古巴共产党在内的许多国家的共产党都是论坛的成员。这些共产党在论坛中发挥着重大的作用，但它们与其他左翼政党也有很大分歧。

总之，圣保罗论坛毕竟只是一个拉美左翼政党和组织的协调和磋商机构，其影响力和作用是有限的，拉美各国的发展和变革主要取决于本国的左翼政党和组织，由它们根据本国的具体情况来制定适当的方针和政策。

（原载《当代世界社会主义问题》2011 年第 1 期）

中国学者对拉美左翼政府的政策分析

自 20 世纪 90 年代末起，随着拉美左派的崛起，拉美出现了一批左翼政府，这些左翼政府的内外政策发生了重大的变化。20 世纪七八十年代，拉美左翼力量试图通过武装斗争夺取政权，变革社会制度，而现在拉美左翼则纷纷通过合法的选举在一些主要国家上台执政。1999 年查韦斯大选获胜，当选为委内瑞拉总统，标志着拉美左翼力量新阶段的开始。接着，巴西劳工党领袖卢拉（2007 年开始第二任）、乌拉圭进步联盟—广泛阵线主席巴斯克斯、玻利维亚争取社会主义运动领导人莫拉莱斯、智利社会党领导人巴切莱特、阿根廷正义党基什内尔和克里斯蒂娜、尼加拉瓜桑地诺民族解放阵线奥尔特加、厄瓜多尔主权祖国联盟科雷亚等左翼政党先后通过选举获得了执政权。

所谓左翼或左派是指政治上激进的、有革命倾向的党派或组织，主张变革现存社会或改革现行的政治制度和社会秩序，来推动社会的发展。拉美左派也具有一般左派的基本特征。

拉美地区左翼的分化日益明显，温和左翼和激进左翼的分野越来越分明。温和或务实的左翼执政后，并没有改变国家政治与经济的发展方向，基本延续了其前任的新自由主义的经济发展模式和主要经济政策，但更加注重经济发展与社会发展的协调；它们虽然与美国有分歧，但态度比较温和与理智，不把反美作为其外交政策的主要取向。激进的左翼对新自由主义的经济政策和发展模式持批评和基本否定的态度，主张替代新自由主义的改革，执政后经济和社会政策变动较大，体现出较明显的民族主义特征；对美国的批评比较激烈，公开反对美国提出的建立美洲自由贸易区建议，并提出了替代方案。

拉美左翼政府的涌现及其内外政策的调整和改革，引起了国际舆论和我国学术界和媒体的极大关注。这里重点介绍中国学者和媒体对拉美左翼政府的政策分析,并谈谈笔者个人对这一问题的看法。

一　哪些拉美国家政府是左翼政府

对哪些拉美国家的政府是左翼政府,中国官方从来没有正式表过态。国内的学术界看法不尽相同。除社会主义的古巴被公认为左翼政府外,比较一致的看法是把委内瑞拉、玻利维亚、厄瓜多尔、尼加拉瓜、阿根廷、巴西、智利、乌拉圭政府看成左翼政府。[①] 但也有人把多米尼加、秘鲁、哥斯达黎加、巴拿马等国政府都看成左派政府。[②] 笔者认为,这4个国家政府显然不能算作左翼政府。更有人认为,"美国的后院赤焰熏天","拉美山河一片红"[③]。这种看法,未免有些过分的夸大,低估了拉美的右翼势力。

二　左翼政府的标准是什么

对拉美左翼政府的标准是什么?我国学者看法也有差异。有学者认为,拉美左翼政府的共同点是:"第一,大多数反对美国的霸权;第二,突出社会公正和公平的重要性;第三,大多对古巴抱有同情的态度,不满美国对古巴的长期封锁;第四,不再主张通过暴力活动夺取政权;第五,并不完全信仰马克思主义。"[④] 显然,我们不能用是否信仰马克思主义来衡量是不是左翼。

我国有学者认为,一般所说的拉美"左派政府"只限于在资产阶级阵营内部区分"左翼"与"右翼";当前拉美的左派政府是相对于90年代

① 苏振兴:《拉美左派崛起与左派政府的变革》,《拉丁美洲研究》2007年第6期,第3页。
② 靳辉明:《新自由主义对拉美国家的影响和拉美左翼运动的兴起》。http://www.wyzxsx.com/Article/Class20/200802/32797.html.
③ 《如何解读"拉美山河一片红"》(社论),《澳门日报》2006年12月6日。http://www.chinanews.com.cn/hr/news/2006/12-06/832850.shtml.
④ 参见金辉《拉美左派的前世今生》,《中国社会科学院院报》2009年6月4日。

积极推行新自由主义的政府而言的。也就是说，是根据当前拉美的现实提出区分"左"与"右"的标准，而不是根据某种经典的左派标准来解释当前的现实。①

近年来，一些拉美国家的反对派政党和人士纷纷通过选举上台执政，如 2008 年 1 月就职的危地马拉全国希望联盟党阿尔瓦罗·科洛姆，2009年 3 月就职的巴拉圭"爱国变革联盟"费尔南多·卢戈，2009 年 6 月就职的法拉本多·马蒂民族解放阵线毛里西奥·富内斯等，这些国家的新政府也被国内一些学者视作左翼政府。甚至有人把 2009 年 6 月 28 日被军事政变推翻的洪都拉斯自由党曼努埃尔·塞拉亚政府也看作是左翼政府。然而，洪都拉斯的军事政变表明，在拉美一些国家的右翼势力还是相当强大的。有的学者认为，洪都拉斯的政变，说明"拉美又现军事政变，'右翼'始向'左翼'发难"②。笔者认为，很难把塞拉亚政府看作左翼政府，只不过它自 2008 年起，加强了与古巴、委内瑞拉政府的关系。

三　拉美左翼政府和左派分类

我国大多数学者都认为，拉美的左翼政府可分为两类，一类是比较务实和温和的"温和派"，包括巴西的卢拉、智利的巴切莱特、乌拉圭的巴斯克斯、阿根廷的基什内尔政府等；另一类是比较激进的左派政府，包括古巴的卡斯特罗、委内瑞拉的查韦斯、玻利维亚的莫拉莱斯、厄瓜多尔的科雷亚政府等。不少人把近 10 多年来出现的拉美左派称为拉美新左派。有的学者提出，拉美的左派主要有两个来源，即世界社会主义运动和本土的民众主义，并据此将拉美左派划分为三大基本类型：传统的左派、温和或开放的左派、民族主义的激进左派。③ 但也有学者认为，拉美左派的性质都是属于资产阶级阵营的："不论他们给拉美新上台的左派冠以什么样

---

① 苏振兴：《拉美左派崛起与左派政府的变革》，《拉丁美洲研究》2007 年第 6 期，第 4 页。

② 刘瑞常：《拉美又现军事政变"右翼"始向"左翼"发难》。http：//news. xinhuanet. com/world/2009 – 06/29/content_ 11618880. htm.

③ 袁东振：《拉美左派掌权的趋势与影响》。http：// ilas. cass. cn/cn/kygz/content. asp? infoid =3373.

的名称，把这些左派都定性为资产阶级阵营中的左翼，其中又可以分为'激进'与'温和'两种类型，是符合实际的。"①

四　拉美左翼政府的对内政策分析

我国学者对拉美左派执政后的对内政策动向做了分析，认为拉美左翼政府对内政策的主要动向有以下 4 个方面。②

第一，在政治上，拉美左派政府，尤其是拉美激进左翼政府一般都通过召开立宪大会，通过制定新宪法或修改原有宪法等手段，延长总统任期，以巩固其执政地位。

委内瑞拉查韦斯于 1999 年 2 月执政，同年 12 月召开立宪大会，制定新宪法草案，新宪法经过全民表决通过后，又于 2000 年 7 月举行大选，查韦斯再次当选总统。1999 年的宪法将总统任期延长为 6 年，并规定可连选连任一次。2006 年 12 月委内瑞拉再次举行大选，查韦斯第三次当选总统，并于 2007 年 1 月就任。2007 年查韦斯再次提出一项涉及委内瑞拉国家政治、经济和社会体制全面改革的修宪案，规定总统可以无限期连任。但在同年 12 月举行的修宪公投中，这一修宪案以 1 个多百分点之差没能获得通过。由于修宪提案遭到否决，查韦斯不得不调整政策。2008 年 1 月，查韦斯宣布将放慢玻利瓦尔革命进程的步伐，执行"三 R"政策（即"修正、调整和重新推动"政策）。同年 11 月，委内瑞拉举行了令人瞩目的地方选举，查韦斯领导的新成立的执政党委内瑞拉统一社会主义党（PSUV）赢得了 22 个州中的 17 个州州长职位。2009 年 2 月，委内瑞拉就查韦斯提出的新的修宪案举行全民公决，这次修宪案只涉及总统、州长、市长、议员等由选举产生的公职人员的任期，并不涉及国家的政治、经济和社会体制的改革，修宪案以 54.36% 的赞成票获得通过，根据这一修宪案，查韦斯可无限期连任总统。③

---

① 苏振兴：《拉美左派崛起与左派政府的变革》，《拉丁美洲研究》2007 年第 6 期，第 5 页。

② 徐世澄：《拉美左派执政后对内政策动向》，载李慎明主编《2007 年世界社会主义跟踪研究报告》，社会科学文献出版社 2008 年版，第 623—627 页。

③ 徐世澄：《查韦斯缘何能在修宪公决中获胜》，《当代世界》2009 年第 3 期。

厄瓜多尔科雷亚于 2006 年 11 月当选总统，并于 2007 年 1 月就任。2007 年 4 月，厄瓜多尔通过公民表决，82％的人支持成立立宪大会，以制定一部新宪法。同年 9 月，厄瓜多尔举行立宪大会代表选举，科雷亚领导的执政联盟主权祖国联盟运动获 61.5％的选票，在 130 席中占 80 席，占有绝对多数。2008 年 7 月，立宪大会通过了新宪法草案。9 月，厄瓜多尔对新宪法草案举行全民公决，63.93％的公民投票赞成，新宪法正式通过。2009 年 4 月，根据新宪法，厄瓜多尔提前举行大选，科雷亚作为主权祖国联盟运动候选人参选，以 51.72％的得票率再次当选总统。

玻利维亚莫拉莱斯于 2005 年 12 月当选总统，2006 年 1 月就任。2006 年 7 月，玻利维亚举行立宪大会选举，执政的争取社会主义运动获得 255 席中的 137 席，超过 60％。同年 8 月，玻利维亚立宪大会成立。2007 年 12 月，立宪大会通过了新宪法草案。新宪法草案共 411 条，规定总统任期为 5 年，可连选连任一次；玻利维亚为政治、经济、文化、语言多元化的国家，是"民主、参与、代议制、社群"的国家；国家允许国有制、社会所有制和私有制三种所有制的存在；印第安人的权利必须得到保护。2009 年 1 月，玻利维亚就新宪法草案举行全民公投，约 60％的民众支持新宪法。新宪法规定，[①] 总统任期为 5 年，可以连选连任一次。新宪法生效后，现任总统莫拉莱斯可以参加 2009 年 12 月举行的总统大选。

根据 1996 年修改后的宪法，2003 年 1 月上台执政的巴西卢拉总统于 2007 年 1 月又连选连任总统。

第二，在执政理念上，拉美激进左派执政的委内瑞拉、厄瓜多尔提出了"21 世纪社会主义"，玻利维亚提出了"社群社会主义"，温和左派巴西劳工党提出了"劳工社会主义"，智利、乌拉圭等左派则提出了社会民主主义。

委内瑞拉总统查韦斯的"21 世纪社会主义"主张以"玻利瓦尔革命"替代"新自由主义改革"，以"21 世纪社会主义"替代"资本主义"，以"美洲玻利瓦尔替代方案"（自 2009 年 6 月起改名为"美洲玻利瓦尔联

---

① República de Bolivia, Asamblea Constituyente, *Nueva Constitución Política del Estado*, Versión Oficial, La Paz, Bolivia , Octubre de 2008.

盟")替代"美洲自由贸易区",通过成立委内瑞拉统一社会主义党来统一革命力量。2008年1月12日至3月中旬,查韦斯主持召开了委内瑞拉统一社会主义党成立大会,宣告委内瑞拉统一社会主义党正式成立。该党党章明确提出,党的目标是要在委内瑞拉建设"21世纪的玻利瓦尔社会主义"。

厄瓜多尔总统科雷亚表示,厄瓜多尔也将推行"21世纪社会主义"。他说:"新自由主义的漫漫长夜应当终结了!""一个拥有独立主权、受人尊敬的、公正合理的、社会主义的拉丁美洲正在诞生。"科雷亚认为,"华盛顿共识"指导下的新自由主义改革导致拉美地区在政治、经济和社会等方面陷入困境,催生了"21世纪社会主义";"21世纪社会主义"是拉美国家创造的自己的思想,它来源于民众的斗争,符合民众的愿望;"21世纪社会主义"是一种原则,而不是模式;一切要从各国人民的具体特点和需要出发,解决一些实际问题。

玻利维亚总统莫拉莱斯的指导思想是"社群社会主义"。莫拉莱斯认为,"社群社会主义就是人民生活在社群与平等之中。从根本上看,农民社群中有社会主义","这是一种建立在团结、互惠、社群与共识基础之上的经济模式,因为民主就是共识。在社群中,我们通过协商达成一致的共识";"我们正在探索建立在社群基础之上的社群社会主义,我们认为,这就是建立在互惠与团结之上的社会主义"。

但值得一提的是,在厄瓜多尔和玻利维亚最新通过的宪法中,并没有提出"社会主义"的口号。

巴西总统卢拉所属的执政党巴西劳工党在2007年8月31日至9月2日召开了第三次全国代表大会。"三大"通过了有关"劳工社会主义"的决议,重申劳工党在新的历史条件下,在21世纪面临的挑战是"重建社会主义的选择",决定把社会主义事业作为党的基本的、历史性的和理论性的任务。

在智利执政的社会党和争取民主党、乌拉圭的新空间党、尼加拉瓜桑地诺民族解放阵线均属于社会民主主义范畴,而阿根廷执政的庇隆主义党则属于基督教民主主义范畴。这些国家政府一般都奉行社会民主主义或民众主义政策,重视维护本国的主权和独立,强调多元政治,倡导社会正义和维护民主，发展民族经济。

必须指出的是，委内瑞拉、玻利维亚和厄瓜多尔等国提出的"21世纪社会主义"理论尚在完善中。就目前而言，它不是科学社会主义，而是基督教教义、印第安主义、玻利瓦尔主义、马克思主义和卡斯特罗思想的混合体。

第三，强化国家的作用。拉美左翼政府正在探索新的发展道路和新的发展模式，它们对20世纪90年代以来主导拉美地区改革的新自由主义政策进行深刻反思，在政治、经济和社会政策方面有所调整，强调经济与社会协调发展，更加重视缓和社会矛盾和社会分化。但多数拉美左翼政府的经济政策调整幅度有限，尚没有找到一种新的发展模式，对发展模式和道路的探索将会持续下去。

在经济政策领域，激进左派政府力图改变新自由主义发展模式，在能源和其他一些战略性部门中实行国有化，大力推进合作化运动。温和左派政府也对新自由主义经济政策在不同程度上作出了调整，加强了国家对经济的干预，注重经济和社会的均衡发展。

委内瑞拉查韦斯政府在石油、天然气、电力、钢铁、电讯业、水泥、金融等战略性部门采取了一系列国有化措施。2007年1月，查韦斯宣布委内瑞拉的主要电信公司全国电话股份有限公司（CANTV）国有化。2月，又宣布电力部门国有化，并加强国家对天然气项目的控制。2月，查韦斯发布的一项法令，规定委内瑞拉重油带的外资控制项目都必须转为由国家石油公司控制的合资项目，其中委方股份不低于60%。使委方在上述项目中的平均股份已从原来的39%上升到78%。2008年4月，委内瑞拉国家石油公司正式开始重油带战略合作项目和风险开发项目的国有化进程，并于同年5月1日凌晨接管了奥里诺科重油带项目的控制权，查韦斯宣布委内瑞拉已全部收回石油主权。2008年，查韦斯又将由外资控制的3家水泥企业、本国最大的钢铁企业奥里诺科钢铁公司、第三大银行委内瑞拉银行及最大的金矿克里斯蒂纳斯金矿收归国有。查韦斯还大力发展国家所有制和社会（集体）所有制和合作制的发展，大力推进合作化运动。2007年3月25日，查韦斯宣布没收大庄园的200万公顷空闲的土地。

玻利维亚莫拉莱斯执政以来，在经济上反对新自由主义政策，捍卫经济主权和发展权，主要采取了如下政策措施：（1）实行了石油和天然气国有化。2006 年 5 月 1 日，莫拉莱斯总统颁布天然气和石油国有化法①，宣布对本国石油和天然气资源实行国有化。法令的主要内容是：国家恢复对石油天然气资源完全和绝对的控制和所有权；从 2006 年 5 月 1 日起，所有在玻利维亚从事石油和天然气生产活动的外国公司，都应向玻利维亚国家石油公司（YPFB）交出所有的石油天然气生产经营权；在法令发布后 180 天内，所有在玻利维亚运营的外国公司必须按照宪法和法律所要求的条件，与玻利维亚国家石油公司重新签订合同。根据国有化法令，在规定的 6 个月期限到期之前，玻利维亚政府已于同年 10 月先后同在玻利维亚经营的所有 12 家外国石油公司重新进行了谈判，达成了协议，共签订了 44 项新的合同。玻利维亚国会已于 11 月 31 日正式批准了这些合同。外国公司已向玻利维亚政府及玻利维亚国家石油公司移交了多数控制权。与此同时，玻利维亚政府也允许外国公司从投资中获利，但不能具有控制权。2007 年 4 月，莫拉莱斯总统下令实行电信国有化。（2）颁布新的土改法，宣布将把大量私有空置土地的所有权收归国有并重新分配给贫民和土著居民。2006 年 11 月，莫拉莱斯正式颁布新土改法，根据新土改法，国家有权向庄园主征收部分闲置土地，并按一定比例分配给无地的贫民和土著居民。（3）制定国家发展 5 年计划（2006—2011）。计划强调要改变新自由主义的发展模式，指导计划的四项原则是要使玻利维亚成为一个"发展生产的、有尊严的、民主的和主权的国家"。除前面已提到的石油国有化、土改等措施外，计划共分 4 个部分。一是战略部门，包括石油天然气、矿业、能源、环境资源等；二是就业和收入；三是基础设施和生产；四是生产服务。计划提出经济年增长率达到 7%。

2007 年 10 月，厄瓜多尔总统科雷亚颁布 622 号法令，宣布将《第 42 号石油法》规定的政府在高油价利润分成中的比重由原来的 50% 提高到 99%。这意味着在厄瓜多尔开采原油的外国石油公司从油价上涨中获得的利润将大幅度减少。此外，科雷亚政府还大力发展"平民经济"，以便使

---

　　①　玻利维亚天然气和石油国有化法令全文请参阅："Decreto 28071 de Nacionalización de Gas y Petróleo de Bolivia"．http：//www. rodolfowalsh. org/spip. php？article1870．

大量农民、小手工业者和小企业主从经济发展中受益。2007年1月，政府宣布，闲置的土地将被收归国有后重新分配给无地农民。

厄瓜多尔通过的新宪法强化了国家在经济领域的主导作用，以保护国家和民族利益。政府将严格控制涉及国计民生的石油、矿产、水资源和电信等行业，加强对国民经济的宏观规划与指导。科雷亚政府正在厄瓜多尔进行"公民革命"。根据科雷亚本人的解释，"公民革命"① 包括5个轴心："宪法革命"、"道德革命"、"生产力革命"、"社会教育和卫生革命"及"主权和拉美一体化革命"。第一个轴心"宪法革命"是要在厄瓜多尔实行真正的民主和参与式的民主，以对政治体制进行改革。第二个轴心"道德革命"是要展开根除腐败的斗争，使所有公务员透明执法，严惩政府败类。第三个轴心"生产力革命"即经济革命，主张转变经济增长方式，结束投机钻营，征用闲置的土地，实行公有经济、私有经济、混合经济、合作经济、协作经济、社区经济和家庭经济共存的混合经济体制以促进生产的发展。第四个轴心"社会教育和卫生革命"是要建立医疗网络，推行普遍的医疗卫生制度；对教育进行全面改革并开展扫盲运动；推行公私组织的合作，加强对弱势群体的社会保障。第五个轴心"主权和拉美一体化革命"，反对外国在厄瓜多尔建立军事基地，不再延长美国在厄曼塔海军基地的期限；重返欧佩克组织，不同美国签订自由贸易协议，倡议成立南方银行，加入南美洲国家联盟等一体化组织等。2009年6月，厄瓜多尔正式加入了"美洲玻利瓦尔国家联盟"（原"美洲玻利瓦尔替代计划"）。

巴西卢拉政府力图调整新自由主义经济政策，建立以推动社会发展为核心的发展模式，通过降低利率、税制改革、增加出口、加大基础设施投资等措施使巴西经济增长步伐加快，对外资的依赖减少。但不少学者认为，卢拉实施的基本上还是其前任卡多佐实施的新自由主义发展模式。

智利巴切莱特政府强调宏观经济稳定与经济开放是增长的必备条件，以增长为中心保障社会长久发展；强调国家在社会发展方面应承担必要的责任；巴切莱特政府的发展战略主要集中在：社会经济政策及政治命令之

① http：//es. wikipedia. org/w/index. php？title = Revoluci% C3% B3n_ Ciudadana&printable = yes.

间必须高度协调；政府应奉行积极的公共政策，特别是在社会发展方面的政策。在货币政策方面，强调中央银行的自主权和严格控制通货膨胀；在财政政策方面，强调结构性的顺差，有效的税收体系和消费的重新分配；在外贸政策方面，强调贸易开放和自由的货币兑换率。

拉美温和左翼政府如巴西卢拉政府、智利巴切莱特政府和乌拉圭巴斯克斯政府，他们虽然没有公开与新自由主义决裂，但都在不同程度上与其前任的新自由主义政策拉开距离，一般都奉行民众主义的政策，重视维护本国的主权和独立，强调多元政治和经济的自主性，注重发挥国家宏观经济的调控作用，倡导社会正义和维护民主，发展民族经济，注重经济和社会协调发展，改进社会政策，关注民生等。

第四，加快社会发展。在社会领域，拉美左派政府制订了多种扶贫计划，以缩小贫富差距和保障低收入阶层和弱势群体的利益，促进社会公平。

查韦斯当政以来，委内瑞拉政府制定了新的社会保障制度，为所有公民提供非歧视性的终身保障。此外，政府为中下层居民建立了廉价食品连锁店，对这些商店的食品提供30%的补贴。政府根据罗宾逊计划而开展的扫盲运动，使近150万人学会了读和写，现在委内瑞拉已基本上消除了文盲。查韦斯政府还建立了全国公共卫生系统，使所有委内瑞拉人都能免费得到医疗救助。政府实施的"走进居民区"医疗计划已经取得了出色的成果，近1 700万人在新建立的医疗机构得到治疗。在政府倡议下建立的社区委员会，使数十万妇女得到了帮助。2008年1月，查韦斯在改组后的新内阁首次会议上强调要将眼光投向与老百姓切身利益密切相关的问题，要求政府各部门重视改善中下层民众的生活，扩大社会保障的覆盖面，增加就业机会，有效解决治安、食品供应、垃圾处理、医疗卫生等领域中存在的问题，严厉打击官员腐败。

玻利维亚莫拉莱斯政府于2006年6月提出的"为了国家"（Propais）的扶贫计划也取得了成效。目前，玻利维亚政府正在实施"2010年消灭营养不良计划"，目标是要在2010年解决所有人的温饱问题，计划规定每年要创造10万个就业机会，第一年重点解决80个贫困市（县），5年内基本消除赤贫（目前玻利维亚贫困人口占总人口的67.3%，赤贫人口占 34.5%)。

　　厄瓜多尔科雷亚政府强调在保持经济增长的同时，缩小贫富差距，增加就业，避免社会两极分化。科雷亚政府宣布将"人类发展助困金"从每月 15 美元增加到 30 美元，并为月收入低于 40 美元的家庭提供教育和生活补助，这一计划使 5 万人受益。①

　　尼加拉瓜奥尔特加政府将 1.72 亿科尔多瓦（近 1000 万美元）用于扶贫计划。奥尔特加通过建立公民权力理事会（Consejos del Poder Ciudadanos，CPC）实施"零饥饿"、"零高利贷"、"人民街"、"人民住房"等计划。计划在 5 年内要使 7.5 万户贫困家庭受益，保障贫困家庭的食品、住房等需求。在奥尔特加执政以来的两年半时间里，已有 3 万多户贫困家庭受益，平均每户贫困家庭得到 3000 美元的食品券赞助。奥尔特加向穷人提供免费医疗和免费教育。由于扫盲运动的开展，尼加拉瓜文盲率已从 2007 年的 19% 下降到 2009 年 6 月的 4.1%。②

　　巴西卢拉在 2002 年竞选期间曾提出"帮巴西穷人实现一日三餐"的"零饥饿"计划是自己的最大使命。在就任总统以来，卢拉所实施的"零饥饿"计划已取得明显成效。2007 年 5 月，卢拉政府又推出教育发展计划，通过增加对贫困家庭子女的奖学金名额和提高教员最低工资等方式，促进巴西经济欠发达地区教育事业的发展。卢拉执政以来，巴西贫困人口逐步减少，贫困家庭的收入在过去 5 年间增长了 22%，工人最低工资也从 2003 年年初的 200 雷亚尔升至 2009 年年初的 465 雷亚尔。

　　智利巴切莱特政府强调"社会凝聚"和"社会公正"，强调将持续发展和增长的资金用于社会投资，加强社会政策。社会政策的重点是：发展人力资源和机会均等的计划，提高基本社会服务的质量，扩大公平的覆盖面，如教育、卫生、住房、社会保障等领域；改善社会基础设施；加强社会政策的机制和管理等。2008 年 3 月，巴切莱特政府通过养老金保险改革法，建立了新的养老金制度，扩大养老金的覆盖面。通过实行基本养老金和援助养老金两种方式，对增加的最低养老金予以补贴，降低最高养老

---

　　①　张卫中：《厄瓜多尔酝酿新变革》，《人民日报》2009 年 5 月 1 日，第 3 版。

　　②　http：//www.argenpress.info/2009/07/nicaragua - busca - superar - rezagos.html.

金；强调自愿的原则；完善原有的养老保险。巴切莱特政府还实施了医疗改革，从保障治疗 25 种疾病开始，到 2008 年年底已扩大到 56 种疾病，到 2010 年将扩大到 80 种疾病。巴切莱特政府还实施了"智利与你共同成长"计划，全面保护儿童权利，使儿童从出生就获得及时相关的照顾，获得全面的发展。①

有学者认为，"温和型"左派政府的变革虽然局限于对新自由主义经济社会政策的局部性修改与调整，但毕竟对新自由主义的泛滥起到了一种遏制作用，在发展道路的选择上反映出一种更加理性、更多地关注国家利益与社会公平的趋势。"激进型"左派政府的变革则在政治、经济和社会领域提出了更高的目标。最具有代表性的就是查韦斯提出的建设"21 世纪社会主义"。不过，无论是"温和型"还是"激进型"的左派，其发展前景如何，都还需要继续深入观察和跟踪研究。②

五　拉美左翼政府的对外政策分析

我国学者对拉美中左派执政后，从对拉美与美国的关系、对拉美各国之间的关系、对拉美一体化的关系以及对拉美与中国的关系几个方面进行了分析。③ 拉美左翼政府对外政策的重大调整主要体现在以下几个方面。

（一）反美情绪有所上升

委内瑞拉、古巴、玻利维亚、厄瓜多尔、尼加拉瓜左翼政府不断批评美国的霸权主义政策。2008 年 9 月，在小布什任内，玻利维亚和委内瑞拉先后驱逐了美国驻两国的大使，美国随即也驱逐了两国驻美国的大使。厄瓜多尔政府反对与美国签署自由贸易协定，并要求美国军队在厄曼塔军事

---

① 智利计划部社会司司长路易斯·迪亚斯先生的演讲：《经济增长与社会发展——智利面向 21 世纪的挑战》，载智利驻华使馆、清华大学《经济增长与社会发展　社会凝聚力与和谐社会的共识及经验交流》2009 年版，第 111—126 页。

② 参见金辉《拉美左派的前世今生》，《中国社会科学院院报》2009 年 6 月 4 日。

③ 贺双荣：《拉美国家中左派上台对国际关系的影响》，《中国社会科学院院报》2007 年 5 月 18 日。

基地租借合约到期后从厄瓜多尔撤出。2009 年 1 月奥巴马就任美国总统后，美国与委内瑞拉、古巴、玻利维亚等拉美左翼国家政府的关系有所改善。4 月，在特立尼达和多巴哥首都西班牙港举行的第五届美洲首脑会议上，奥巴马与查韦斯握了三次手；6 月，美国与委内瑞拉又恢复了大使级外交关系。4 月，奥巴马政府取消了对美国的古巴侨民回国探亲和汇款的限制；7 月，美古又恢复了关于移民问题的谈判，美古关系出现了松动，玻利维亚与美国的关系也有所改善。5 月，美国国务院负责泛美事务助理国务卿香农访问玻利维亚；7 月初，玻利维亚外长访问美国。然而，查韦斯、莫拉莱斯指责美国在背后支持 6 月洪都拉斯发生的军事政变，莫拉莱斯批评美国以玻利维亚在扫毒方面没有与美国进行合作为由，继续把玻利维亚排除在享受贸易优惠的安第斯国家名单之外，莫拉莱斯还指责美国中央情报局企图暗杀他。

但是，尽管在一些问题上与美国有分歧和矛盾，多数拉美左翼政府都非常重视与美国的合作，表示要改善或加强同美国的关系。它们在反恐、扫毒等问题上积极与美国配合，并与美国主导的世界银行和国际货币基金组织等国际金融机构合作。巴西总统卢拉、智利总统巴切莱特先后于 2009 年 3 月和 6 月访问美国，同奥巴马进行了会晤。卢拉是奥巴马就任美国总统后第一个访问美国的拉美国家总统。3 月，美国副总统拜登访问智利，并在智利会见了智利总统以及在智利参加进步领导人峰会的阿根廷、巴西、乌拉圭等拉美国家的总统。

有学者认为，拉美左翼政府在对美政策方面差异较大，一些国家持明显的反美立场，另一些国家保持与美国的友好合作关系。但即使像委内瑞拉、玻利维亚、厄瓜多尔等激进左翼政府，在经济贸易上对美国的依赖也很深，它们与美国的关系不会彻底破裂。此外，由于奥巴马调整了对拉美的政策，以更容忍的态度对待拉美激进左翼政府，因此，受国内外因素的制约，拉美激进左翼政府想建立反美联盟的难度越来越大。

（二）推动地区一体化

委内瑞拉同古巴于 2004 年 12 月建立了美洲玻利瓦尔替代计划，随后，玻利维亚、尼加拉瓜、多米尼克、洪都拉斯先后加入。2009 年 6 月，在委内瑞拉召开该组织第六届特别首脑会议,又同意厄瓜多尔、安提瓜和巴布达、圣文森特和格林纳丁斯正式加入该组织,使该组织正式成员国增加到9个,并将该组织改名为玻利瓦尔美洲联盟,但西班牙语缩写名称不变,仍为ALBA。洪都拉斯发生政变后,7月1日,洪都拉斯议会通过洪都拉斯退出该组织的决议。

巴西是南美地区一体化的倡导者和推动者。南美洲国家联盟就是在巴西与委内瑞拉的提议下成立的。同时巴西与阿根廷等国在南美地区一体化的进程中密切合作。2004年12月,南美国家共同体成立,总部设在厄瓜多尔首都基多。2007年4月,在委内瑞拉积极主办下,首届南美洲能源首脑会议在委玛格丽塔岛的波拉马尔市举行,会议决定成立南美能源理事会,由各国能源部长组成,推动能源一体化合作,理事会秘书处设在厄瓜多尔首都基多;会议还决定在原南美国家共同体的基础上,建立南美洲国家联盟,总部设在基多。南美洲国家联盟由12个南美洲国家组成,是一个拥有3.61亿人口、面积1760多万平方千米和国内生产总值1万多亿美元、出口总额2000亿美元、外债3000亿美元、森林面积800万平方千米,以及占世界淡水总量27%的地区性组织,其综合能力居世界第5位。此外,该联盟还有2个观察员国:巴拿马和墨西哥。2007年12月,阿根廷、巴西、巴拉圭、玻利维亚、厄瓜多尔、乌拉圭和委内瑞拉在布宜诺斯艾利斯举行了成立南方银行的签字仪式,标志着拉美一体化进程又迈出了坚实一步。

2008年5月,南美洲国家联盟特别会议在巴西首都巴西利亚举行,12个成员国的领导人签署了《南美洲国家联盟宪章》。宪章指出,南美洲国家将加强成员国之间的政治对话,重点在经济、金融、社会发展和文化交流等领域开展区域一体化建设。2009年3月,南美洲国家联盟成员国的国防部长在智利圣地亚哥举行会议,宣布正式成立南美洲国家防务理事会,以推动南美洲地区国家的防务合作。

此外,委内瑞拉和巴西等国积极开展能源外交。2005年在委内瑞拉的倡议下,成立"加勒比石油计划"。这一地区性能源合作组织,现共有18个缔约国。委内瑞拉以优惠的条件为各缔约国提供石油。2009年6月,加勒比石油计划第六届首脑会议在圣基茨和尼维斯联邦首府巴斯特尔举行。

为落实南美能源首脑会议所通过的决议，自 2007 年以来，查韦斯出访了阿根廷、玻利维亚、乌拉圭和厄瓜多尔等国。查韦斯在阿根廷签署了两项能源安全条约；在玻利维亚，同玻利维亚达成几项协议，承诺将在玻利维亚投资 6 亿美元，同玻利维亚合资建立安第斯石油公司；在乌拉圭也签署了能源安全条约，在厄瓜多尔签署了能源安全声明。

巴西的能源外交也十分活跃。2007 年 4 月，卢拉访问智利和阿根廷。在智利，卢拉同巴切莱特签署了一项促进乙醇燃料的协议。在阿根廷，卢拉同基什内尔探讨生物能源合作。巴西计划建立一条经过玻利维亚和委内瑞拉的管道，向阿根廷运送乙醇。巴西还准备与拉美一些国家建立一个类似于石油欧佩克组织的"乙醇联盟"。8 月，卢拉又出访墨西哥、洪都拉斯、尼加拉瓜、牙买加和巴拿马等国，卢拉出访的主要目的之一是加强同这些国家在生物燃料生产和贸易方面的合作。访问期间，巴西同这些国家签署了多项能源合作，特别是生产乙醇燃料方面的协议。12 月，卢拉访问玻利维亚和委内瑞拉。在玻利维亚，卢拉宣布向玻利维亚提供 6 亿美元信贷和向石油天然气部门投资 7.5 亿美元；在委内瑞拉，巴委两国签署了一系列能源等部门的合作协定，南美两个经济大国因此加强战略联盟。2008 年 1 月中旬，卢拉访问古巴，两国签订了包括石油合作在内的多项协议。2009 年 1 月，卢拉再次访问委内瑞拉和玻利维亚。

然而，有学者指出，拉美国家之间也常常发生矛盾和冲突，而拉美国家之间的这些冲突与拉美左派的上台有很大关系。拉美国家之间发生的这些摩擦与冲突从根本上来说是一种发展模式之争。拉美国家的发展模式之争不仅产生于拉美左派国家与右派国家之间，而且也产生于拉美左派国家之间。拉美左派上台虽然反映了拉美国家对新自由主义的批判或反抗，但在如何消除新自由主义改革带来的负面影响的问题上，拉美左派国家作出了不同的选择。巴西、乌拉圭、智利等温和左派国家主张改革或微调，在现有发展模式中注入新的社会日程，在地区一体化合作中并不反对与美国谈判自由贸易协定。而委内瑞拉等激进左派国家则主张革命及替代战略，在经济发展中日益强化国家的作用，在地区一体化合作中则主张通过拉美国家的团结与合作，替代美洲自由贸易区。拉美国家发展模式之争在国内经济政策上直接导致了拉美国家在经贸问题上的争端；拉美左派发展模式之争在地区一体化方面导致了拉美地区一体化组织的分化和重组。目前，拉美国家有三种一体化模式：一是以美国为主导、以自由贸易为目标的西半球一体化；二是以巴西为主导的、以自由贸易为目标的拉美地区一体化；三是以委内瑞拉和古巴为主导的、以拉美国家的团结而不以自由贸易为目标的"美洲玻利瓦尔替代计划"①。

（三）更加重视对外关系多元化

拉美左翼政府重视发展同欧盟国家的关系，查韦斯、莫拉莱斯、科雷亚、卢拉等左派领导人均已多次访问欧洲，并多次表示愿意与欧盟进一步发展政治和经贸关系。2007年7月，卢拉同欧盟在葡萄牙首都里斯本举行了首次首脑会议，双方签署了战略合作协议。2008年12月，巴西与欧盟在里约热内卢举行了第二次首脑会议，双方签署了《巴西欧盟共同行动计划》。2008年10月，古巴同欧盟正式恢复关系。

2007年10月，厄瓜多尔重新加入欧佩克，11月，科雷亚总统参加了在沙特阿拉伯首都利雅得召开的第三届欧佩克首脑会议。

近年来，拉美左翼政府加强了同俄罗斯的关系。2008年11月，俄罗斯总统梅德韦杰夫访问了巴西、委内瑞拉、古巴等国；查韦斯总统已多次访问俄罗斯。

此外，拉美左翼政府也重视加强同亚、非发展中国家的关系。卢拉总统于2004年1月、2007年6月和2008年10月访问印度，同印度建立了战略联盟关系。2009年6月，卢拉总统参加了在俄罗斯叶卡捷琳堡举行的中国、俄罗斯、印度、巴西"金砖四国"首次首脑会议。卢拉曾3次访问中国，并访问了伊朗、印度尼西亚、越南等亚洲国家，并已7次访问非洲国家。查韦斯已6次访问中国，并访问了伊朗、越南、南非、利比亚等10多个亚非国家。南方共同市场与巴基斯坦和海湾合作委员会国家启动了自由贸易谈判。2008年4月，印度总统普拉蒂巴·巴蒂尔访问了巴西、智利和墨西哥。拉美左翼政府与伊朗关系密切，伊朗总统内贾德曾访问了古

---

① 贺双荣：《拉美国家中左派上台对国际关系的影响》，《中国社会科学院院报》2007年5月18日。

巴、委内瑞拉、厄瓜多尔、尼加拉瓜和玻利维亚等国。科雷亚、莫拉莱斯、奥尔特加也访问了伊朗。2008 年韩国总统李明博访问巴西；同年，越南国家主席阮明哲访问委内瑞拉。2005 年 5 月，在巴西首都巴西利亚举行了第一届南美洲—阿拉伯国家首脑会议，2009 年 3 月，在卡塔尔首都多哈举行了第二届南美洲—阿拉伯国家首脑会议。

六　拉美左派执政对中拉关系的双重影响和我国应采取的对策

国与国之间的关系好坏，不能以意识形态划线。中国与古巴都是社会主义国家，都是共产党执政的国家，目前中古关系处在两国关系史上的最好时期，但是在 20 世纪 60 年代后期至 80 年代初，两国关系曾处在冷而不断的低潮时期。

我国与某一拉美国家关系的好坏，也不取决于这个国家与美国关系的好坏。哥伦比亚、墨西哥、哥斯达黎加等国被认为是与美国关系比较密切的右翼或中右翼执政的国家，但是，恰恰这几个国家与我国的关系都比较密切。而尼加拉瓜桑地诺民族解放阵线政府被认为是左翼执政的国家，但桑地诺民族解放阵线领导人奥尔特加在 2006 年 11 月再次当选总统并于 2007 年 1 月就任总统后，却一直与台湾当局保持"邦交"而无意与中国建交。

拉美左翼上台执政对中拉关系的影响有利有弊。有利的一面是，一般来说，拉美左翼执政的国家对中国比较友好，愿意与中国发展友好合作关系，在一些国际问题上，双方有一定的共同语言。不利的一面是，有些拉美左派政府在实施国有化时，政策多变，可能会损害中国企业在该国的投资；有些左翼执政的拉美国家政府往往在经济上奉行民族主义保护主义政策，对中国的一些商品频繁使用反倾销手段。

有学者认为，拉美中左派与中国在意识形态上有相近之处，有发展中拉关系的愿望，有利于世界的反霸斗争和社会主义的复兴。但也有学者认为，外交关系的发展虽然在一定程度上受意识形态的影响，但从根本上来说取决于国家利益。拉美中左派政府奉行的政治经济政策带有强烈的民族主义、国家干预及贸易保护主义色彩，这将影响中国对拉美的投资，加剧中拉贸易的争端。此外，中拉关系中的"美国因素"可能因拉美激进左派与美国不断恶化的关系变得更为复杂，进而影响中美关系的大局。因此，澄清在这些问题上的分歧，非常有必要。①

对拉美左翼执政的国家，我们应采取以下的方针和政策。

第一，要积极关注拉美左派政府的诉求。左派当政的拉美国家都愿意与中国进一步发展双边关系，我们应利用其这一良好的愿望，顺势而为，大力推动中拉关系（尤其是经贸关系）的发展。

第二，对拉美左派政府所采取的国有化政策我们应表示理解，对它们所采取的民族主义保护主义措施，导致中拉贸易出现摩擦和争端，我们应采取"有理、有利、有节"的交涉。

第三，应防止拉美左翼政府打"中国牌"。拉美的左翼政府希望中国在许多重大国际问题上发挥更大的作用，希望中国在一些问题上挑头。对于拉美左翼政府的言行，我们应保持警惕，不要卷入它们与美国的争端之中，应淡化意识形态因素，发展正常的国家关系。

总之，我们应利用拉美左翼在一些国家执政的大好时机，发展与拉美国家的关系，但我们要防止一些拉美左翼执政国家的内外政策过激的言行。因此，在发展与拉美左派政府的关系时要注意掌握分寸，特别要与它们的一些过激做法保持一定距离，不要让它们打"中国牌"，不要使之影响我国与美国等其他国家发展关系。

（原载苏振兴主编《中拉关系 60 年：回顾与思考》，当代世界出版社 2010 年版）

---

① 贺双荣：《拉美国家中左派上台对国际关系的影响》，《中国社会科学院院报》2007 年 5 月 18 日。

查韦斯政府的社会政策

查韦斯在社会方面的改革措施是他领导的玻利瓦尔革命的重要组成部分。在社会方面，查韦斯提倡为人民服务的道德，主张铲除腐败，建立廉洁政府；公平分配石油收入、强调平等自由，扶助贫困、缩小贫富差距，建立一个包容的、没有特权的社会；在医疗卫生、教育、住房、扶贫、食品等领域推行一系列的社会"计划"（misiones，又译"使命"），使社会发展的成果惠及中下层民众；加强军事力量建设，强调人民与军队之间的团结，使军队参与政府管理和社会发展。

查韦斯的社会改革特别强调实现社会正义、改善民众生活的重要性。因此，从修改宪法，到颁布一系列新的法律法规和具体的实施措施，查韦斯的社会改革涉及了与民众生活息息相关的各个领域。尽管委内瑞拉的政局经常出现动荡，经济发展也不太稳定，但查韦斯政府一直坚持有利于中下层民众的社会政策，力求扩大社会计划的覆盖面，使更多被排斥在各种福利以外的贫苦百姓受益。

一　查韦斯政府社会政策的具体措施

查韦斯政府在社会政策方面的具体措施是：

在新宪法中明确规定并扩大了公民的权利。1999年12月通过的新宪法的特点之一是注重社会发展。除了进一步明确1961年宪法中所规定的公民应享有的社会权利以外，还增加了一些新内容，以照顾各社会阶层，特别是中下层的利益。印第安人第一次被写进宪法并被赋予政治、经济、社会和文化权利。应该说，新宪法从法律的角度，进一步强化了国家对公民权利的承认、尊重和保护，为以后的社会改革奠定了法律基础，也因此获得了大多数民众的认可。

查韦斯政府所制定的"2001—2007 年国家经济与社会发展规划总体纲要"强调社会均衡。

2001 年 9 月，查韦斯政府按照"以人为本"的原则，出台了一个完整的"2001—2007 年国家经济与社会发展规划总体纲要"（简称"纲要"），作为指导今后国家建设的纲领性文件。

"纲要"提出委内瑞拉要建立一种由经济、社会、政治、国际、领土五大"均衡"组成的新的发展模式。"经济均衡"与"社会均衡"相辅相成，经济发展要"以人为本"，才能达到改善人民生活的目的。"社会均衡"的基本原则在于普遍性、平等性、参与性和责任感。实现社会正义是它的根本目标：一要确保所有人普遍、平等地享受各种社会权利；二要改善收入和财富分配；三要在公共决策空间内，加强社会参与，创造市民权力。"社会均衡"成为此后一个时期内委内瑞拉社会发展的基本目标。委内瑞拉政府将以此为指导，推行各种社会政策，以克服日益严重的社会危机。

查韦斯政府采取各种具体措施，重点关注中下层民众。

实施"玻利瓦尔 2000 年计划"，着重解决贫困问题。查韦斯上任伊始就宣布实施"玻利瓦尔 2000 年计划"，旨在消除贫困，改善大多数穷人的生活条件。这项计划的一个重要特点就是吸纳了军队的参与。其主要内容包括：改善城市基础设施；开展疾病防治工作；建立平价市场；改善环境卫生；实施培训计划，帮助失业者就业；改善学校办学条件；修建经济适用住房等。在 1999 年至 2001 年间，"玻利瓦尔 2000 年计划"在促进军民团结、消除贫困、扩大就业等方面发挥了重要作用。

2001 年 11 月，查韦斯总统利用宪法赋予他的"委任立法权"，制定并颁布了 49 项法律，被称为"一揽子经济改革法"。这些法律限制了外国和私人资本，更多地照顾到普通百姓的利益。其中影响最大的就是《土地法》。它规定：政府有权收回或低价收购私人土地，然后进行重新分配，其中包括 5000 公顷以上的土地和非生产性用地。这意味着大地产主的"私有财产"将不再得到国家的保护，而广大无地农民将从中获益。《渔业法》也在一定程度上保护了小渔民的利益，扩大了他们的作业区。《石油法》则将外国投资者应缴纳的开采税率由 16% 提高到 30%，增加的税收用于社会福利事业。此外，有关教育和医疗等方面的法律规定要大力扶植公立机构，限制私立机构。总之，这些法律法规的目的就是使特权阶层让利于民，扼制社会不公的扩大。

　　查韦斯上台后，出台了多项措施，通过各种手段，促进就业，提高劳动者收入，减少贫困。政府还推行"社会经济计划"，鼓励创办合作社和微型企业，实行自主经营。政府相继成立了面向小型和微型企业的人民银行和专门为受到金融体系排斥的女性提供贷款的妇女银行，并规定上述两家银行对 100 万玻利瓦尔以下的小额贷款免收利息。2001—2003 年，这两家银行的小额贷款达到 7 万笔①。

　　查韦斯实施教育改革，扩大儿童受教育机会，宣讲革命思想。查韦斯总统上台后，很快启动了教育改革，其目的一是实现教育的民主化，扩大受教育的机会；二是提高教学质量；三是加强对青少年的爱国主义教育和革命教育。具体措施包括：开展扫盲运动，扫除文盲；兴建公立的免费幼儿园，普及学前教育；取消公立学校的注册费；在 3000 多所学校免收课本费，并提供正规的早餐、午餐和课间加餐；实行全日制教育，开设特殊教育和双语教学；将一些学校更名为玻利瓦尔小学或中学；向学生讲授玻利瓦尔的革命思想，并开展反帝国主义、反霸权、反腐败的宣传教育等。

　　总体来看，查韦斯政府的社会改革是比较全面和深入的。它从宪法的高度明确了公民享有的各种社会权利，通过国家发展规划确定了社会发展的各项目标和战略，又在具体实施过程中利用一系列法律法规和措施，采取向中下层民众倾斜的社会政策。

　　查韦斯政府加大了社会投入，自 2000 年起，社会开支占国内生产总值的比重保持在 10% 以上，其中 2001 年和 2003 年超过了 11%，2004 年达到 12.3%，这是整个 20 世纪 90 年代从未达到过的水平。经过几年的努力，查韦斯的社会改革在普及教育、医疗保健、土地分配等方面取得了很大成绩，基础设施得到了改善，社会服务业覆盖面扩大，社会发展的各项指标趋向好转。这为执政党和查韦斯本人赢得了声誉和信任。

---

① www.rebelion.org, 5 de enero de 2004, La lucha de Venezuela contra la pobreza, *Gregory Wilpert.*

然而，尽管查韦斯的社会改革给民众，特别是中下层民众创造了很多福利，在一定程度上提高了他们的生活质量，但自查韦斯执政以来，特别是 2001 年以后，委内瑞拉的社会局势动荡不安，各种政治、经济和社会矛盾尖锐突出。其根本原因就在于，查韦斯的改革遭到国内传统势力的强烈反对和抵制。从修改宪法，到颁布一系列政治、经济和社会改革措施，都被传统势力视为是对他们切身利益的威胁和侵犯。特别是查韦斯所颁布的《土地法》、《渔业法》、《银行法》和《石油法》等法令，要求大地产主、大企业主、大财团将一部分利益转让给广大人民群众，这更加重了这些人对改革和查韦斯本人的仇视和憎恨。

查韦斯政府的教育改革、医疗救助计划，甚至低价食品计划都成为反对派攻击的对象。他们采取各种手段，千方百计阻挠改革，为改革制造麻烦和障碍，还阴谋颠覆和推翻查韦斯政府。查韦斯的反对派和拥护派之间尖锐对立，相互敌视，不断发生冲突和对抗，导致社会秩序混乱，社会形势极不稳定。

此外，虽然传统政治势力在多次选举和公投中屡屡失败，但是他们的影响力仍不容忽视。他们在司法部门中控制相当一部分职位；他们控制着国内大部分制造业和零售业；控制了国内主要媒体；他们还得到了企业家商会联合会、工人联合会、天主教会上层、一部分军队高层领导和中产阶级的支持。在他们的领导和煽动下，反政府活动屡见不鲜。从 2002 年起，反对派发动了三次对查韦斯政府的大进攻：2002 年 4 月的军事政变；2002 年 12 月到 2003 年 2 月的全国性大罢工；2004 年 8 月的决定是否罢免总统的公民投票。

经过一番激烈而艰苦的较量，查韦斯政府在这三次大进攻中均赢得了胜利，瓦解了反对派的阴谋。其中最重要的原因就在于，查韦斯的改革得到了多数民众和军队官兵的支持。虽然改革计划还没有全面落实，取得的效果也是有限的，但广大人民群众从中看到了希望。此外，在与反对派斗争的过程中，查韦斯总统十分注重走"群众路线"。他发动玻利瓦尔小组运动，号召支持者自我组织，宣传宪法。推动各种民众和市民组织的发展，扶植左翼的劳工力量，抵制反对派的破坏活动。在社会领域，继续推行社会改革，使更多的人受益。开展扫盲运动、建立玻利瓦尔大学、提供低价食品、帮助消费者以优惠条件购买轿车、安置退伍军人等措施都是在这个时期出台的。这些计划得到了民众的热烈欢迎，也为政府赢得了新的支持者。

查韦斯总统虽然化解了一次又一次的危机，但政局不稳已经严重影响到查韦斯各项社会改革计划的实施和效果。委内瑞拉的各种政治、经济和社会矛盾错综复杂，相互交织。查韦斯推行的改革既不同于以前的民众主义模式，也有别于后来的新自由主义改革，查韦斯强调国家与市场相互结合、经济发展以人为本的观念，他积极主张"均衡与公正"的原则，应该说是比较符合委内瑞拉的现实情况和人民意愿的。查韦斯政府需要不断积累执政经验，把握良机，逐步化解各种矛盾，才能将改革不断推向深入。政治稳定和经济繁荣将是实现一切社会发展和解决一切社会矛盾的基础。

二　实现各项社会计划

自 2003 年起，作为玻利瓦尔革命的组成部分，查韦斯制定并实施了一系列的社会计划，查韦斯称之为"Misión"。据统计，到 2008 年，查韦斯共推出了 33 个社会计划。[①] 之后，查韦斯又不断推出新的社会计划。

(一)"罗宾逊计划"(Misión Robinson)

"罗宾逊计划"的全名是"西蒙·罗德里格斯扫盲特别计划"(El Plan Extraordinario de Alfabetización Simón Rodríguez)。罗宾逊是玻利瓦尔的导师西蒙·罗德里格斯的别名，这项计划之所以取名罗宾逊，是为了纪念这位解放者玻利瓦尔的导师。

查韦斯就任后不久，就开展了卓有成效的扫盲运动。据估计，委内瑞拉原有成人文盲约 150 万人。查韦斯政府认识到全面扫除文盲对提高民族素质、消除贫困和推动国家建设的重要意义，因此对这一问题十分重视。2003 年 7 月，名为"罗宾逊计划"的扫盲运动正式启动。查韦斯政府专门拨款 500 亿玻利瓦尔，还成立了国家和地方扫盲委员会。扫盲运动的教

---

① http：//www. abn. info. ve/noticia. php？ articulo＝203906&lee＝4.

学工作主要由志愿者担任，形成了全社会广泛参与的氛围。据统计，大约有11.4万名志愿者加入到扫盲运动中，开辟了近8万个教学场所。这项计划通过免费提供书本、文具，免费上阅读、书写和算术课程，甚至免费向视力不好的人提供眼镜，以扫除超过150万委内瑞拉的成年人文盲（在查韦斯1999年执政之前）为目标。

为了提高教学质量，委内瑞拉利用古巴在普及教育方面的丰富经验，聘请古巴专家，采用古巴独创"我，一定能够"（Yo，sí puedo）的扫盲教学方法。第一个"罗宾逊计划"（Misión Robinson Ⅰ）的任务是帮助成年人以最快的速度学会读写、算术等基本技能。在第二个"罗宾逊计划"（Misión Robinson Ⅱ），参加者要在近两年时间里学习数学、历史、地理、自然科学和英语等知识，最终达到基础教育水平。完成"罗宾逊计划"的学员还可以获得奖学金，继续参加"里瓦斯计划"和"苏克雷计划"的学习，接受中学和大学教育。2005年10月28日，联合国教科文组织承认委内瑞拉已扫除文盲。到2009年，第二个"罗宾逊计划"已使50万人小学毕业。

查韦斯总统对"罗宾逊计划"予以高度评价，2005年10月28日查韦斯在宣布委内瑞拉已扫除文盲的大会上说："'罗宾逊计划'是其他计划之母，是第一个计划。第二个'罗宾逊计划'、'里瓦斯计划'、'苏克雷计划'、'再就业计划'、第一个和第二个'深入贫民区'都是由'罗宾逊计划'衍生出来的。①②"

（二）"里瓦斯计划"（Misión Ribas）

"里瓦斯计划"的全名是"何塞·费利克斯·里瓦斯特别计划"（La Misión Extraordinario José Félix Ribas），何塞·费利克斯·里瓦斯（1775—1815）是委内瑞拉独立战争的先驱之一，曾先后在米兰达和玻利瓦尔指挥下为委内瑞拉独立而战。"里瓦斯计划"是针对那些已完成初级教育的青

---

① 按照联合国教科文组织的规定，一个国家的15岁以上的成人文盲率如果低于5%，即可被认为扫除了文盲。而委内瑞拉的文盲率已下降至不足1%。

② http：//www. minci. gob. ve/reportajes/2/14637/mision_ robinson_ iortalecisistema. html.

年和成年人，帮助他们完成中等教育的计划。

2003年11月17日开始执行这一计划，2004年6月9日，委教育、文化和体育部正式颁布有关"里瓦斯计划"的第47号决议。① 到2009年，"里瓦斯计划"已使50万人读完中学。

（三）"苏克雷计划"（Misión Sucre）

"苏克雷计划"的全名是"安东尼奥·何塞·德苏克雷元帅特别计划"（El Plan Extraordinario Mariscal Antonio José de Sucre）。苏克雷（1795—1830）是委内瑞拉和南美洲独立战争领导人之一，出生在委内瑞拉，曾指挥皮钦查、阿亚库乔等著名战役，并获全胜。1826—1828年出任玻利维亚总统。

"苏克雷计划"的宗旨是确保已经完成中等教育的青年和成年人能够继续接受高等教育或高等专科教育。到2006年8月，已有将近20万人通过"苏克雷计划"进入高校学习。② 在校大学生1999年为66.8万人，2009年增加到226万人。

（四）"深入贫民区计划"（Misión Barrio Adentro）

在委内瑞拉，Barrios是指穷人区。在查韦斯执政前，委内瑞拉80%的居民有病看不起医生。查韦斯执政后，就着手解决穷人看病难的问题。自2003年4月起，开始实施"深入贫民区计划"，计划的宗旨是通过成立大众诊所为贫困阶层提供基本的医疗卫生服务。到目前为止，已实施了四个"深入贫民区计划"。第一个"深入贫民区计划"（Misión Barrio Adentro I）是在穷人区建立大众诊所。首先在首都加拉加斯的解放者区进行试点，然后逐步在全国范围内推广。"深入贫民区计划"的服务包括免费看病、免费提供药品、12小时医疗服务、24小时急诊服务、上门就诊等。据官方统计，截至2004年11月，共有近1.5万名医生参加了第一个"深入贫民区计划"，医生累计接诊6423万人次。该计划还得到了古巴的大力支持，

---

① http：//www. misionribas. gov. ve/index. php? option = com＿ content&task = view&id = 71&Itemid = 91.

② http：//www. minci. gob. ve/pagina/20/10408/mision＿ sucre. html.

根据委古双方签订的协议，古巴向委内瑞拉前后派遣了三四万名医生。到目前为止，委全国已建立了 1600 个大众诊所。

自 2005 年 6 月 12 日起，开始实施第二个"深入贫民区计划"（Misión Barrio Adentro Ⅱ），其目标是在全国范围内建立 600 家诊断中心、600 家康复中心和 35 个高技术中心（Centros de Alta Tecnología，CAT），向全体公民提供全面的免费医疗服务。据查韦斯 2009 年 1 月 13 日在《国情咨文》中说，到 2008 年年底，已经建成了 479 家诊断中心和 26 个高技术中心，在 479 家诊所建立了康复中心。①

第三个"深入贫民区计划"（Misión Barrio Adentro Ⅲ）的目标是要使全国的医院现代化；② 第四个"深入贫民区计划"（Misión Barrio Adentro Ⅳ）已于 2006 年 8 月 20 日开始实施。这一天，在加拉加斯落成了儿童心脏病医院，这标志着第四个计划的开始，其目标是要在全国共建立 15 家高级专科医院，其中包括成人心脏病、神经外科、肿瘤、眼科、肠胃病、肾病、泌尿科等高级专科医院、一家血库和一家专门给拉美国家的病人看病的南方医院等。

到 2008 年年底，在各项医疗卫生计划实施的 5 年中，共有 24 884 567 人看病，占人口总数的 88.9%；委全国已有 6531 家人民诊所，有 8200 名医生在人民诊所看病。③

（五）"瓜依凯布洛计划"（Misión Guaicaipuro）

瓜依凯布洛是委内瑞拉印第安人一位酋长的名字。瓜依凯布洛计划的宗旨是通过成立印第安人自己的组织和使他们参与自己和国家的发展进程来行使印第安人合法的政治、经济、土地和文化的权利。2003 年 10 月 12 日通过总统第 3040 号法令，开始实施瓜依凯布洛计划。瓜依凯布洛计划保护委内瑞拉印第安民族群的生计、信仰、土地、文化和其他权利。2005 年起，社会保障部负责实施瓜依凯布洛计划，2007 年起由新成立的印第安

---

① http：//www. vtv. gov. ve/noticias – nacionales/13269.

② http：//ceims. mre. gob. ve/index. php？ option = com＿ content&view = article&catid = 23&id = 39；mision – barrio – adentro – i – ii – iii – iv.

③ http：//www. vtv. gov. ve/noticias – nacionales/13269.

居民部负责实施。①

（六）"食品商场计划"（Mision Mercal）

Mercal 是 Mercado（商场、市场）和 alimentos（食品、粮食）的缩写，意思为"食品商场"。"食品商场计划"于 2003 年 4 月 25 日起开始实施，这一天，查韦斯宣布，为了保证对居民，特别是低收入居民的食品和基本必需品的供应，政府准备建立食品商场和食品仓库，当天有 3 个商场和 2 个仓库开张。该计划由食品部负责实施，通过建立食品商场（大小商店和超市）、食品仓库，以低廉的价格出售给居民，特别是低收入居民，差价部分由政府补贴，食品不经过中间商，直接销售给民众，价格比一般的商场销售价低 30% 至 45%。商场分成小商店（mercalito）、商场（mercal）、合作社（cooperativa）和超市（megamercal, supermercado）等。

据食品部统计，2008 年平均每月有 13 198 470 人到属于"食品商场计划"的各种商场购买廉价食品。除销售粮食外，还销售水果、食用油、卫生纸、罐头食品等，自 2005 年起，还销售肉类和奶类产品等。到 2009 年底，全国共建立了 12 500 家属于"食品商场计划"的小商店、13 322 家商场、数百家合作社、31 家超市和 102 家仓库。②

（七）"住房计划"（Misión Habitat）③

"住房计划"由住房部主管，该计划最早于 2004 年 7 月由查韦斯总统提出，其宗旨是到 2021 年使所有的委内瑞拉人都拥有合适的住房。据统计，2004 年委内瑞拉缺房达 180 万套，原有住房有 60% 需要维修或重建。在 2004 年，政府拨款 2 亿美元，兴建 1 万套住房。政府以各种优惠办法（低价、低息、分期付款等）向居民，特别是中下层民众提供住房。

2009 年 8 月，查韦斯又在"住房计划"框架内推出"新居民区计划"

---

① http：//ceims. mre. gob. ve/.

② es. wikipedia. org/wiki/Misión＿ Mercal.

③ http：//www. gobiernoenlinea. gob. ve/miscelaneas/mision＿ habitat. html.

（programa Barrio Nuevo），其宗旨是推倒贫民区的旧的危房，兴建新住房。①

其他社会计划还有：

"萨莫拉计划"（Mision Zamora）：宗旨是将征收来的闲置的土地分配给无地的农民。查韦斯政府已将200万公顷征收的土地，分配给1万户农民。成立了农村土地委员会（Comités de Tierras Urbanas），负责发放土地证。

"转过脸计划"（Misión Vuelvan Caras）：宗旨是改变经济和社会发展模式，减少失业，增加就业，消除贫困。到2005年年底，已安排26.4万人到6800家合作社就业。

"皮阿尔计划"（Misión Piar）：经济多样化，减少对石油的依赖，创造更多的就业机会。

"民族认同计划"（Misión Identidad）：发放了507.6万张身份证，其中包括60万名侨居在国外的委内瑞拉人和在委内瑞拉生活工作多年的外国侨民，使他们首次拥有选举的权利。

"米兰达计划"（Misión Miranda）：军队预备役计划。②

"4月13日计划"（Misión 13 de abril）：2008年3月16日查韦斯在《总统，您好！》第307期电视节目中提出，同年4月13日正式启动。4月13日是查韦斯在2002年4月11日未遂政变后，在民众和拥查派军人的支持下重新回到总统府执政的日子，查韦斯把这项计划取名为4月13日，是强调人民的力量。该计划的宗旨是在全国范围内建立以社区委员会和公社为表现形式的人民政权。

"科技计划"（Misión Ciencia）：2005年12月13日查韦斯宣布，将于2006年2月起开始实施"科技计划"，旨在发展科学和技术，并鼓励创新。

"回到农村计划"（Misión Vuelta al Campo）：2005年年中查韦斯提出，

---

① http：//www. rebelion. org/noticia. php？id＝89847&titular＝gobierno - bolivariano - inició - programa - barrio - nuevo - .

② http：//www. misionvenezuela. org/espanol/misiones/index. htm.

旨在动员城市失业者去农村从事农业生产，以解决城市失业问题和增加农业产量。

"小耶稣计划"（Misión Niño Jesús）：2009 年 12 月 19 日查韦斯宣布，将于 12 月 23 日起正式执行这一计划，其宗旨是照顾孕妇和刚出生的婴儿。

查韦斯政府所实施的各项社会计划取得了显著的成就，查韦斯总统对社会计划予以高度评价，他在 2009 年 1 月 13 日发表《国情咨文》时说，"社会计划是革命政府政策的核心，它们已成为为低收入民众利益服务的国策，是革命社会进程的灵魂"①。

实施以上这些社会计划后，最明显的成果是委内瑞拉贫困人口的减少。据委内瑞拉国家统计局公布的数字，委内瑞拉已提前实现了联合国千年扶贫目标，即在 2007 年下半年已将极端贫困人口减少了一半，极端贫困人口所占的比重从 1999 年下半年的 17.1% 减少到 2007 年下半年的 7.9%，2009 年又进一步下降到 6%。贫困人口占总人口的比重从 1999 年的 75% 下降到 26%。②

查韦斯政府在实施各项社会计划时也遇到不少困难。由于受国际金融危机和国际市场石油价格下跌的影响，2009 年委内瑞拉的经济增长率为 -2.9%，石油行业产值下降 6.1%，石油出口总额降至 576.1 亿美元，比上年减少 35.3%，到 2009 年年底，委内瑞拉国家石油公司（PDVSA）的金融债务已达 214 亿美元，经济的不景气和石油出口收入的减少影响了政府对社会计划的投入，因为社会计划的主要资金来源是国家石油公司的利润，由于投入资金的减少，一些计划的指标未能实现，一些计划受到较大的影响，如"食品商场计划"的食品等商品的供应得不到保障，致使投机商乘机哄抬物价；一些社会计划在执行过程中也遇到官员和计划执行人员的贪污、计划管理不善、基础设施不完备等问题。③ 此外，反对派指责查韦斯总统常常利用社会计划作为他赢得选举和公投的工具，指责某些社会

---

① http：//w∀vw. vtv. gov. ve/noticias – nacionales/13269.

② 关于委内瑞拉贫困人口的统计数字，官方统计数与非官方的统计数出入很大，这里引用的是官方统计数。

③ http：//www. guia. com. ve/noticias/? id = 26105.

计划过于优惠，不是鼓励劳动，而是鼓励懒汉。

三　大力推广合作社

为推行"内在发展模式"，查韦斯政府大力推行合作社。1999年颁布的新宪法要求政府"促进和保护"合作社的发展。2001年7月2日，查韦斯颁布了《合作社特别法法令》，该法令通过提供信贷、优先购买合作社产品、提供培训等途径推动各类合作社的发展。查韦斯希望合作社能够推动实现玻利瓦尔革命的一系列目标：创造工作岗位，实现充分就业，推动经济的可持续发展，同传统的资本主义企业进行竞争。

合作社的数量在过去几年里呈现急剧增长的势头。在查韦斯执政初期，委内瑞拉仅有700多个合作社，成员约有2万人；到2003年，合作社的数量已经增至8000个。[①]委内瑞拉主管合作社的是国家合作社管理局，它属于社区经济部。合作社的类型有：商品和劳务生产合作社、商品和劳务消费合作社、储蓄和信贷合作社、混合型合作社等[②]。

根据委国家合作社管理局统计，2006年委内瑞拉已经有108 000家注册登记的合作社，其成员超过150万人（约占全国成年人口的10%）。50%的合作社分布于服务业，约30%分布于制造业，31%的合作社成员分布于商业、餐饮业和旅店业，29%分布于交通业、运输业和仓储业，18%分布于农业和渔业。截至2007年8月已注册的合作社达21.5万个，所创造的产值占全国GDP的14%，其职工占全国经济活动人口总数的18%。合作社的规模不等，多则数百人，少则5人。2009年，委内瑞拉全国共有30万家合作社。[③]

随着玻利瓦尔革命的进行，委内瑞拉在各个部门建立了众多的合作社，通过"转过脸计划"等社会计划，鼓励民众接管倒闭关停的企业和加入新成立的合作社，一方面解决就业问题，另一方面也加强了经济领域的

---

① Venezuela's Cooperative Revolution, http：//www. venezuelanalysis. com/articles. php？artno = 1784.

② http：//www. sunacoop. gob. ve/contenido. php？id = 190.

③ http：//www. gestionparticipativa. coop/portal/index. php？option.

非资本主义成分。

发展合作社是委新宪法的一项特殊使命。合作社是查韦斯提出的"21世纪社会主义"的主要特色之一。合作社里利润在工人之间分配，工人选举合作社的监督者，环境问题由工人代表来监督，合作社同时也是自我赢利和自助的组织。在合作社内，无论是领导还是群众都是平等的。查韦斯认为，合作社是一种有利于提高生产力的生产组织，也是动员劳动者参与国家政治民主生活的有效方式。

四 建立公社委员会

在推动参与式和主角式民主的过程中，2001年查韦斯启动组建社区委员会（consejos comunales，又译公社委员会）。这是一种新型的地方和基层的民主政治机构，它由基层民众组成，拥有资金预算，有权就一系列地方事务进行规划和决策，可以向市政当局派出代表。查韦斯希望最终使所有委内瑞拉人加入其中。[①]

2006年4月，委国民大会通过了《社区委员会法》。根据这一法律，在城市，约200—400户建立一个社区委员会；在农村，每10—20户建立一个社区委员会；而在印第安人聚居地区，10户以上就可以建立社区委员会。查韦斯通过在基层创建社区委员会等组织形式，推行参与式民主，以落实人民当家作主的权利。另外，社区委员会还建立了工人委员会和农民委员会，被称为它的两个"小兄弟"，作为人民的基础组织相辅相成。社区委员会的活动经费，得到了政府的资助，如据政府公布，2007年，政府拨款50亿美元用于社区委员会，比2004年的拨款增加了2倍。

根据有关法令，社区委员会独立运作，统筹和整合地区范围内的各种组织的活动，如从事健康、教育、体育的项目组织、城市土地委员会、文化委员会组织的活动。它可以提出地方一级的发展计划，可以申请特别基金，用于社会的教育、基础设施建设、交通医疗中心、农业或住宅建设。社区委员会是最好的政治培训学校，可以开展各种活动，如住房供给、教

① http：//www.venezuelanalysis.com/articles.php？artno＝1784.

育、运动会、通信工程、组建合作社、监督卫生保健机构，还可以维护治安，制定惩治犯罪、毒品和家庭暴力的政策。社区委员会设有发言人，由社区大会选举产生。上述情况表明社区委员会是委内瑞拉基层的行政管理机构，查韦斯将其称为"新社会主义国家的细胞"，又称之为"新的国家基层机构"。

查韦斯把 2009 年称做"社会主义公社年"，他要求在社区委员会的基础上建立公社（comuna），作为基层的行政单位，一个公社包括若干个社区委员会，社区委员会是"地方自治政府的细胞"，若干个公社可建立公社市。①

2009 年 2 月 7 日，查韦斯强调社区委员会对玻利瓦尔革命和建设社会主义民主有重要的战略意义，他说，社区委员会是政治角色，社区委员会应该组成公社，公社，社区政权将是人民自治政府的最高体现。他指出，社区委员会不仅进行基础设施（水、电、住房、安全、照明、道路、街道等）的工程，而且应该从事生产，促进生产、推动社会主义经济和公社所有制。

查韦斯说，"公社将是社会经济联系的模式，是受到中国革命胜利后初期经验的启发，但不是照抄中国的经验。我们将创造自己的模式，但应该参考他人的经验"②。

2009 年 11 月 26 日，委内瑞拉国民大会通过了新的社区委员会法，新法于同年 12 月 28 日查韦斯正式批准和颁布，并开始实施。新法第 2 条规定，社区委员会是社会主义社会的基础组织，是一个新的社会方式。新法的实施将巩固在委内瑞拉社会主义社会的建立。据委内瑞拉公社和社会保障部部长埃里卡·法利亚斯 2010 年 2 月 12 日说，到 2009 年年底，委内瑞拉全国已建立了 3.1 万个社区委员会，政府已向社区委员会投入 110 亿强势玻利瓦尔（bolívar fuerte）的资金。③ 新法规定由公社和社会保障部负责社区委员会的注册登记，新法将"社区银行"改称"社区行政和金融单

---

① http：//www. aporrea. org/actualidad/a78503. html.

② http：//www. radiomundial. com. ve/yvke/noticia. php？19195.

③ http：//www. redescristianas. net/2010/02/12/venezuela – nueva – ley – de – consejos – comunales.

位", 负责管理社区委员会的资金。据埃里卡部长称, 到 2009 年年底, 大约 10% 的社区委员会已组织到公社里。新法的实施, 将促使更多的社区委员会组织到公社里来。委内瑞拉国民大会正在讨论《人民政权法》, 该法将对公社的建设起推动作用。[①]

　　总起来看, 查韦斯政府的社会政策和社会改革是比较全面和深入的, 这些政策和改革从宪法的高度明确了公民享有的各种社会权利, 通过国家发展规划确定了社会发展的各项目标和战略, 又在具体实施过程中利用一系列法律法规和措施, 采取向中下层民众倾斜的社会政策。查韦斯政府加大了社会投入, 自 2000 年起, 社会开支占国内生产总值的比重保持在 10% 以上。即使在受金融危机严重影响的 2009 年, 社会方面的开支在政府财政预算中所占的比重占 45.7%, [②] 不仅没有减少, 反而有所增加。经过多年的努力, 尽管有这样或那样的问题和遇到了不少困难, 查韦斯的社会改革在普及教育、医疗保健、土地分配等方面取得了显著的成绩, 基础设施得到了改善, 社会服务业覆盖面扩大, 社会发展的各项指标趋向好转, 这为政府和查韦斯本人赢得了声誉和信任, 也提高了查韦斯政府在国际上的声誉和地位。

（原载徐世澄《查韦斯传——从玻利瓦尔革命到"21 世纪社会主义"》, 人民出版社 2011 年版）

---

　　① 委内瑞拉货币强势玻利瓦尔与美元的比价是 2.15 比 1, 自 2010 年 1 月 11 日起, 委币贬值, 比价为 2.6 比 1。

　　② http：//www. abn. info. ve/noticia. php？articulo＝203906&lee＝4.

委内瑞拉统一社会主义党的成立及其特点

2008 年年初，委内瑞拉统一社会主义党正式宣告成立。2009 年年底和 2010 年年初，该党先后举行了成立代表大会和第一次特别代表大会，通过了党的原则声明、党章和党的基本纲领。据委官方统计，该党党员已超过 700 万人。在拉丁美洲，该党是仅次于墨西哥革命制度党的第二大党，是南美洲第一大党，也是目前正在执政的拉美国家第一大党。

一 从第五共和国运动到委内瑞拉统一社会主义党

1997 年身为委内瑞拉左翼组织"玻利瓦尔革命运动—200"总书记的查韦斯决定参加即将在 1998 年举行的大选。由于参选的候选人必须由某个政党或组织提名，而所有参选的政党和组织必须在全国选举委员会进行注册登记。委内瑞拉选举法和政党登记法规定，任何政党不得使用民族英雄玻利瓦尔的名字作为自己政党的名称，所以查韦斯决定将"玻利瓦尔革命运动—200"改名为"第五共和国运动"。同年 4 月 19 日，"玻利瓦尔革命运动—200"召开全国代表会议，会上决定将党的名称正式更名为"第五共和国运动"，查韦斯任党的主席。7 月 24 日，在进行选举政党登记时，查韦斯就以第五共和国运动的名义进行了登记。此时"第五共和国运动"已成为拥有 10 万名注册党员的全国性合法政党。

在 1998 年 12 月 6 日的大选中，查韦斯领导的"第五共和国运动"与一些左派组织和政党结成爱国中心，查韦斯被爱国中心提名为总统候选人，并当选总统，并于 1999 年 2 月 2 日就任总统。

2006 年 12 月 3 日查韦斯第三次当选总统，同年 12 月 15 日，他在庆祝大选胜利的群众集会上，正式提出要建立一个由所有委内瑞拉左派组织合并而成的委内瑞拉统一社会主义党，旨在联合委内瑞拉所有左翼政党力量和支持查韦斯领导的委内瑞拉社会主义革命分子。查韦斯在讲话中强调："我们需要一个为人民、为革命和为社会主义服务的政治工具"，"'第五共和国运动'已经完成了它的历史阶段，它将在 2007 年载入历史。我们现在正在建立一个新的政党，这是革命的需要。我建议委内瑞拉所有的左派组织都合并到新的统一的党里来"，"我邀请所有我的追随者、所有的革命者、社会主义者、爱国者，我邀请工人、劳动者、家庭妇女、自由职业者、民族主义企业家、印第安人、青年人、妇女一起来建设一个统一的政党"，"我考虑新的政党的名称为委内瑞拉统一社会主义党，我喜欢这个名称。"

查韦斯强调委统一社会主义党应该是委历史上最民主的党，党的领导人将由基层选举产生，党内不允许腐败分子、不负责任的人存在；查韦斯说，新的党"不是为了选举目标而创立的，虽然它会一如既往进行竞选的战斗"，党成立后的首要任务是开展思想斗争，要用社会主义思想教育党员，建设一条通向社会主义的委内瑞拉道路，而眼下的任务是进行党员登记。①

查韦斯提到，20 世纪大部分的拉美左翼政党都"抄袭布尔什维克党的模型"，这个党在列宁的领导下取得了 1917 年俄国革命的胜利。但后来，这个党"偏离了道路，而列宁因为患病和死得太年轻而未能阻止它的偏离"。布尔什维克"最终成了一个反民主的政党，而那了不起的口号'全部政权归苏维埃'，就变成了'全部政权归于党'"。

查韦斯认为，过多的政党是建设"21 世纪社会主义"的一大障碍，他说，"我们需要一个政党，一个不会互相倾轧和欺骗人民的政党"。他强调为实现这些主张以及推进其他的改革，必须将所有的左派组织和政党合并成一个全新的统一的社会主义政党。查韦斯说："革命需要一个统一的党"，这个党"不是为某个帮派、某个集团服务的，它是人民和革命的一个政治工具"，"新党不会是现存组织的翻版。"

---

① Hugo Chávez, *El discurso de la unidad*, 15 *de diciembre de* 2006, Ediciones Socialismo del Siglo XXI, No. 1, enero de 2007, pp. 12—13, 21—22, 30, 33—36.

他表示，目前委内瑞拉国内政党可以自由决定是否加入这一计划。但那些不愿意融合加入到新的单一政党的党派，将来就必须"走自己的路"，"那些想保全自己的党派，请离开这个政府"。

查韦斯竭力劝说所有在大选中支持他的政党和组织合并到新的党里来，查韦斯的劝说得到了部分的成功。查韦斯自己所领导的"第五共和国运动"率先于 2006 年 12 月 18 日宣布解散该党，加入即将成立的新党。在 2006 年 12 月 3 日大选中支持查韦斯当选的一些政党和组织，如人民选举运动、我们必胜独立运动、委内瑞拉人民团结、图帕马洛运动、民族共同体独立人士、社会主义同盟等也先后合并到统一社会主义党，这些政党和组织的成员约占查韦斯 2006 年大选得票率的 45.99%。但是，在大选中支持查韦斯的另外 3 个政党（占查韦斯得票率的 14.6%）大家的祖国党、委内瑞拉争取社会民主党和委内瑞拉共产党以各自的理由拒绝合并到统一社会主义党。

在谈到如何建立新党时，查韦斯认为，新党将由基层来建立。他赞扬并肯定了在 2006 年大选中，11 000 个玻利瓦尔"营"，32 800 个"排"和无数个"班"所做的团结人民以取得大选胜利的巨大工作。查韦斯说："不要解散任何一个班和排，从由明天开始，班、排、营的领导必须继续聚集他们的队伍，在建党过程中发挥作用"，"去列出一份份名单，一份份积极分子、党的同情者的清单，党的建设要从下面、从基层建立起来，就是要以这些营、排、班来作为全国性的党的基本结构。"

自 2007 年 4 月 29 日起，开始进行统一社会主义党预备党员登记，同年 6 月 10 日登记结束，共有 5 669 305 人进行了登记，相当于 2006 年大选查韦斯得票率的 80%。

查韦斯关于成立统一社会主义党的建议遭到多方面的批评，有来自查韦斯同情者的批评，也有来自反对派的批评。

成立统一社会主义党是查韦斯领导的玻利瓦尔社会主义革命的重要内容。查韦斯指出，委社会主义特色的玻利瓦尔革命必须拥有广泛的政治基础，一个强大的左翼政党将是取得玻利瓦尔社会主义革命成功的重要的政治保证。除政治领域外，委玻利瓦尔革命将在社会、经济、文化等各个领域进行彻底的、激进的变革。

委内瑞拉共产党总书记奥斯卡尔·菲格拉先后于 2006 年 12 月 22 日和 2007 年 3 月 3 日发表声明，表示将由委共基层党员和组织，而不是委共中央领导决定是否解散委共并加入统一社会主义党。在 2007 年 3 月举行的委共第八次特别代表大会上，代表 220 个基层组织的 847 名党代表决定不解散委共，不合并到统一社会主义党，但可以与查韦斯一起建立反帝广泛阵线。

2007 年 3 月 5 日，大家的祖国党的领导决定不解散该党。同年 3 月 27 日，该党召开全国代表会议，会议决定不解散该党，但表示继续支持查韦斯。但该党也有少数党员如阿里斯托布洛·伊斯图里斯①和阿里·罗德里格斯·阿拉克②宣布脱离该党，加入委统一社会主义党。

争取社会民主运动经过漫长的讨论之后，最终选择保持本党的独立性，拒绝加入新的统一的执政党。2007 年 3 月 3 日，该党总书记伊斯马埃尔·加西亚正式表示该党的官方立场，反对成立统一的党，明确表示该党将不会合并到统一社会主义党中去，但同时又表示，这并不意味着不再支持查韦斯和玻利瓦尔革命。同年 4 月 17 日，该党主席拉蒙·马丁内斯指责统一社会主义党是"宗派主义的庞然大物"。4 月 17 日，查韦斯批评马丁内斯和他领导的党搞宗派主义，并指责马丁内斯已属于反对派，他不再希望得到争取民主党的支持。

上述三个政党内部就是否加入统一社会主义党产生了严重分歧，结果导致三党党内都掀起了退党风潮，部分高层领导人和基层党员"倒戈"转而加入统一社会主义党，党的组织和力量受到一定破坏和削弱。尽管委共和争取社会民主运动党表示将继续支持查韦斯执政及其领导的玻利瓦尔革命，但仍招致查韦斯的不满。

2007 年 1 月 18 日，统一社会主义党开始党员登记。2 月 15 日，新党筹备委员会成立。3 月 5 日，查韦斯宣布新党创建进程正式启动，从 2007

---

① 1946 年生，曾先后加入民主行动党、激进事业党、大家的祖国党，曾任查韦斯政府的立宪大会副主席、教育部长，现为 PSUV 党副主席之一，负责东北部地区党务。

② 1937 年生，现为电力部长，曾先后加入委共、激进事业党、大家的祖国党，20 世纪六七十年代打过游击，外号"法斯托"游击队司令。曾先后出任查韦斯政府的能源和矿业部长、委国家石油公司总经理、欧佩克秘书长、外长、驻古巴大使、经济金融部长。

年3月5日正式开始建党进程，并成立一个技术委员会，专门负责协调建党进程。在技术委员会领导下，又设立5个工作小组，分别负责会议和活动、思想、媒体、秘书处、成立大会技术小组。4月29日，开始预备党员的登记，6月10日登记结束，共有5 669 305人登记，这一数字相当于2006年查韦斯在总统选举中得票总数的80%。

自2007年7月21日开始，技术委员会和5个工作组又为党的成立代表大会做各种准备。此时在委内瑞拉全国成立了2.2万个党的基层组织即"社会主义营"，每个营至少得由300名党的预备党员组成。每个营选出一名"发言人"，"发言人"代表营参加区的党代表大会，推举参加党的成立代表大会的代表。每个营都召开了三次代表会议，广泛讨论统一社会主义党的党纲党章以及国计民生等重大问题思想基础和结构，并选举产生"发言人"和委员。

同年9月29日，在全国范围内举行"发言人"和委员的选举，每个营选举1名"发言人"和1名候补"发言人"和5名委员。随后，由8至10个营组成1个"社会主义区"，代表一个区或一个州，每个"社会主义区"由下属营的"发言人"和委员选举产生一个代表出席党的成立代表大会。

二　委内瑞拉统一社会主义党的成立大会的召开

委内瑞拉统一社会主义党的成立大会几经推迟，最后终于在2008年1月12日开幕。共有1 681名代表参加了党的成立代表大会。这次大会的主要目标是：制定并通过党的原则声明、党纲、党章，通过产生人民选举的职位的机制和选举党的过渡性全国领导。

为了不影响党代表各自从事的职业和工作，代表大会全会在星期六和星期天举行，为方便讨论，代表大会决定由24个州每个州各推举1人，组成24人的联络小组，在会议期间每星期五开会，商讨代表大会全会讨论的议题。大会于3月2日闭幕，历时50天。与会1 681名代表分成50个小组，每组最多35人。

2008年1月19日和20日，大会在米兰达州的恰拉利亚贝举行，会议讨论了党的原则声明，也讨论了有关扶贫、国际主义、党的责任和政权的行使等问题。

1 月 26 日和 27 日，代表大会在巴基斯梅托市玻利瓦尔会堂举行，与会的代表有 1564 人，会议讨论了党章和党纲、社会主义建设、人民政权的建设、捍卫革命、主权、国际主义和政权的社会化等问题。

2 月 9 日和 10 日在瓜亚纳市卡恰马伊体育场继续开会。会议讨论了美国埃克森石油公司对委内瑞拉国营石油公司的挑衅，会议发表了《玻利瓦尔声明》，反对美国埃克森石油公司的挑衅行为。

2 月 16 日和 17 日代表大会在加拉加斯"特蕾莎·卡莱尼奥"剧院开会。2 月 23 日和 24 日，会议在拉克鲁斯港玻利瓦尔运动场召开，与会代表一致选举查韦斯为党的主席，会议还确定由每个州的党代表团推举 3 名党的全国临时领导的候选人，共 69 人，再从中选出 15 名全国临时领导成员。

2008 年 3 月 1 日和 2 日，代表大会最后一次全会在马拉开波市举行，会议决定在 3 月 9 日选举全国临时领导委员会。3 月 2 日，查韦斯在会议闭幕式上讲话。他说，"应该在社会、政治、思想、宣传方面开展斗争，应该承担起生产、分发食品、社会服务、揭露腐败和无效率、同一切恶习作斗争的责任。查韦斯说，统一社会主义党有预备党员 550 万人，这些党员应该组成营。它是一个行使革命民主、人民政权、公社权力和建设社会阵线的党，每一个党员都应该成为一名革命战士，随时准备为捍卫委内瑞拉神圣的主权而流血的革命者"，他强调，"统一社会主义党已经诞生，它将创造历史。它的主要作用是成为我们革命的最好产物之一，是革命存在的最可靠的保证"。

第三阶段是成立代表大会最后几天选举党的过渡性的全国领导，提出了 69 名候选人，从中选出 15 人。在全国选举委员会的监督下，总共设了 600 个票箱。党的 1.4 万个营的代表、委员和领导成员共 9.4 万人参加投票选举党的全国领导。2008 年 3 月 9 日，举行选举，选出了 15 名党过渡性的全国领导，任期一年。

成立代表大会虽然讨论了党的原则声明、党章和党纲等文件的草案，但在会上，不少代表对草案不满意，如不少代表对草案中没有提到"参与民主和主角民主"等提出异议。由于意见分歧，大会没能通过党的原则声明、党纲和党章。

一年后，统一社会主义党的全国领导班子进行了调整，除党的主席外，还设立了党的第一副主席和 6 名分管某一地区的副主席。改选后的统一社会主义党的全国领导成员是：

主席：乌戈·查韦斯，第一副主席：西莉亚·弗洛雷斯。

西部地区副主席：拉斐尔·拉米雷斯，中西部地区副主席：弗朗西斯科·阿梅里阿奇，中部地区副主席：迪奥斯达多·卡韦略，东部地区副主席：阿里斯托布洛·伊斯图里斯，南部地区副主席：尼古拉斯·马杜罗（兼外长），平原地区副主席：埃利亚斯·豪阿①。

其他成员有：阿尔韦托·穆勒斯·罗哈斯、阿丹·查韦斯（查韦斯的哥哥）、阿里·罗德里格斯·阿拉克、安娜·埃莉萨·奥索利奥、安东尼娅·穆尼奥斯、卡洛斯·埃斯卡拉、达里奥·比瓦斯、埃里卡·法利亚斯、弗雷迪·贝尔纳尔、埃克托尔·纳瓦罗、埃克托尔·罗德里格斯、杰奎琳·法莉娅、豪尔赫·罗德里格斯、路易斯·雷耶斯、玛丽亚·克里斯蒂娜·伊格莱西亚斯、玛丽亚·莱昂、马里奥·西尔瓦、诺埃利·波卡特拉、拉蒙·罗德里格斯·查辛、罗德里戈·卡韦萨斯、塔雷克·埃尔埃萨米、巴内萨·戴维埃斯、威廉·拉腊、叶莉莎·桑特威拉。

三　委内瑞拉统一社会主义党第一次特别代表大会

2009 年 11 月 21 日，委内瑞拉统一社会主义党第一次特别代表大会于"有查韦斯就有一切，没有查韦斯就失去一切"的口号声和党歌声中在首都加拉加斯"特里萨·卡雷尼奥"剧院正式开幕。党的主席、总统查韦斯和该党的全国领导成员出席了开幕式。共有 772 名代表参加大会，应邀参加大会的还有出席 11 月 19 日至 21 日在加拉加斯召开的左派党国际会晤的外国政党和组织的代表和其他特别的被邀请者。

---

① 1969 年生，曾先后加入革命青年联盟、红旗、第五共和国运动，原任农业和土地部部长，2010 年 1 月 26 日被查韦斯任命为副总统兼农业和土地部部长。

　　查韦斯在代表大会开幕式上发表了 5 个多小时的长篇演说，查韦斯首先希望代表大会讨论并落实左派国际会晤所通过的《加拉加斯承诺》声明，讨论他在左派党国际会晤闭幕式上提出的有关成立"第五国际"的倡议。①

　　查韦斯说，"当今世界社会主义革命斗争的重心是在我们美洲，而委内瑞拉则是这场斗争的中心！""我们应该担当起先锋的作用"；查韦斯主张："零分裂。团结、再团结。帝国主义总是阻止我们的团结。现在它正千方百计通过洪都拉斯政变、在哥伦比亚建立军事基地和经常性地制造冲突的阴谋来破坏我们的团结。"

　　查韦斯指出，2010 年将是困难的一年，这一年，将举行议会选举（9 月）；而 2012 年将举行大选。查韦斯说，重要的是要使革命进程在 2012 年之后继续下去，为此，必须赢得这些选举。委内瑞拉的未来取决于这次代表大会。查韦斯强调，"到 2019 年要么使委内瑞拉成为社会主义国家，要么我们成为烈士"，他提出"2019 年：誓死建成社会主义"的口号。查韦斯指出："2009 年至 2019 年是玻利瓦尔革命第三阶段，这十年是确定建设社会主义的思想、战略、战术、纲领的伟大的十年，到 2019 年，委内瑞拉应该建成完完全全的社会主义国家。"

　　查韦斯在大会开幕式上还宣读了向菲德尔·卡斯特罗发出的邀请信，邀请卡斯特罗与会。邀请信指出，卡斯特罗是世界的榜样，卡斯特罗的思考文章是照亮拉美革命进程的真正的明灯。

　　历时 5 个多月的委内瑞拉统一社会主义党第一次特别代表大会于 4 月 25 日在加拉加斯落下帷幕。这次大会之所以开了 5 个多月，一是因为会议是利用周六和周日举行的，二是因为需要时间对一些重大问题进行讨论和征求广大党员和基层组织的意见。

　　2010 年 4 月 24 日，召开全体会议，通过了党的原则声明、党章和党的基本纲领，② 并再次选举查韦斯为党的主席。会上，党的第一副主席、委国民大会主席西莉亚·弗洛雷斯发表讲话，她说："这是一个历史的时

---

①　查韦斯在 2010 年 4 月 25 日大会闭幕式上，没有再提成立"第五国际"一事。
②　Libro Rojo Documentos Fundamentales. http：//www. psuv. org. ve/.

刻。现在我们有了一个强大的党。今天统一社会主义党正式诞生。党代会的预期目标已经实现，所通过的文件汇集了集体的感情，汇集了党员的感情。"她说，党章总结了查韦斯领导的玻利瓦尔革命的贡献，指明了党的玻利瓦尔社会主义的路线和战略，这对现阶段委内瑞拉社会主义来说，十分重要。

4月25日，党的主席和总统查韦斯在闭幕式发表重要讲话，他强调，党的原则声明应该成为党员的基本指南，所有的党员都应遵循这些原则。这些原则是指导党和人民走向社会主义的指南。他说，党应该成为思想和实践的先锋队，应该引导人民在委内瑞拉建设社会主义模式，党是加快革命进程的主要因素；党的重要原则是消灭革命进程的主要敌人——资本帝国主义。查韦斯说，对于社会主义者来说，目前的资本主义危机是加快玻利瓦尔社会主义步伐、加快建设新的政治社会模式的极好的机会。他强调，消除贫困也是党的原则之一。他指出，经济发展应以满足全体人民需求为宗旨，而不是为了积累资本、使多数人贫困、破坏生态和环境。他强调，党应该在党内和全国开展反对腐败的坚决斗争，党应该成为反腐斗争的旗手。查韦斯号召党员与个人主义、宗派主义作斗争。查韦斯号召党员在全国建立公社，解决目前面临的问题。他强调，党和政府是一个人的两个臂膀，阶级斗争是新的历史发展的主要动力，"决不能与资产阶级调和"。他号召党员不断地工作，使越来越多的委内瑞拉人相信"21世纪社会主义"。他还宣布，在2013年年底将召开党的第二次代表大会。

四 委内瑞拉统一社会主义党的特点及其性质

委内瑞拉统一社会主义党的特点之一是党员人数多，它是拉美第二大党，仅次于墨西哥的革命制度党；是南美洲的第一大党。据委内瑞拉官方通讯社2009年10月初报道，负责党的组织工作的前副总统豪尔赫·罗德里格斯说，该党党员人数已增加到 7 126 620[①]。这一数字已接近委内瑞拉选民总数（约1600万）的一半，是委内瑞拉总人口的1/4强，该党已跻

---

① http：//abn. info. ve/noticia. php？articulo＝201571&lee＝4.

身为拉美地区最大的政党之一。

第二个特点是党的组织按照军事编制来组织，党的最基层组织称为"巡逻队"，相当于支部。它的中层组织按照军队的称呼，称为"营"、"排"、"班"。到 2009 年 10 月初，全党已有 102 771 个"巡逻队"①。

作为一个刚成立仅两年多的年轻的政党，该党的成长与壮大，无疑鼓舞了拉美国家不少已取得或正在谋求取得政权的左翼政党，推动了拉美左翼政治力量的发展。该党也将成为查韦斯进一步巩固其政权、深化"21世纪社会主义"建设进程的重要工具和政治平台。

党第一次特别代表大会所通过的党的原则声明分析了国际形势和拉美形势，指出在 1999 年 2 月查韦斯上台执政后，拉美出现了多个左翼进步政府，拉美形势发生了重要变化；声明指出，委内瑞拉玻利瓦尔革命的目标是"结束资本主义，建设社会主义以消灭贫困，实现社会正义"，革命的性质是"反帝的和社会主义的"，要在委内瑞拉建设玻利瓦尔的社会主义，深化结构和战略变革，将委内瑞拉从一个资本主义国家过渡到社会主义国家。声明指出，委内瑞拉革命的指导思想是玻利瓦尔、西蒙·罗德里格斯和萨莫拉②的思想、马蒂③、格瓦拉、马里亚特吉④、卢森堡、马克思、恩格斯、列宁、托洛茨基、葛兰西和毛泽东的思想，委社会主义统一党将吸取社会主义的历史经验，不会照抄、照搬别国的经验。声明强调，委统一社会主义党的性质是"反资本主义、反帝国主义、反腐败，是社会主义、马克思主义、玻利瓦尔主义、人道主义、国际主义、爱国主义的党，是统一的、有革命道德的、实现参与民主和主角民主的、开展批评与自我批评的、实行党内民主的党"。

---

① http：//abn. info. ve/noticia. php？articulo＝201571&lee＝4.

② 查韦斯说他领导的玻利瓦尔革命的思想源泉是"有三个根的树"。这三个根是：西蒙·玻利瓦尔（1783—1830，委内瑞拉民族英雄，南美洲独立运动领袖）的根（主张平等、自由和拉美一体化）、玻利瓦尔老师西蒙·罗德里格斯（1771—1854，委内瑞拉思想家、教育家、哲学家，玻利瓦尔的启蒙老师）的根（主张人民受教育、自由和平等）和埃塞基耶尔·萨莫拉（1871—1860，委内瑞拉联邦战争中联邦派首领，自由党人）的根（主权人民、军人和文人团结的主张）。

③ 何塞·马蒂（1853—1895），古巴独立运动领袖、民族英雄和诗人。马蒂的思想现为古巴共产党的指导思想之一。

④ 何塞·卡洛斯·马里亚特吉（1894—1930），秘鲁和拉美杰出的马克思主义者、思想家和秘鲁共产党的创始人。著有《关于秘鲁国情的七篇论文》等。

委统一社会主义党的党章规定，党是统一革命和社会主义行动的工具，党和政府是人民革命政权完成战略任务的臂膀，党的宗旨是建设玻利瓦尔社会主义，进行反帝、反对资本主义的斗争，承认和巩固人民政权，巩固玻利瓦尔民主、参与民主和主角民主，同全世界被压迫的人民和人民社会运动结成团结联盟，进行反帝斗争，加强南南合作反对美帝国主义，主张社会主义社会是取代资本主义制度的唯一选择；强调党的价值观包括社会包容、社会正义、平等、友情团结和国际主义，党的思想原则是科学社会主义、基督教主义、解放神学和人道主义；强调党主张并推动美洲玻利瓦尔联盟、南美洲国家联盟、南方电视台等一体化的机制。

党的基本纲领指出，党的主要动力和主角是工人、农民、中小企业主、城乡农业生产者、青年、学生、妇女、土著和非洲裔居民和进步知识分子等，斗争的方式是各种必要的方式，目前主要采用选举的、民主党方式，进行和平的、宪制的方式，由民众广泛参与民主和主角民主，行使主权；党是有组织的先锋队。党目前的中心任务是从玻利瓦尔革命过渡到社会主义革命；党主张自力更生的、内源的发展模式。①

总的来看，委统一社会主义党奉行查韦斯提出的"21世纪社会主义"，在政治方面，主张实现参与制民主，强调人民当家作主；在经济方面，主张建立以国有经济为主体，国家所有制、社会所有制和个体所有制组成的混合所有制，对能源等国民经济战略性部门实行国有化；在对外政策方面，奉行反对霸权主义的多元化外交，主张拉美地区的一体化。

从目前来看，委统一社会主义党尚不能看作是一个由科学社会主义指导的马克思主义政党，它也不是一个成熟的左派执政党。在党的建设等方面，该党面临诸多艰难的挑战。在思想建设方面，查韦斯和该党提出的"21世纪社会主义"理论尚处于初创阶段，指导思想尚不明确，是众多思想的"大杂烩"，尚未形成系统的理论体系；在组织建设方面，党内缺乏一个坚强的领导集体，组织机构不够完善，运作不顺畅，加之党员队伍庞杂，不乏形形色色的机会主义者混入其中；在作风建设方面，新党的成

① 委统一社会主义党原则声明、党章和党的基本纲领的原文，请参见：Libro Rojo Documentos Fundamentales. http://www.psuv.org.ve/.

立，仍未从根本上摆脱宗派主义、官僚主义和腐败等固有顽疾，如何整顿党的纪律和作风、有力打击腐败是未来党自身建设必须面对的一大难题。

（原载《当代世界社会主义问题》2010 年第 4 期）

查韦斯与古巴

一 卡斯特罗亲临机场迎接刚出狱的查韦斯

1992年，年仅38岁的伞兵部队中校查韦斯因对当时执政的佩雷斯政府的腐败和新自由主义经济政策不满，率领中下层军官发动兵变。兵变失败后，查韦斯锒铛入狱。1994年3月26日，查韦斯被大赦释放，他的第一个愿望就是去古巴结识心目中的英雄——卡斯特罗。同年12月13日至14日，查韦斯应哈瓦那历史学家欧塞维奥·莱亚尔·斯彭格勒的邀请，作为委内瑞拉"玻利瓦尔革命运动—200"的负责人应邀首次访问古巴，古巴国务委员会主席卡斯特罗亲自到机场迎送，并以国家元首礼遇接待，几乎全程陪同查韦斯，这令查韦斯感动万分。查韦斯在哈瓦那大学发表演讲时称赞"古巴是拉美尊严的堡垒"。

1994年12月13日晚，查韦斯乘坐委航的班机从加拉加斯飞往哈瓦那，随行的还有他的助手拉斐尔·伊塞阿少尉。临行前，查韦斯曾拜访古巴驻委内瑞拉大使赫尔曼·桑切斯·奥特罗，询问是否有可能在访古期间向古巴国务委员会主席卡斯特罗亲自致以问候。桑切斯答应向古巴国内转达查韦斯这一愿望，但他并没有表示卡斯特罗是否能会见查韦斯。查韦斯心想，由于这次访问时间很短，只有不到两天时间，加上卡斯特罗主席工作很忙，可能见不到卡斯特罗主席。

晚上9点半左右，当查韦斯乘坐的"波音-727"飞机快到达哈瓦那时，机组接到指令，让飞机先降落在另外一个停机场，让机上两位贵宾先下飞机。飞机的副驾驶员有礼貌地走到查韦斯跟前，请查韦斯和伊塞阿下飞机，并告诉他们古巴一位领导人在等候他们。查韦斯问："是谁？"副驾驶员回答说："不太清楚。"查韦斯和伊塞阿各自拿起自己的手提箱，准备走下飞机。第一个走上飞机迎接查韦斯的是一个高个子、衣冠整齐的男子，他说："欢迎您来到古巴！"并自我介绍说："我的名字叫安赫尔·雷伊戈萨，是外交部礼宾司司长。"

查韦斯迫不及待地问："是谁前来迎接我们？"安赫尔回答说："是总司令卡斯特罗。"果然，卡斯特罗一身戎装，亲自在飞机舷梯旁迎接查韦斯。查韦斯十分激动，他和卡斯特罗互相拥抱。这时，许多记者的镜头记录下了这一历史的时刻。卡斯特罗破格以国家元首的规格接待刚出狱不久的查韦斯。

查韦斯对埃菲社记者说："对我来说，作为一名战士，作为一名玻利瓦尔的信徒，多年来我访问古巴的愿望已经实现，我想对所有古巴人说，我能访问古巴，特别受到卡斯特罗亲自欢迎，感到十分荣幸。"①

查韦斯激动地对卡斯特罗说："我不配受到这么高的礼遇，希望有一天，也许几个月，也许几年后，能值得受到这么高的礼遇。我希望在不久的将来能在委内瑞拉迎接您。"

20世纪90年代初正是国际革命运动处于低潮时期。许多原来同情和支持古巴的拉美革命者意志消沉。1992年2月4日，查韦斯策动的兵变遭到了失败，查韦斯在狱中被关了两年多。查韦斯一出监狱，就渴望访问古巴，渴望能见到古巴革命领导人卡斯特罗，渴望卡斯特罗和古巴革命领导人能帮助自己，能给自己指引一条通往胜利的道路。

当时古巴的处境也十分困难。美国加强了对古巴的封锁，而东欧的剧变和苏联的解体无论在政治上还是在经济上对古巴都是巨大的打击。用卡斯特罗的话来说，古巴当时是处在"双重封锁"之下。

这次出面邀请查韦斯访古的是哈瓦那历史学家欧塞维奥·莱亚尔·斯彭格勒，莱亚尔邀请委内瑞拉"玻利瓦尔革命运动—200"的领导人查韦斯到老哈瓦那玻利瓦尔故居作一场关于玻利瓦尔的讲座，查韦斯满怀着希

---

① Rosa Miriam Elizalde y Luis Báez, *El Encuentro*, Oficina de Publicaciones del Consejo de Estado, 2005, p. 23.

望和信念来到古巴。①

二 卡斯特罗与查韦斯的亲切交谈

从机场出来，查韦斯就坐在卡斯特罗身旁，卡斯特罗的专车把他们一直带到市中心马蒂广场附近的革命宫卡斯特罗的办公室。一路上，两人进行了亲切的交谈。到革命宫后，两人又继续交谈。卡斯特罗向查韦斯提出了一连串的问题，问查韦斯 1992 年 2 月 4 日兵变有多少人参加，当时使用的是什么步枪，为什么参与兵变的人左右臂都戴袖章，等等。查韦斯向卡斯特罗讲述了他的玻利瓦尔革命的计划，其主要目标是以人民为本，通过革命进程变革委内瑞拉社会。查韦斯还向卡斯特罗介绍了"玻利瓦尔革命运动—200"组织的情况，介绍该运动是如何在委内瑞拉全国各地开展活动的，同哪些政党结成了联盟，准备在委内瑞拉和拉美做些什么，等等。查韦斯也伺机向卡斯特罗发问，问卡斯特罗，格瓦拉是如何牺牲的，格瓦拉的为人如何。查韦斯对卡斯特罗说，他第一次从广播中得知格瓦拉在玻利维亚山区丛林里被围攻的消息时，他才 14 岁。当时，他在故乡巴里纳斯，曾天真地想，卡斯特罗一定会派直升飞机去玻利维亚营救格瓦拉的。

卡斯特罗在一张纸上画了格瓦拉被围困的尤鲁山口的地形图，又让工作人员拿来一张玻利维亚的地图。尽管卡斯特罗并没有亲自参加格瓦拉进行的战斗，但他对格瓦拉进行战斗地区的地形和战斗的细节了如指掌。他向查韦斯详细讲述了格瓦拉英勇战斗，不幸受伤被捕和遇难的情景，查韦斯听后，心潮起伏，久久难以平静。

两人又不约而同地谈起玻利瓦尔。每当查韦斯叙述玻利瓦尔某一事迹时，卡斯特罗就会详细地加以补充，这使查韦斯十分佩服卡斯特罗渊博的历史知识。当查韦斯谈到有关派斯、萨莫拉等委内瑞拉的历史人物时，查韦斯发现卡斯特罗也十分了解这些人的伟绩。卡斯特罗甚至还知道外号叫"迈圣塔"的查韦斯的曾祖父佩德罗·佩雷斯·德尔加多。卡斯特罗给查

---

① http：//www.granma.cubasi.cu/secciones/visitas/venezuela/art05.html.

韦斯讲述了"迈圣塔"的事迹，这使查韦斯感到十分惊讶。两人谈得十分投机，一直谈到第二天凌晨三四点钟。后来，查韦斯在谈及他对卡斯特罗印象时说："我发现卡斯特罗是一位杰出的左翼革命家，而绝非是一位教条主义者。只有他，在拉美革命处于低潮时，能预见到拉美将会出现一个新的革命浪潮；只有他，能看清我们将会朝向何处。"

与卡斯特罗的交谈结束后，查韦斯和他的助手伊塞阿被带到招待所，在招待所休息了约4小时后，14日早晨约9点半，他们就到"马克西姆·戈麦斯"军事学院去参观。军事学院院长胡安·普霍尔斯·桑切斯少将在学院门口迎接他们。桑切斯院长陪同查韦斯参观了军事思想馆、博物馆、研究中心，侦察、作战准备和通信教室。在贵宾室，桑切斯院长将军事学院的校徽赠送给查韦斯和伊塞阿，并送给查韦斯一个马克西姆·戈麦斯将军在古巴独立战争时期使用的军事背包的复制品。

随后，查韦斯又参观了一个坦克营。一位年轻的女战士头头是道地向查韦斯介绍了坦克的型号、功能以及如何在潮湿的坑道里保存好坦克。查韦斯通过与古巴军官的交谈，了解古巴的军事战术和古巴是如何动员民众参加战斗准备的。查韦斯高度赞扬古巴军民联合的战略，并说，他领导的玻利瓦尔革命运动也是主张这一战略。查韦斯在参观时，被学院博物馆中陈列的人类历史上重大战役的模型所吸引，如滑铁卢战役、斯大林格勒战役和卡斯特罗领导的起义军战役等。当查韦斯看到1821年玻利瓦尔在委内瑞拉卡拉沃沃所进行的使委内瑞拉最终获得独立的卡拉沃沃战役的模型时，心中无比的激动。在模型的一块牌子上镌刻了古巴民族英雄、著名诗人何塞·马蒂纪念玻利瓦尔的一段话："他含着泪，想起在卡拉沃沃战役前的情景：官兵们穿着礼服，五光十色的旗帜和标志迎风招展，旧的军营由士兵筑成一道活墙把守着，音乐齐鸣，阳光明媚。"

参观完军事学院，查韦斯在哈瓦那历史学家莱亚尔的陪同下，约中午12点半，来到老哈瓦那城，参观了何塞·马蒂故居和哈瓦那城堡。

古巴首都哈瓦那分老哈瓦那和现代哈瓦那即新哈瓦那。老哈瓦那位于哈瓦那海湾西岸，它完好地保存着近500年来各个不同时期的建筑物：从16世纪到19世纪为保卫哈瓦那而修筑的城堡以及教堂、修道院、广场、宅第等。1982年12月14日，联合国教科文组织宣布位于老哈瓦那的历史中心和整个军事防御体系为"人类文化遗产"。在这面积仅为 143 公顷的范围内，有 88 座具有珍贵历史价值的古建筑，860 座富有特色的建筑和 1760 种风格不同的建筑物。老哈瓦那的建筑艺术风格源远流长，从巴洛克到新古典主义，兼收并蓄，甚至融而为一。在这里，人们可以欣赏到殖民时期的拱形屋顶、风格迥异的大窗棂和阳台、窄小幽深的街道，富有诗情画意的帕拉多林荫大道，庄严肃穆、美轮美奂的都督府和市政厅。老哈瓦那的一切无不激发人们思古之幽情。

参观结束后，卡斯特罗在革命宫设午宴宴请查韦斯。

三　查韦斯在哈瓦那玻利瓦尔故居谈玻利瓦尔

下午，在卡斯特罗等陪同下，查韦斯到达位于梅尔卡德莱斯街道的玻利瓦尔故居。故居前耸立玻利瓦尔的塑像，塑像下方放着两个红色和黄色的花篮。查韦斯与卡斯特罗一起在玻利瓦尔的塑像前默哀了一分钟。

莱亚尔向查韦斯介绍说，这座玻利瓦尔的塑像是耸立在哥伦比亚首都波哥大武器广场上的玻利瓦尔塑像的复制品。1799 年 3 月 25 日，16 岁的玻利瓦尔在首次去欧洲的途中，抵达哈瓦那。当时玻利瓦尔是乘坐一艘"圣伊德尔丰索陛下"号的战舰抵达哈瓦那港的。战舰在哈瓦那停泊了三天，在这里补充了给养，然后再开往欧洲。

在玻利瓦尔故居的庭院里，有 50 多人应邀出席查韦斯关于玻利瓦尔的报告会，其中有尼加拉瓜前总统丹尼尔·奥尔特加①、古巴人民政权代表大会主席里卡多·阿拉尔孔等。卡斯特罗和奥尔特加坐在第一排。莱亚尔向听众介绍了查韦斯的生平，便请查韦斯作报告。

查韦斯介绍了"玻利瓦尔革命运动—200"的宗旨和玻利瓦尔革命的纲领。他说，玻利瓦尔的理想是要实现拉美的团结，要使所有的委内瑞拉人都有面包吃，都能受到教育，使委内瑞拉实现社会公正和宽容。查韦斯

---

① 丹尼尔·奥尔特加（Daniel Ortega，1945—），尼加拉瓜桑地诺民族解放阵线领导人，1979—1984 年任尼加拉瓜民族复兴政府执行委员会委员和协调员，1984—1990 年任尼加拉瓜总统。2006 年 11 月再次当选总统，于 2007 年 1 月再次就任总统。

强调，他领导的"玻利瓦尔革命运动—200"就是要在委内瑞拉进行经济、社会、政治和道义的革命，为此，主张召开立宪大会，制定新宪法。他确信，玻利瓦尔革命运动的目标一定能实现。

莱亚尔后来写道："在这次访问中，查韦斯与卡斯特罗建立了友谊，随着时间的推移，这一友谊与日俱增。我从未见到有谁能像查韦斯那样，对卡斯特罗是如此热爱、如此崇敬、如此忠诚。几年后，当查韦斯已是委内瑞拉总统，我在观花宫与查韦斯告辞时，查韦斯私下对我说：'我绝不会让你们失望'。这句话不是一般的人能说出来的，它表明，查韦斯是一位杰出的领导人。我在哈瓦那接待过许多拉美领导人和朋友，但只有查韦斯能对我们说出这样的话。"

四　查韦斯在哈瓦那大学的演讲

14 日晚 8 点左右，查韦斯又应哈瓦那大学学生会的邀请，到哈瓦那大学大礼堂与哈大学生会见并作报告。在大学门口，校长胡安·贝拉·瓦尔德斯和古巴全国大学生联合会主席奥托·里维罗·托雷斯在等候着查韦斯。他们事先得知，卡斯特罗主席将亲自陪同查韦斯到哈大来。这是自同年 8 月 5 日哈瓦那发生骚乱①以来，卡斯特罗首次到访哈大。当查韦斯在卡斯特罗等陪同下走进大礼堂时，会场响起了热烈的掌声。但可以看出，在报告开始前，古巴大学生们对查韦斯是什么样的人，他会说些什么，还存有疑虑。

里维罗·托雷斯代表大学生致欢迎词。他在欢迎词中说："委内瑞拉官方报纸的标题只说查韦斯是 1992 年 2 月企图推翻卡洛斯·安德烈斯·佩雷斯政府的军人，然而，我们知道，您从青年时代起，就读玻利瓦尔的

---

①　1994 年夏天，由于古巴经济困难和美国敌对分子的煽动，古巴出现非法移民潮。8 月 5 日中午，哈瓦那一些街道爆发革命胜利以来的首次社会骚乱。近千名反社会分子，呼喊反动口号，砸汽车、抢商店，同警察发生冲突，造成 30 多人受伤，其中有 10 名内务部人员，形势十分危急。卡斯特罗决定立即亲自前往现场。周围的人劝他不要去，因为太危险。卡斯特罗不顾个人安危，迅速赶到现场。他命令随从人员不许带枪。结果，由于卡斯特罗在民众中的崇高威望，没有丝毫动武而很快平息了骚乱。

著作，学习玻利瓦尔思想，成为人民的一员，成为革命者，成为起义者，您在玻利瓦尔诞辰200周年时，创建了'玻利瓦尔革命运动—200'，请接受我们的敬礼！"

随后，查韦斯开始作报告。查韦斯事先并没有写书面的稿子，查韦斯首先对他这次访古，在机场受到卡斯特罗主席的亲自迎接和欢迎表示衷心感谢。接着，他侃侃而谈，介绍他深思熟虑的关于如何在委内瑞拉和拉美实施他的玻利瓦尔革命计划。

查韦斯说："我们是在做梦，但我们把眼睛睁得大大地在做梦，因为这是我们能够把梦想变成事实的唯一办法。"

哈大的大学生们越听越入神，他们被这位富有理想并正在为此而奋斗的委内瑞拉前伞兵中校极具煽动性的讲话所深深打动。查韦斯慷慨激昂地说："我们准备为在委内瑞拉实现必要的变革而献身。即将到来的新世纪是我们的世纪，是希望的世纪，是实现玻利瓦尔理想、实现马蒂理想、实现拉美理想的世纪。总有一天，我们还会到古巴来，来向你们伸出手臂！"

在查韦斯讲完后，卡斯特罗讲了话，他称赞查韦斯是一个十分谦虚的人，查韦斯认为自己不配受到这样隆重的接待。卡斯特罗说："我相信，会涌现很多像查韦斯那样有思想、有头脑的人，因为思想来源于现实；查韦斯的思想来源于他所处的现实，来源于拉美独立战争的领袖的思想。只有革命才能结束不公正，只有革命才能结束不公正的制度，才能结束剥削；只有革命才能解决人民的社会问题。"卡斯特罗还说："对革命的称谓不尽相同，我们古巴人称之为社会主义革命；而当有人说，他们在进行玻利瓦尔革命，我完全同意。"

查韦斯最后说："向你们致以玻利瓦尔式的拥抱！"

卡斯特罗说："玻利瓦尔思想万岁！马蒂思想万岁！"[①]

报告会持续了两个多小时，离开哈大时，已经是晚上将近12点钟。卡斯特罗对查韦斯说："查韦斯，委内瑞拉驻古巴大使是古巴的好朋友，

---

① 查韦斯和卡斯特罗在哈瓦那大学讲话的全文，请见 Rosa Miriam Elizalde y Luis Báez, *El Encuentro*, Oficina de Publicaciones del Consejo de Estado, 2005, pp. 109—140.

但由于明显的理由，他没能出席您的报告会。我们到他家里去问候一下吧。"查韦斯表示同意。大使家离哈大不远，不一会儿就到了。卡斯特罗按了一下门铃，没有动静。他又按了一下。这时，穿着睡衣的贡萨洛·加西亚大使睡眼惺忪地出来开门，一看是卡斯特罗，赶紧打开大门并点亮了客厅的灯。卡斯特罗向大使介绍查韦斯，大使不由得感到吃惊，他没有任何思想准备，有些不知所措。但加西亚大使毕竟是老练的外交官，他有礼貌地对查韦斯说："欢迎您，查韦斯。这是委内瑞拉之家，也是您的家。"加西亚大使和查韦斯一样，也是亚诺斯平原人，是与查韦斯故乡巴里纳斯相邻的波图格萨州人。查韦斯与加西亚大使谈起来亚诺斯平原，谈起两人共同熟悉的朋友。大使夫人已回国休假，就大使一人在官邸。谈了一会儿，卡斯特罗、查韦斯便同加西亚大使告辞。接着，卡斯特罗又同查韦斯在查韦斯下榻的招待所促膝长谈。

12月15日早晨，在离开古巴前，查韦斯举行了记者招待会，查韦斯说，他这次对古巴的访问是成功的。他和他领导的玻利瓦尔革命运动是委内瑞拉政治危机的产物，无论是通过武装斗争还是通过和平的道路，委内瑞拉将在短期内发生变化，"委内瑞拉是一条没有方向、没有船长、没有目标的航船，我们正在建设一条委内瑞拉历史性的航船，正在寻找航向。"

记者招待会结束后，查韦斯步入机场贵宾室，卡斯特罗主席及其助手、后来曾任外长的费利佩·罗克，古共党中央国际部拉美局局长、后来出任古巴驻美国利益照管处主任的何塞·安东尼奥·阿尔贝苏和莱亚尔前来与查韦斯话别。查韦斯再次向卡斯特罗等表示衷心感谢，他表示相信，他将很快在委内瑞拉接待他们。查韦斯与卡斯特罗等一一热情拥抱，最后他举起右手，向他们行了军礼。大约上午10点，查韦斯乘坐的委航班机起飞。卡斯特罗对在场的古巴官员评论说，查韦斯是一位具有信念、有魅力的、聪明的和真正的革命者，卡斯特罗特地对阿尔贝苏说："支持他是我们的义务。"

就在查韦斯登上委内瑞拉航空公司的班机时，在加拉加斯，委内瑞拉外长米格尔·安赫尔·布雷利召见古巴驻委大使桑切斯·奥特罗。第二天，委内瑞拉各大报纸的标题说："外长召见古巴大使，质问查韦斯访古一事"。

查韦斯回忆说，在回国途中，飞机在委内瑞拉瓜亚纳圣马特奥市作短暂停留，他和助手伊塞阿两人在一家小饭馆用餐。一位女服务员认出了查韦斯，对他说："嗨，是您同菲德尔谈了话。"这位女服务员发自内心的话代表了委内瑞拉人民的心声。之后，查韦斯又多次遇到类似的经历。尽管委内瑞拉的寡头们否认委内瑞拉人民对卡斯特罗的尊敬和热爱，尽管委内瑞拉媒体不断攻击卡斯特罗，对卡斯特罗和查韦斯发泄仇恨，但是人民心里有一杆秤，他们懂得该爱谁恨谁。

自12月15日起，委内瑞拉媒体连篇累牍地刊登有关查韦斯访古以及卡斯特罗主席以迎接国家元首的规格接待查韦斯的报道并发表评论。此外，有关查韦斯访古和查韦斯在古巴演讲的录像也在委内瑞拉广泛流传。查韦斯的对手本想以此作为武器，把查韦斯说成是古巴的应声虫，但他们却适得其反。查韦斯在他后来竞选总统的活动中，理直气壮、大张旗鼓地宣传和捍卫古巴，赞扬古巴的革命，得到越来越多的委内瑞拉中下层民众的支持。

正如哈瓦那历史学家莱亚尔所说："没有多久，查韦斯成为卡斯特罗最真挚的学生。正如查韦斯自己所说，他把卡斯特罗视为父亲，他忠于与卡斯特罗的友谊，在2002年发生政变的时刻，他牢记卡斯特罗的忠告。在古巴最困难的年代，很难想象如果没有委内瑞拉的声援，古巴是否能够生存下去。"

就在查韦斯访问古巴四年后，1998年12月6日，查韦斯作为第五共和国运动的领导人和爱国中心联盟的总统候选人，在大选中获胜，当选为委内瑞拉总统。

古巴驻委大使桑切斯·奥特罗回忆道："对查韦斯来说，卡斯特罗对他的接待和随后他从古巴那里得到的支持是非常特别的。1999年2月，卡斯特罗亲自到加拉加斯参加了查韦斯的就职典礼。2000年10月，卡斯特罗再次访问委内瑞拉，同委内瑞拉签署了一体化协定。我们在加拉加斯拉瓜伊拉机场等候卡斯特罗专机的到来。当专机降落时，查韦斯小声地对卡斯特罗说：'1994年我对着马蒂像对您说，我们会在委内瑞拉像您接待我一样接待您。现在我兑现了我的诺言，菲德尔！'"

五 2009 年 12 月 14 日卡斯特罗写给查韦斯的信①

2009 年 12 月 14 日是查韦斯访问古巴 15 周年，这一天，卡斯特罗深情地给查韦斯写了一封信。卡斯特罗在信中写道：

"今天，是我们 1994 年 12 月 14 日在哈瓦那大学大礼堂会见的 15 周年。前一天晚上，我去机场在你乘坐的飞机舷梯旁迎接你的到来。

我得知你举行武装起义反对委内瑞拉的亲美政府。当你还在监狱里服刑时，有关你思想的消息就传到了古巴，你同我们一样，献身于深入研究革命思想，正是革命的思想使你发动了 1992 年 2 月 4 日的起义。

在大礼堂，你自然而透明地阐明你的玻利瓦尔思想，讲述这些思想是如何在委内瑞拉特殊的条件下，在我们的时代，指引你进行争取委内瑞拉独立和反对亲帝国主义的独裁统治的……

需要指出的是，我们建立真诚的、革命的友谊时，你还不是委内瑞拉总统。我从未向你提出任何要求。当玻利瓦尔革命运动在 1999 年大选中获胜时，石油价格每桶只有不到 10 美元。我记得很清楚，因为你邀请我参加你的就职典礼。

你对古巴的支持是自愿的，正如我们与兄弟的委内瑞拉的合作一样。

在苏联解体的特殊时期，帝国主义加强了对古巴人民残酷的封锁。国际油价飞涨，我们的石油供应越来越困难。是你确保了对古巴安全稳定的石油供应。"

六 查韦斯与卡斯特罗共创"美洲玻利瓦尔替代计划"

在目前拉美各国的领导人中，同古巴领导人菲德尔·卡斯特罗关系最

---

① http：//www. granma. cubasi. cu/2009/12/15/index. html.

"铁"的无疑是委内瑞拉总统查韦斯了，查韦斯可谓是卡斯特罗最坚定、得力的反美盟友。

1994 年 12 月 13—14 日查韦斯首次访问古巴的四年后，1998 年 12 月 6 日，查韦斯当选总统。1999 年 1 月 16—17 日，查韦斯以当选总统身份第二次访古，同卡斯特罗主席会晤。同年 2 月 2 日，查韦斯首次就任总统，卡斯特罗主席应邀赴加拉加斯参加查韦斯的就职典礼。

1999 年查韦斯的上台使古巴在国际上有了一个地缘政治和经济的战略伙伴。

1999 年 11 月 15—16 日，查韦斯参加了在哈瓦那举行的第九届伊比利亚美洲首脑会议并对古巴进行了正式访问。查韦斯与卡斯特罗进行了正式会谈，签署了委向古供应优惠价石油的协议，还同卡斯特罗一起参加了哈瓦那贝达多区 G 街和 13 街街口委内瑞拉广场开幕仪式，查韦斯被授予何塞·马蒂奖章。当天晚上，同卡斯特罗主席一起，在拉美体育场打网球。

2000 年 4 月 12—14 日，查韦斯到古巴参加 77 国集团首脑会议。10 月底，卡斯特罗再次访委，两人签署了双边能源协议，委以优惠价格每天向古巴供应 9 万桶原油，而古巴向委派遣医生、教员和在军队、银行、警察、农业方面的专家，这标志着委古两国的联盟的开始。卡斯特罗还特地到查韦斯的故乡参观。

2001 年 3 月 11—13 日，查韦斯到古巴进行工作访问，同卡斯特罗一起回顾了双边能源协议的执行情况。

2002 年 9 月，查韦斯在出访回国途中，在哈瓦那作短暂停留。

2003 年 6 月 29 日，查韦斯对古巴进行工作访问，同卡斯特罗主席一起回顾两国全面合作协议执行情况。查韦斯参观了"草原"国际康复中心，同在中心康复的委内瑞拉病人交谈。查韦斯还参观了社会工作者培训学校，在该校有委内瑞拉学生在学习。同年 9 月 1— 2 日，查韦斯到哈瓦那参加在大会堂举行的联合国第六届预防沙漠化和干旱会议。

2004 年 1 月 14 日，查韦斯参加了在墨西哥蒙特雷举行的美洲特别首脑会议之后，在哈瓦那作技术性停留。

同年 10 月 20 日，卡斯特罗在圣克拉拉参加一次集会因摔伤骨折，查韦斯得知后，立即打电话问候卡斯特罗。11 月 6 日，查韦斯又专程从多米尼加共和国到古巴探望卡斯特罗。①

　　12月13—14日，查韦斯再次来到古巴访问，此次访问，是两国为了纪念查韦斯访问古巴十周年而进行的，这是查韦斯第11次访问古巴。

　　查韦斯到达当天，因腿骨骨折还坐着轮椅的卡斯特罗主席，亲自在飞机舷梯旁迎候。卡斯特罗甚至不顾腿伤，令人意外地站立起来与查韦斯亲切握手。卡斯特罗与查韦斯的亲密和对查韦斯的重视由此可见一斑。

　　在两天的访问中，查韦斯与卡斯特罗亲切会谈，双方发表了联合声明，坚决反对美国主导的美洲自由贸易区的内容和意图，而提出代之以"美洲玻利瓦尔替代计划"，在"团结合作基础上实现拉美加勒比地区一体化"。查韦斯与卡斯特罗发表关于创立该组织的联合声明并签署实施协定。该方案包括所有参与国应该实现经济互补、实现能源一体化，加强拉美国家的资本在本地区的投资，以及维护本国文化和民族性。同时确定了双方在多边问题上的共同立场，以及与不发达国家之间建立合作关系的重要性。两国宣布建立战略联盟，委内瑞拉以优惠价格向古巴出售石油，其供应量从2000年的每天5.3万桶增加到9万桶；与此同时，古巴则向委内瑞拉派遣的医生和教师人数也由原来的2万人增至4万人。到2004年年底，委古合作范围扩大，双方签署了15个领域116项新的合作项目协议。

　　2005年4月28日，查韦斯再次访古，委古两国签署了一体化计划，内容包括贸易、能源、农业、通信、医疗卫生、教育等领域的49项合作协定。在能源方面，委国家石油公司在古巴开设了分公司，计划在古巴的墨西哥湾从事石油勘探和开发活动，并对古巴中南部西恩富戈斯炼油厂进行更新。在贸易方面，古巴将对所有从委进口的产品减免关税。委工业银行在哈瓦那设立了分行，每年用4.12亿美元资助两国的双边贸易。两国还同意在委的苏利亚州合资建设一个船厂。

　　4月28日那天，查韦斯和卡斯特罗这两位著名左翼领导人的心情看起来十分愉快。卡斯特罗虽然已经78岁高龄，但仍然神采奕奕，穿着传统的橄榄绿军装。查韦斯则身穿一件红色的上衣。

　　两位领导人在生于委内瑞拉的独立英雄西蒙·玻利瓦尔的雕像前敬献

①　http://www.granma.cubasi.cu/secciones/visitas/venezuela/art04.html.

了花圈。哈瓦那民众高呼着"卡斯特罗万岁"和"查韦斯万岁"等口号。随后，两位领导人参观了一个委内瑞拉商品展览会。

卡斯特罗表示："我们非常高兴，这是历史性的一天。"查韦斯表示，委古两国合作的增加是"拉美在排除了美国操纵的情况下朝着一体化方向迈出的又一步"。查韦斯形象地说："我们一直像在盖房子一样，一块砖头一块砖头地加筑（两国关系）。"

委内瑞拉驻古巴大使、查韦斯的兄弟阿丹·查韦斯4月28日对委古关系予以高度评价。他说，委古两国结成了"兄弟般的、对等的和双赢的联盟"。

2004年8月，在罢免性公投获胜后，查韦斯主张委古进一步一体化。他推动建立"委内瑞拉古巴联盟"。2005年，查韦斯说，他希望与古巴建立"一个国家"。在当年访古期间，卡斯特罗也对查韦斯说，古委两国是"一个国家"，"我们是委内瑞拉—古巴人"。

法国《世界报》记者、古巴问题专家贝特朗·德拉格朗热认为，"古巴政权的生存取决于委内瑞拉的稳定。如果没有查韦斯的原油，古巴将陷入贫困，甚至动乱之中。卡斯特罗兄弟不会允许委反对派将他们在加拉加斯的盟友推翻"①。

如果说，自查韦斯就任总统起，委内瑞拉成为古巴革命政权继续生存的重要保障的话，那么，古巴也多次拯救了查韦斯。2002年4月，委内瑞拉发生政变期间，卡斯特罗本人和古巴政府想方设法拯救查韦斯。自2003年起，古巴又派大量医生、教员、体育教练和各种专业人才到古巴工作。古巴的医生和教员在查韦斯推动的"深入贫民区"、"罗宾逊计划"等各项社会计划中发挥了重要作用，古巴的特工人员为查韦斯的安全也做出了贡献。卡斯特罗多次提醒查韦斯要提防美国中央情报局和委国内的反对派可能对他暗杀行动。这一切都有助于查韦斯在2004年8月的罢免性公投和2006年12月的大选中赢得了决定性的胜利。

委内瑞拉与古巴的"石油换医生计划"是两国合作的重要组成部分和

---

① http：//www.infolatam.com/entrada/venezuela_hugo_chavez_profundiza_su_alia-18988.html.

合作的一种重要形式。所谓的"石油换医生",是指委内瑞拉向古巴提供廉价石油,作为交换,古巴向委内瑞拉提供医疗和教育援助。目前委内瑞拉每天向古巴出口约 10 万桶廉价原油,而目前在委内瑞拉有近 6 万多名古巴专业人员,其中约有 3 万名是医生、教员和体育教练,其余 3 万人在委内瑞拉各个部委、国有企业工作。古巴通过向委输送专业人才,以劳务形式支付大部分石油进口费用。

委古双边贸易(包括商品和劳务)的金额从 20 世纪 90 年代末的 3000 万美元增至 2003 年的 9.45 亿美元,2006 年达 12 亿美元,2008 年增至 52.8 亿美元。委内瑞拉已成为古巴的第一大贸易伙伴。

七　委古联盟令美国不安

如果说长期以来,在拉美国家中,古巴一直是在单枪匹马地"抗美",那么随着查韦斯总统与古巴卡斯特罗主席发表《反对美洲自由贸易区》声明,开始倡导有别于美国主导的美洲自由贸易区的"美洲玻利瓦尔替代方案",这两个被美国划在"红色阵营"里的国家显然已经联合起来,以统一步伐,公开与美国"叫板"。

委古两国结成联盟令美国不安。2004 年 11 月 14 日委古联合声明发表后,第二天,11 月 15 日美国国务院发言人鲍彻就立即出面,批评委古两国加强合作的声明,鲍彻说:"像委内瑞拉这样具有民主传统的国家竟然同本大陆唯一非民主的和实行封闭经济的国家(指古巴)加强合作关系,我们为此感到担心。"

委内瑞拉对美国如此迅速和如此激烈的反应都非常不满。11 月 16 日,委内瑞拉副外长门德斯随即发表讲话,谴责美国干涉委内瑞拉和古巴关系。他说,美国政府批评委内瑞拉加强与古巴的合作关系是"没有道理的",很难理解美国对委内瑞拉同古巴发展合作关系表示担心,而委内瑞拉却不会担心美国同世界上任何一个国家发展关系。他说,委内瑞拉同古巴的合作已经被证明使委内瑞拉的穷人受益,使他们享受到免费医疗和教育。委驻美大使阿尔瓦雷斯也对鲍彻的言论进行了批评。他说:委内瑞拉认为,同古巴发展关系是非常重要的,"就像我们同本大陆其他国家发展关系一样，我们将继续加强与古巴的关系"。

2005 年 3 月美国《华尔街日报》一篇社论指出，古巴和委内瑞拉组成了新颠覆轴心。应该及时对付这一颠覆轴心，美国布什总统也对查韦斯、卡斯特罗和奥特加（尼加拉瓜桑地诺民族解放阵线领导人）的危险性发出了警告，他认为这几个人是美洲大陆的潜在威胁。社论说，最让布什政府担心的还是整个拉美的左倾化发展。

美国前助理国务卿奥托·赖克也著文指出："我们最大的挑战是如何对付古巴—委内瑞拉轴心。"赖克认为，关键是要把包括巴西总统卢拉和智利总统拉戈斯在内的"民主左派"与查韦斯及卡斯特罗这样极端的民众主义者区分开来。他说："拉美和平稳定的真正威胁并非来自于最近当选的民主总统，而是来自两个早就在台上的蛊惑人心者：卡斯特罗和查韦斯。"

美国对委古联盟的担心主要有三个方面。首先，它担心由于古巴得到查韦斯政府的支持，美国对古巴的封锁政策会遭到失败。美国一直希望通过贸易禁运、经济封锁以及政治上的渗透等手段搞垮卡斯特罗政权。但查韦斯加强与古巴的合作，特别是以优惠条件向古巴供应石油，给古巴输血、打气，对古巴政权的稳定起了保障作用。其次，美国担心，委古联盟的加强，会使查韦斯和卡斯特罗一起支持拉美国家的左派，使拉美左派力量会联合起来共同反对美国，委古两国提出的替代以美国为主导的美洲自由贸易区的"美洲玻利瓦尔替代计划"，就势必会对其他拉美国家产生一连串的影响。此外，查韦斯和卡斯特罗不断在拉美和国际上煽动反美的情绪，这些都触到了美国政府的痛处。

推翻古巴卡斯特罗的社会主义政权，这是美国多年来一直想实现的目标。而美国也不是不想推翻查韦斯，但美国也有顾忌，因为它石油进口量的 15% 左右来自委内瑞拉，如委局势失控势必将直接影响美国自身的利益。所以，多年来，美国对委内瑞拉的政策基本上是采取"听其言，观其行"的政策，一直都是停留于"口头警告"和暗中"倒查"上。

八　卡斯特罗与查韦斯情同父子

卡斯特罗和查韦斯自 1994 年 12 月第一次在哈瓦那见面后，就结下了深厚的、情同父子的革命友谊。查韦斯对 1994 年卡斯特罗以国家元首规格接待刚刚出狱的他，感激万分，发誓一定要好好报答卡斯特罗和古巴对他的友情。查韦斯视卡斯特罗为自己的慈父，这不光是因为卡斯特罗比他年长 26 岁，而且由于卡斯特罗有丰富的革命斗争经验，特别是有丰富的与美国进行针锋相对斗争的经验。因此，查韦斯在遇到棘手问题时，很愿意听取卡斯特罗的意见和建议。

　　1999 年 2 月查韦斯就任委内瑞拉总统后，查韦斯频频出访古巴，有时是官方正式访问，有时是闪电式短暂的、非正式访问，据统计，从 1999 年 2 月到 2010 年 2 月的 11 年来，查韦斯已访问古巴 50 多次。自卡斯特罗 2006 年生病以来，查韦斯更是经常地、专门到古巴来探视卡斯特罗。应该说，查韦斯与卡斯特罗的友谊是建立在共同理想基础上的崇高的革命友谊。

　　正如巴西《圣保罗州报》2000 年 12 月 31 日发表的一篇文章说，"查韦斯 1999 年 2 月就任总统后，曾宣布认同古巴革命。卡斯特罗将查韦斯当成自己的孩子看待。这样做极为少见"。美国《洞察》周刊 2001 年 4 月 30 日一篇文章说，查韦斯是卡斯特罗在拉美的接班人。文中说，"卡斯特罗曾两次访问委内瑞拉，目的是要将查韦斯培养成革命的接班人，并帮助这位委内瑞拉领导人实现其操纵南美命运的勃勃野心。1994 年查韦斯一出狱，卡斯特罗就邀请他访问哈瓦那，并以贵宾接待。查韦斯当选总统后，出访的第一个国家就是古巴，他还邀请卡斯特罗回访委内瑞拉"。

　　在共同理想的基础上，查韦斯与卡斯特罗间形成了深厚的兄弟情谊。美联社 2001 年 8 月 11 日的一篇评论说，"查韦斯与卡斯特罗同具革命理想，犹如父子情深。如今很难在拉丁美洲找到具有革命理想的国家元首。但古巴领导人卡斯特罗找到了他的继承者——委内瑞拉总统查韦斯。他们一致认为，全球化未能使成百上千万人脱离贫困。他们抓住一切机会，指责美帝国主义在全世界制造麻烦。而且不断批评美国在全球事务中奉行的霸权主义"，"查韦斯说，委内瑞拉正在古巴的'幸福海洋'里航行"。委内瑞拉天主教联合会秘书长阿绍赫主教说："查韦斯希望以'卡斯特罗第二'的身份发动一场革命"。委内瑞拉外交部长路易斯·阿方索·达维拉说："委内瑞拉同意古巴在世界上主张的思想和观点。查韦斯的目的是进行一场玻利瓦尔式的社会革命","显然,查韦斯对卡斯特罗奉行的反对美国的传统左派政策和坚定的民族主义十分欣赏。"

2001 年 8 月 11 日,查韦斯在委内瑞拉玻利瓦尔州首府玻利瓦尔城授予来访的古巴国务委员会主席卡斯特罗大项键级安戈斯图拉立宪议会勋章,以表示对卡斯特罗为各国人民尊严而斗争的敬意。8 月 13 日是卡斯特罗的 75 岁生日,卡斯特罗在他的东道主——委内瑞拉总统查韦斯为他举行的生日歌舞晚会上说,在拉丁美洲先辈西蒙·玻利瓦尔的土地上为他举行生日庆祝活动,使他如同"重获新生"一样高兴。

委内瑞拉《分析报》2001 年 9 月 19 日载文说:"从 2000 年起,委内瑞拉每天提供 5.3 万桶石油,有助于缓解古巴自 90 年代起经历的能源危机。委内瑞拉 800 多名低收入的病人在古巴接受治疗,其中包括查韦斯的父亲—巴里纳斯州州长乌戈·德洛斯·查韦斯。同时,古巴的教练员和医生也到委内瑞拉工作。"

查韦斯千方百计支持与捍卫社会主义的古巴,在经济上,廉价供古巴石油,还给予优惠贷款;在外交上,查韦斯在各种国际场合都承担起维护古巴的责任。在美洲国家组织发言时,委内瑞拉外长达维拉批评了美国对古巴采取孤立政策。他还说,查韦斯总统的政府将利用国际会议使这一政策受到审判,因为这一政策"是在反对古巴人民"。

当 2002 年 4 月 11 日委内瑞拉加拉加斯发生政变,查韦斯总统被围困在总统府准备誓死抵抗、英勇就义时,卡斯特罗设法与查韦斯拨通了电话,帮助他冷静分析形势,劝他"不可殉难"、"也别辞职",建议他谋求"有尊严地妥协"、"出国而不放弃权力",等待时机东山再起。查韦斯接受了他的建议,从而避免了当年智利前总统阿连德以身殉国的悲剧。

后来,卡斯特罗在接受法国《外交世界》主编伊格拉西奥·拉莫内访谈时详细地描述了 2002 年 4 月委内瑞拉发生未遂政变时,他和古巴政府是如何采取措施营救查韦斯,他是怎样亲自指点查韦斯进行机智勇敢的斗争并帮助他转危为安的,其情节惊心动魄、令人叹服。[①]

① 参阅 [古] 菲德尔·卡斯特罗、[法] 伊格纳西奥·拉莫内《卡斯特罗访谈传记 我的一生》,中国社会科学出版社 2008 年版,第 462—469 页。

卡斯特罗一向对查韦斯推崇备至，称他是有教养、很聪明、非常进步的人，一个真正的玻利瓦尔主义者。

事后，时任国防部长、一直守候在查韦斯总统身边的兰赫尔写道："菲德尔的电话对避免无谓的牺牲起了决定性作用。他的忠告让我们在黑暗中见到了光明，对我们帮助很大。"

拉莫内问卡斯特罗当时古巴是否想过用某种方法帮助查韦斯，卡斯特罗回答说，那时能做的事只有运用外交手段。当时，古巴外交部一清早就召见了全体驻哈瓦那的外国大使，建议他们陪同古巴外长一起前往加拉加斯，"和平地把委内瑞拉合法总统查韦斯活着接过来"。

但政变军事头目拒绝了这个建议，查韦斯遭到囚禁，失去了同外界的联系。电视台一次又一次播放查韦斯"辞职"的消息，以涣散查韦斯的支持者和全国人民的士气。

在这危急时刻，查韦斯通过一位士兵借给他的手机，与他女儿玛丽亚接通了电话，查韦斯告诉玛丽亚，他并没有辞职，但已成了"俘虏总统"，他要玛丽亚设法把他的处境告诉卡斯特罗。

玛丽亚立即设法把这一重要信息告诉了卡斯特罗。卡斯特罗当机立断，让古巴电视台著名记者兰迪采访玛丽亚，并在收视率很高的《圆桌会议》节目中播放，把查韦斯女儿澄清的事实真相的录音讲话，向全世界，尤其是向委内瑞拉人民播放，揭穿了政变分子的谎言，扭转了危局，赢得了解救查韦斯的时间和机会。

随后，卡斯特罗全身心地投入指挥工作。他用电话向在委内瑞拉的查韦斯的父母、多位效忠查韦斯总统的将领通报实况，安定他们的情绪，要他们发表告全国人民和国际舆论书，动员人民和爱国军人保卫宪法总统。他甚至还通过古巴驻委大使接通了政变军事头目贝拉斯科将军的电话，警告他要确保查韦斯的生命安全。用卡斯特罗自己的话说："我自己都快成为新闻记者了，接收并传达着各种新闻和公开信息，我仅仅使用了一部手机和一部电视记者的录音机，我见证了委内瑞拉人民和玻利瓦尔武装部队十分精彩的反政变斗争。"

实际上，卡斯特罗岂止是一个见证人，从4月12日早晨查韦斯女儿玛丽亚给他打电话开始，他就在那出惊险剧中扮演了扭转乾坤的重要角色。从中不难看出，卡斯特罗和查韦斯之间有着多么深厚的情谊，也能更好地理解为什么查韦斯会这样崇敬和热爱卡斯特罗。

查韦斯重回总统府复职不久，同年 7 月 28 日，为祝贺查韦斯总统 48 岁生日，卡斯特罗向查韦斯赠送了一幅题为《真正的棕榈》的画。这是古巴艺术家劳尔·费尔南德斯的作品，画的是黄昏中的棕榈林，而棕榈树正是古巴的象征。查韦斯收到后十分感动，他动情地说："谢谢菲德尔，我的朋友、兄弟，谢谢这份心意和礼物。"又说："菲德尔给我送来了几棵棕榈树，他把古巴的心送给了我们，我将把这幅画称作是'古巴之心'，谢谢我的兄弟。"

2006 年 2 月 3 日，卡斯特罗主席在古巴哈瓦那革命广场上举行的一个庄严仪式上，向到访的查韦斯总统颁发联合国教科文组织授予的 2005 年"何塞·马蒂"国际奖章。大约 20 万人参加了这个仪式，其中有数千名在古巴的委内瑞拉和其他拉丁美洲国家的留学生。到古巴参加第 15 届国际书籍博览会和古巴参加世界社会论坛的代表团的成员也出席了仪式。查韦斯得此殊荣是因为他对拉丁美洲和加勒比国家的团结和一体化以及维护其同一性、他们的文化传统和历史价值做出了贡献。

"何塞·马蒂"国际奖章是 1994 年由联合国教科文组织执行委员会创立的，以纪念古巴的民族英雄。根据规章，这一奖章用于推动和奖励特别应当受到赞扬符合何塞·马蒂的思想和精神的活动，维护一个国家的主权和解放斗争。

同年 7 月初，美国布什政府公布了一份计划，谈到准备在卡斯特罗去世后如何帮助古巴建立过渡政府，在两年时间提供 8000 万美元的资助推动古巴的反对派加快推翻古巴现政权，其中影射委内瑞拉，称美国在古巴问题上反对任何其他国家的介入。

查韦斯认为这是对委内瑞拉的恐吓，也是"美帝国向世界发出的一个新的威胁"。查韦斯坚决表示，无论美国作出怎样的威胁，都不会改变委内瑞拉与兄弟国家古巴的战略联盟。他说："现在轮到委内瑞拉支持古巴革命和古巴人民了。"

7 月 22 日，查韦斯和卡斯特罗在出席了在阿根廷科尔多瓦市举行的南方共同市场第 30 届首脑峰会之后，两人还一起参观了在科尔多瓦市的格瓦拉的故居。这是卡斯特罗在同年 7 月底生病住院前的最后一次出国访问。

当天下午，卡斯特罗与查韦斯在参加完前一天举行的南共市峰会后，便风尘仆仆地专程来到科尔多瓦市郊外的阿尔塔格拉西亚小镇，参观了切·格瓦拉的故居，这充分说明卡斯特罗对他的战友格瓦拉的深情厚谊和查韦斯对格瓦拉的敬意。

卡斯特罗出访阿根廷回国后不久，同年 7 月底卡斯特罗就生病，从此，再也没有在公开场合下露面。查韦斯已探望卡斯特罗数十次，查韦斯是卡斯特罗在病榻旁会见次数最多的外国领导人。作为卡斯特罗的亲密朋友和反美盟友，查韦斯对卡斯特罗非常崇拜，他时而称卡斯特罗为兄长，时而又表示他对卡斯特罗有对父亲一般的情谊，称卡斯特罗是"所有我们这些革命者之父"。

7 月底，卡斯特罗因病暂时移交权力之后，查韦斯对卡斯特罗的情况一直非常关心。他多次问候，并和卡斯特罗互相通信。8 月 13 日，查韦斯曾经前往古巴首都哈瓦那探访了手术后的卡斯特罗，并带上了很有意义的礼物，对卡斯特罗 80 大寿表示祝贺。

同年 8 月 6 日，查韦斯在《你好，总统》的电视讲话中几次提到了卡斯特罗的健康情况。他表示，"卡斯特罗的身体正在明显恢复"，已经能够下地，而且可以谈话了。

查韦斯说："我知道您的身体正在恢复。我们有可靠的消息证明您明显恢复了。我们要为一位兄弟鼓鼓掌。"他打趣说："你就在那边等着我吧，咱们一起喝海啸饮料，这是菲德尔自己用大豆、燕麦和其他一些东西炮制的保持精力充沛的良药。"

古巴国家电视台 8 月 14 日首次播放了卡斯特罗的视频录像。当时，在为时 10 分钟的电视画面中，卧床的卡斯特罗与来访的查韦斯谈笑风生。

9 月 1 日晚间，古巴国家电视台播放了该国领导人卡斯特罗的最新电视录像。录像中，卡斯特罗身体明显康复，状态比上次电视亮相更好，他热情欢迎再次前来探望的委内瑞拉总统查韦斯。在这段录像中，当查韦斯进入房间的时候，卡斯特罗用热情的拥抱和开怀大笑欢迎他。卡斯特罗从病床上坐起来对查韦斯说："兄弟，你能来真是太好了，我万分感谢。"

随后电视画面显示，两人坐在病房的桌子边，就当前的国际事务进行了热烈的交谈。卡斯特罗身着红色的睡衣，精神和身体状态都比 8 月 13 日的录像中明显好很多，看起来非常活跃。

查韦斯在此次赴古巴首都哈瓦那探访卡斯特罗前，刚刚结束对中国、马来西亚、叙利亚和安哥拉的访问。查韦斯告诉卡斯特罗，他所出访的这些国家都期待卡斯特罗早日康复。

古巴电视台透露说，卡斯特罗和查韦斯交谈了大约两个小时，查韦斯还同劳尔·卡斯特罗等古巴领导人进行了会晤，分析了当前的国际形势。查韦斯事后表示："菲德尔已经康复了很多。"

由于 2006 年 12 月 3 日委内瑞拉举行大选，查韦斯没能参加 12 月 2 日在哈瓦那推迟举行的卡斯特罗 80 岁寿庆活动，但查韦斯表示，他将把大选的胜利作为寿礼献给卡斯特罗。

2007 年 1 月 19 日，查韦斯透露，古巴领导人菲德尔·卡斯特罗正在"奋力求生"。他说，他在几天前与卡斯特罗进行了将近半小时的交谈。

查韦斯将卡斯特罗目前的状况与 20 世纪 50 年代的关键时刻相比。20 世纪 50 年代，卡斯特罗率领有志青年在古巴东部山区组织游击斗争，反对巴蒂斯塔的独裁统治。1959 年 1 月，在卡斯特罗的领导下，古巴人民推翻了巴蒂斯塔政府。查韦斯说："菲德尔再次回到马埃斯特腊山，他在为自己的生命搏斗。"

委古两国在经济上具有互补性，两国相距较近，语言相通，而且意识形态接近，从而使得两国之间的交流更加顺畅。2007 年，委古又签订了16 个合作协议，涉及工业、交通、通信、金融、农业、矿业、旅游和能源等领域。两国决定在原来基础上再组建 12 家合资公司。根据这些合作协议，两国将铺设两国间海底通信光缆，将建立合资公司，研究并建设委古之间的国际电讯系统，委对古巴墨西哥湾专属经济区及其他地区的石油气资源进行勘探开发，两国将共同对委内瑞拉奥里诺克石油带储量的论证研究；两国将合作开发镍矿，古巴和委内瑞拉将建立合资公司，共同勘探、开发和加工镍矿；建设更新古巴和委内瑞拉的港口，建造及修复小型船舶，建立合资的船舶采购金融公司；委向古提供 1 亿美元（或其他等值货币）的优惠贷款，用于古巴铁路基础设施建设；委古合资在古建设并经营

3 家饭店，在委建设并经营 1 家饭店；鼓励委公务员到古巴旅游；合作生产大米；合资在委经营天然森林、发展森林植被并开展木材生产；合资在委进行不锈钢生产；合资部长费尔南多·桑塔纳和委内瑞拉基础工业和矿业部长何塞·坎签署了相关谅解备忘录。建立合资公司，在委内瑞拉从事保险业务，为古委两国政府的国有资产和社会经济投资提供保险服务。

同年 6 月 9 日，查韦斯在接受美国媒体采访时强调，委内瑞拉在进行自己的社会主义建设，没有复制古巴的模式。查韦斯在访谈时还透露了他和卡斯特罗此前多次会谈的一些内幕，查韦斯批评美国对古巴政治制度的指责，他表示："毫无疑问，比起美国来，古巴是一个更民主的国家。古巴的所有孩子都有学上，所有病人都得到医治。"查韦斯同时指出，委内瑞拉的社会主义建设没有复制古巴模式，他说："我们正在建设过程中，就像画家描绘一幅图画一样，我们没有抄袭任何人。"

10 月 14 日，查韦斯 14 日早晨从哈瓦那前往古巴中部城市圣克拉拉，随即开始录制现场直播的《你好，总统》广播和电视节目，纪念拉美著名革命家切·格瓦拉牺牲 40 周年。

在演讲现场，查韦斯身穿红色衬衫，坐在褐色书桌后面，桌上摆了十多本书。他身后背景是 4 幅切·格瓦拉黑白照。查韦斯在演讲开始时说："我想，卡斯特罗手中有部国际长途电话，可以直通美国总统布什。也许他会用这部电话给国际社会带来惊喜。"

果然，"惊喜"很快到来，卡斯特罗打来电话，和查韦斯现场连线。

"我（在电视上）看到你的左手了。我知道你是个左撇子。"卡斯特罗以清晰有力的声音在电话中说道。他说话的同时查韦斯举起了左手。

"现在你在微笑。"卡斯特罗接着说。

查韦斯说："我们通过电波听到了你的声音。"

卡斯特罗还说："你赞扬格瓦拉的话让我很感动……现在世界上一些地区如同当年面临残暴政权（美国）威胁的越南。"古巴领导人卡斯特罗 14 日与委内瑞拉总统查韦斯在从古巴现场直播的广播和电视节目中通了电话。这是自去年 7 月以来古巴民众第一次即时听到卡斯特罗的声音。古巴官方媒体《起义青年报》14 日还公布了两幅卡斯特罗与查韦斯会见时的照片。

同年 12 月 2 日，查韦斯在修宪公投失败后，卡斯特罗在 12 月 3 日接连给查韦斯写了两封信，① 信中称赞查韦斯在公投失败后的讲话是有尊严的、有道德的，避免了在委内瑞拉可能发生的一场内战。

2008 年 2 月 19 日，卡斯特罗宣布他将"不寻求也不接受"国务委员会主席和革命武装部队总司令这两个职务。对此，各国和各大媒体纷纷作出反应。

当天，查韦斯表态说，卡斯特罗的决定给了世界上批评他的人一个教训，证明了卡斯特罗不是一个抓住权力不放的人。卡斯特罗还会在古巴革命、拉美革命和建设新世界的革命中占据他应有的位置。

同年 12 月 15 日，查韦斯驳斥了美国官员散布的关于古巴领导人菲德尔·卡斯特罗罹患癌症并且病情严重的言论。查韦斯说，卡斯特罗现在非常注意自己的饮食，精神状态饱满，经常开些幽默的玩笑，他对卡斯特罗的康复充满信心。查韦斯说，"我们听到了一些言论，说菲德尔处于癌症晚期。菲德尔根本没有罹患癌症。我的消息非常灵通，他指示助手随时向我通报病情和康复进展"。

查韦斯当天在首都加拉加斯向支持者发表讲话时说，卡斯特罗正在逐步康复，但这需要一个漫长的过程。这位古巴领导人在罹患了一种"严重的疾病"后，正在为他的健康"打一场出色的战役"。

查韦斯说，卡斯特罗现在非常注意自己的饮食，养成了少吃多餐的习惯。他打算给卡斯特罗送去他最喜欢的委内瑞拉巧克力。没有人知道菲德尔会在什么时候去世，我们都相信，已经 80 岁高龄的他，会活到 90 岁、100 岁。

查韦斯说，他和卡斯特罗都对康复进展感到非常乐观，而且卡翁精神状态饱满，经常和他开玩笑。

查韦斯和卡斯特罗私交甚笃，被视为拉美地区近年来风起云涌左翼风潮的"双子星座"。查韦斯说，他在 12 月 14 日还同卡斯特罗进行了两次电话交谈，讨论古巴和委内瑞拉的一系列双边合作项目，包括共同勘探石油的计划。两位领导人还兴致勃勃地讨论了如何扩大"美洲玻利瓦尔

---

① http：//www. granma. cubaweb. cu/2007/12/04/nacional/artic06. html.

计划"。

查韦斯的这番言论是针对美国《华盛顿邮报》12 月 15 日刊登的一篇报道。报道说，美国国家情报局局长约翰·内格罗蓬特 12 月 14 日出席《华盛顿邮报》编辑和记者会议时说，"根据美国情报机构掌握的情况，古巴领导人卡斯特罗的病情十分严重。种种迹象表明，他病得不轻，可能只有几个月时间了，而不是几年"。

九 查韦斯与劳尔·卡斯特罗

2008 年 2 月 24 日，古巴最高领导层完成了权力的交替，在当天召开的第七届古巴全国人民政权代表大会上，劳尔·卡斯特罗当选并就任古巴国务委员会主席和部长会议主席，正式接替他的哥哥——执政长达 49 年的菲德尔·卡斯特罗。古巴最高领导层权力的平稳和顺利的交替具有十分重要的意义，它确保古巴的社会主义事业的继承和发展，也有助于拉美和世界社会主义运动的巩固和发展。

当选古巴新领导人后，查韦斯立即与劳尔通了电话，查韦斯称赞古巴顺利实现了新老交替，热烈祝贺劳尔出任古巴国家领导人。在电话中，查韦斯与劳尔共同兴致勃勃地唱起了委内瑞拉牛仔民歌。

查韦斯还在《你好，总统》电视节目中坚决否认西方国家媒体说他与劳尔关系不佳的传闻。查韦斯说："一场国际性宣传已经开始了，企图让人们认为劳尔与我之间有距离，委古今后将会发生改变。什么都不会改变，我们将继续团结在一起，因为我们都意识到只有团结起来我们才能胜利前进。这个世纪是胜利的世纪。"他对劳尔说："现在你面对菲德尔手中半个世纪在你和那么多同志以及人民的支持下拥有的责任，我向你确定我的全面承诺，委内瑞拉玻利瓦尔人民和玻利瓦尔革命的全面承诺，我向您、向菲德尔、向古巴革命和古巴人民确认我对古巴的全面承诺。"查韦斯通过电视节目问候卡斯特罗说："菲德尔同志，我送你一个拥抱，你继续是总司令。"

查韦斯强调古巴国务委员会新任主席劳尔的形象，认为他是卡斯特罗在攻打蒙卡塔兵营和在马埃斯特腊山开展游击战的日子里密不可分的战友。查韦斯说，劳尔忠于革命和古巴人民，委内瑞拉革命非常感谢卡斯特罗、劳尔和古巴人民。

此前，查韦斯曾称卡斯特罗是他"革命的父亲"，查韦斯后来把劳尔称为"革命的叔叔"。查韦斯说："古巴革命是拉美左翼革命之母。卡斯特罗作为这场革命的主角，将像上帝一样，存在于拉美空气、水和土壤之中。"

劳尔就任国务委员会主席的当年，2008 年 12 月 13 日至 15 日对委内瑞拉进行了国事访问，这是劳尔就任后的首次出国访问，国际社会对劳尔选择委内瑞拉作为他就任后首次出访的国家予以高度关注。

劳尔·卡斯特罗 13 日抵达委内瑞拉后，查韦斯亲自去机场迎接，并举行了隆重的高规格的欢迎仪式。机场上，委海军仪仗队满员列队迎接。查韦斯多次与劳尔握手拥抱，亲如一家。查韦斯亲自全程陪同劳尔所有公开场合的活动，劳尔还在查韦斯陪同下，向拉美解放者玻利瓦尔雕像敬献了花圈。委内瑞拉国家电视台全程进行了直播。劳尔在查韦斯的陪同下，出席了委古政府间混委会第九次会议的闭幕仪式。

访问期间，委古双方共签署了 173 项准备在 2009 年全面合作的协议和计划，涉及资金达 20 亿美元。其中包括双方不仅决定成立"委古石油"控股合资公司，还计划建立一个工厂，生产煤气管道和其他基础设施，以便古巴更好地利用委内瑞拉的天然气资源；两国还计划成立合资的"美洲玻利瓦尔替代计划管理者公司"，负责协调在自动化、信息和电信等领域的合作。委内瑞拉还宣布计划将把对古巴供应的廉价石油从当年每天 10 万桶到 2013 年增加到 15 万桶；古在委兴建 11 个糖厂等。此外，两国还将在医疗、教育、体育、贸易、农业、工业和建筑等领域进行全面的合作。这些协议无论从数量还是内容上都说明，两国正力争进一步紧密双方全方位合作和战略联盟关系。①

对此次劳尔·卡斯特罗首次出访即到委内瑞拉，引起全世界的注目。美国和西方其他国家各大媒体都纷纷认为这次访问"极具象征意义"，认为劳尔此访意在展示古巴将继续紧密与委内瑞拉的战略联盟关系，其结果

① http：//www. abn. info. ve/noticia. php？ articulo = 161873&lee = 4.

无疑将推进古委在政治和经贸领域的合作关系的发展，委古两国之间的关系将"更加紧密"。澳大利亚广播公司称，自反恐战争以来，美国长期忽视自己的后院，劳尔此行是"给美国的一记响亮的耳光"。

分析人士指出，古委双边合作继续推向深入的最根本原因不仅有两国经济发展存在的互补性，还有联合对抗美国对两国封锁和打压政策的需要。委内瑞拉作为拉美地区的能源大国，一直试图在拉美地区发挥更多的主导作用，而古巴在拉美地区因长期反抗外来压力而获得国际社会广泛声援，委内瑞拉希望借助古巴的政治声誉发挥影响；古巴也希望从委内瑞拉获得政治与经济的支持以缓解美国封锁给国家和人民带来的苦难；委古都看重这种互补关系。因此，劳尔就任古巴最高领导人便首访委内瑞拉就不难解释了。

然而，舆论认为，劳尔·卡斯特罗此访的意义不仅局限于古委两国联盟的加强，更将对整个拉美地区的局势产生一定的影响。这是因为劳尔·卡斯特罗访问的时机耐人寻味。首先，美国大选刚刚结束，候任总统奥巴马能否破除陈规在对外特别是对拉美政策上做出新举措让古巴和委内瑞拉都非常期待；其次，委内瑞拉与俄罗斯两国军队不久前在加勒比海进行了冷战结束后该地区最大规模的联合军事演习，引起了国际社会的密切关注；再次，2008 年，不仅俄罗斯领导人首次访问了古巴，俄北方舰队也历史性地访问了古巴。在此背景下，劳尔访委在一定程度上是投石问路，观望美国未来政府对古巴的态度，同时也有意对奥巴马政府施加一定的压力，促其对古巴解禁。而古委间战略联盟的紧密无疑将进一步增强拉美地区谋求摆脱美国束缚、争取与世界其他国家发展关系的力量。这一力量的增强势必会削弱美国对拉美政治的主导地位。

2009 年 2 月 22 日，委内瑞拉总统查韦斯结束对古巴 24 小时的工作访问，两次会见卡斯特罗，劳尔也参加了会晤。查韦斯和劳尔就两国进一步发展关系交换了意见，同时对全球经济危机和它对拉美的后果交流了看法。

8 月 13 日至 14 日，查韦斯到古巴祝贺卡斯特罗 83 岁生日，在访古期间，查韦斯两次与卡斯特罗进行长时间会晤，就双边关系问题和共同关心的国际问题交换了意见。据报道说，两次会晤是"富有成效的"，两国在所讨论的问题上的意见是一致的，这表明两国人民和政府间"兄弟般的关系和两国最高层领导人之间的真诚友谊"。劳尔也参加了会晤。查韦斯在与卡斯特罗会晤后说，卡斯特罗神志清醒、身体状况良好。

11 月 21 日晚，委内瑞拉总统查韦斯电视讲话中，邀请他的导师卡斯特罗访问委内瑞拉。查韦斯在讲话中大声宣读了对现年 83 岁的卡斯特罗的邀请信。他说："委内瑞拉恭候您的光临！"

11 月 24 日至 25 日，查韦斯对古巴进行正式访问。25 日，查韦斯与卡斯特罗共进午餐并进行了友好的交谈。

同年 12 月中旬，查韦斯到古巴出席在古巴举行的美洲玻利瓦尔联盟首脑会议。在会议开幕的前一天，查韦斯出席了委古多项合作协议的签订仪式，这些合作协议总金额近 30 亿美元，涉及能源、卫生、渔业、教育、运输和农业等领域，两国将建立至少 7 家合资企业。据查韦斯当晚的电视讲话中说，委古两国已累计签署了 285 个双边合作协议。

12 月 14 日，查韦斯在委内瑞拉召开的美洲玻利瓦尔联盟峰会闭幕式上宣读了卡斯特罗给他写的一封信，信中卡斯特罗高度赞扬了查韦斯领导的玻利瓦尔革命。

2010 年 1 月 11 日，查韦斯在电视节目中说，卡斯特罗将不会再出现在公众面前。查韦斯说："他再也不会像以前一样在街上与群众拥抱致意了，但菲德尔的精神将永远不会被遗忘。"

2010 年 4 月 15 日，查韦斯在结束对尼加拉瓜访问的回国途中，访问了古巴，与卡斯特罗交谈了 3 个小时，并同劳尔进行了会见，双方评估了两国的友好合作关系并就重大国际问题交换了意见。

4 月 19—20 日，劳尔应邀访问委内瑞拉，19 日出席了在加拉加斯举行的庆祝委内瑞拉独立战争开始 200 周年的庆典，并参加了在加拉加斯举行的第九届美洲玻利瓦尔联盟首脑会议。

十 卡斯特罗对查韦斯和委内瑞拉革命予以高度评价

古巴领导人对查韦斯和查韦斯领导的玻利瓦尔革命予以高度评价。

2008 年 9 月 26 日，卡斯特罗在题为《民主社会主义》① 的思考文章中，谈到了查韦斯思想演变的过程。文章说："布什的'民主资本主义'得到一个明确的回答：查韦斯的民主社会主义"，"任何诚实的人都不会怀疑在委内瑞拉发生了一场正在进行中的真正的革命，在那里正在开展一场反对帝国主义的特别的斗争"，"查韦斯一分钟也不休息，他不仅在委内瑞拉国内进行斗争，而且不断地出访拉美、欧洲、亚洲和非洲主要国家，他经常同本国和外国的媒体联系，他不回避任何问题"，"他在自己的祖国提出社会主义革命"，"对遭受自然灾害袭击和腐朽的美国残暴进攻的古巴来说，能够得到查韦斯的声援是真正的荣幸。从未听到像查韦斯对我们表示的、如此国际主义的、团结的声音：'委内瑞拉的土地也是古巴的土地！'""帝国主义企图在政治上以任何代价消灭查韦斯"，"我们不想让委内瑞拉对古巴的支持成为打击玻利瓦尔革命的借口。"

2009 年 2 月，查韦斯在修宪公投获胜后，卡斯特罗是第一时间向查韦斯表示祝贺的，卡斯特罗说："亲爱的乌戈（查韦斯），祝贺你和你的人民获得胜利，这一胜利的意义无法估量。"

同年 11 月 18 日，卡斯特罗写了题为《玻利瓦尔革命与和平》的思考文章，② 文章驳斥美国媒体造谣说查韦斯想发动一场对邻国哥伦比亚的战争。卡斯特罗说，查韦斯是最反对委哥之间发生流血战争的。他指出，美国以扫毒为名，同哥伦比亚签订军事协定是想扩大对世界的统治。

卡斯特罗在文章中赞扬说，"查韦斯是一个真正的革命者，深刻的思想家，真诚的、无畏的、不知疲倦的劳动者。查韦斯不是通过政变上台的。他曾起来造反，反对新自由主义政府的压迫和屠杀，新自由主义政府把本国丰富的资源拱手给了美国。他坐过牢，逐渐成熟和发展了他的思想。尽管是行武出身，但他上台并不是通过暴力"，"他成功地开始了一场深刻的社会革命"，"尽管经历了一场未遂政变和美国策划的不稳定的诋毁计划，在短短的 11 年时间里，委内瑞拉在教育和社会方面取得了举世瞩目的巨大的成就"，"委内瑞拉革命在世界各大洲都赢得了广泛的同情。对

① http：//www. granma. cubaweb. cu/secciones/ref – fidel/art53. html.
② http：//www. granma. cubaweb. cu/secciones/ref – fidel/art100. html.

美国来说，委古关系特别使它感到头痛"。

12月14日，卡斯特罗发表了《给委内瑞拉玻利瓦尔共和国总统的信》①，在信中，他深情地回忆起15年前，1994年12月查韦斯首次访问古巴的情景。卡斯特罗在信中写道："需要指出的是，我们真诚的和革命的友谊开始时，你还不是委内瑞拉总统。我从来没有要求你做什么。当玻利瓦尔革命运动在1999年大选获胜时，国际油价每桶只有不到10美元。我记得很清楚，因为你邀请我参加你的就职典礼"，"你对古巴的支持是自愿的，正如我们同兄弟的委内瑞拉人民的合作是真诚的一样"，"在苏联解体后的特殊时期，帝国主义加强了对古巴人民的残暴封锁。在一段时期里，油价飞涨，我们的石油供应遇到了困难。你保障了对古巴的稳定的石油供应"，2004年年底，当国际油价涨到每桶60美元以上时，"你确保了对古巴的石油供应，并且对我们的支付予以优惠"，"帝国主义不会原谅委内瑞拉革命对古巴的支持，他们设想古巴人民在经过50年的英雄抵抗后，会败在他们手里。"

2010年2月7日，卡斯特罗在题为《玻利瓦尔革命与安的列斯群岛》的思考文章②中赞扬查韦斯领导的委内瑞拉玻利瓦尔革命及时地给海地人民及时的援助，并且赞扬查韦斯在加拉加斯主持召开了"美洲玻利瓦尔联盟"成员国援助海地的特别会议。

同年4月18日，卡斯特罗在题为《玻利瓦尔共和国和古巴的兄弟友情》的思考文章中③高度赞扬查韦斯。卡斯特罗写道："我是在1994年认识查韦斯的。从那时候起，将近16年，我一直关注着他的革命进程"，"他具有杰出的才能，他是一个勤奋的读者，我可以证明他发展和深化革命思想的能力"，"他是一个发展和传播革命思想的真正能手"，"他是令帝国主义最担心的人物"，"在任何时代，没有哪一个国家政府能像查韦斯政府那样，在很短的时间里，为人民做了这么多的事。"

古巴是拉美唯一的社会主义国家，在20世纪90年代初苏东剧变后，

---

① http：//www. granma. cubaweb. cu/secciones/ref – fidel/art178. html.
② http：//www. granma. cubaweb. cu/secciones/ref – fidel/art184. html.
③ http：//www. granma. cubaweb. cu/secciones/ref – fidel/art190. html.

古巴所处形势异常严峻，面临着生死存亡的考验。1999 年查韦斯上台执政后，在政治、经济和外交方面都给予了古巴大力支持，助其摆脱困境、渡过难关，委内瑞拉的援助对古巴革命的继续生存和古巴的社会主义建设起着至关重要的作用。查韦斯多次表示，委内瑞拉人民会"用鲜血和生命来保卫古巴免遭美国的侵略"。卡斯特罗和劳尔领导的古巴对查韦斯及其领导的玻利瓦尔革命也予以全力支持。尽管委内瑞拉国内的反对派和美国竭力污蔑和诋毁委古两国兄弟般的合作和友谊，查韦斯与古巴领导人的友谊是革命的友谊，是委内瑞拉和古巴革命胜利的保证，是牢不可破的。①

（原载徐世澄《查韦斯传——从玻利瓦尔革命到
"21 世纪社会主义"》，人民出版社 2011 年版）

① 查韦斯于 2011 年 6 月 10 日在古巴访问时，发现癌症，接受骨盆囊肿手术，6 月 20 日再次接受手术摘除癌症肿瘤，并于 7 月 4 日返回委内瑞拉。后查韦斯先后 5 次去古巴接受化疗。但 2012 年 2 月，其癌症复发，于 2 月 26 日再次去古巴接受手术。此后，又多次去古巴接受放疗，5 月 12 日，查韦斯结束放疗回国。查韦斯为治病，先后 11 次去古巴。在古巴，他受到古巴革命领导人卡斯特罗和劳尔的亲切关怀。

现代拉丁美洲社会主义思潮

思潮是社会存在的产物，是一定时期内反映一定阶级、阶层的要求，得到广泛传播并对社会生活产生一定影响和作用的思想倾向、思想潮流。思潮既有理论形态，又具有心理形态。理论形态以一定的学说为主体，表现为概念体系，用理性征服人心；心理形态则以一定的信念为主体，用情感激动人心，用非理性的自发性影响人们。任何思潮都是理论形态和心理形态的统一。

拉丁美洲是第三世界中独立较早、经济较发达的地区，也是社会政治思潮活跃、政派林立的地区。在拉美，政党和派别林立，各种思潮纷繁复杂。这是与拉美特殊的阶级结构、经济和社会发展以及外部影响不可分的。在东欧剧变和苏联解体后，拉美左派进步力量顶住了巨大的国际压力，不仅顽强地坚持和生存下来，而且获得了重要的发展。

拉丁美洲思潮包括哪些内容？拉美是各种政治力量进行激烈较量和各种思潮交汇的地区。从学科领域来说，可分为政治思潮、经济思潮、社会思潮、国际思潮、文化思潮等。从社会作用来说，可分为积极思潮和消极思潮、先进思潮和落后思潮、进步思潮和反动思潮等。

拉美政治思潮大致可分为：（1）民众主义思潮，包括秘鲁阿普拉主义、阿根廷庇隆主义、巴西瓦加斯主义、尼加拉瓜桑地诺主义、墨西哥革命民族主义、职权主义、官僚威权主义、拉美第三条道路、委内瑞拉玻利瓦尔主义等。（2）社会主义思潮，包括古巴社会主义、格瓦拉思想、秘鲁马里亚特吉思想、智利阿连德的社会主义、圭亚那合作社会主义、委内瑞拉社会主义运动的新社会主义、委内瑞拉查韦斯的"21世纪社会主义"、拉美社会民主主义、拉美基督教社会主义、拉美托洛茨基主义、拉美新左翼等。

拉美经济思潮主要有："中心—外围"论与普雷维什（又称发展主义、拉美经委会主义或结构主义）、依附论、结构主义和新结构主义、拉美经济民族主义、拉美新自由主义等。

拉美社会思潮主要有：新社会学、社会自由主义等。

拉美的文化思潮主要有：文化民族主义、拉丁美洲哲学、解放神学、解放教育学、魔幻现实主义等。

拉美的外交思潮主要有：负责的实用主义、多元外交论、平等伙伴论、第三世界主义、外围现实主义和关于建立国际经济新秩序的理论等。

这里主要讲的是拉美政治思潮中的现代拉美社会主义思潮。

20 世纪以来，拉美地区涌现了具有拉美特色的多种社会主义思潮和理论，这些思潮和理论大多数曾经过了实践的检验，有的成功，有的失败，有的正在继续实践中。这些思潮和理论为丰富和发展世界社会主义理论和实践做出了宝贵的贡献。下面简单介绍其中主要的思潮和理论。

一　秘鲁的马里亚特吉思想（20 世纪 20 年代）

马里亚特吉思想是指秘鲁和拉美杰出的马克思主义思想家何塞·卡洛斯·马里亚特吉（Jose Carlos Mariategui，1894—1930）所倡导的具有秘鲁和拉美特色的社会主义思想。

马里亚特吉生于秘鲁莫克瓜（一说利马）一职员家庭。他幼年丧父，家境清贫。上小学三年级时被迫辍学。14 岁时到新闻报社当学徒。他勤奋自学，经常给报刊撰稿。后任《我们的时代》报编辑，并创办《理性报》，对当时蓬勃开展的工人运动和大学改革运动表示声援。1917 年 7 月 4 日，莱吉亚在美国支持下策动政变上台，《理性报》强烈谴责政变，招致镇压，被迫停刊。政变当局勒令马里亚特吉等人离开秘鲁，否则将予以监禁。同年 10 月至 1923 年马里亚特吉先后到过法国、意大利、德国、奥地利、匈牙利和捷克等国。在流亡期间，他接触了当时处在高潮的欧洲工人运动和革命运动，阅读了大量马克思、恩格斯、列宁、葛兰西等人的著作，接受了马克思主义，写下了许多政论文章。1923 年回国后，他热情宣传马克思主义，同时运用马克思主义方法研究秘鲁历史和现实，主张马克思主义的普遍真理同秘鲁本国实际相结合，摸索秘鲁革命的道路。1924 年他患了骨癌，被截去左腿，但仍坚持在轮椅上工作和写作。1926 年创办革命刊物《阿毛塔》和《劳动》杂志。同年，他加入美洲人民革命联盟。1928 年因思想分歧，同阿亚决裂，退出联盟。同年 10 月 7 日他创建秘鲁社会党（秘鲁共产党的前身）并任总书记。同年 12 月出版《关于秘鲁国情的七篇论文》。1929 年创建秘鲁总工会。1930 年 4 月 16 日病逝于利马，年仅 36 岁。

马里亚特吉的代表作《关于秘鲁国情的七篇论文》① 用马克思主义的立场、观点和方法，对秘鲁经济、印第安人、土地、教育、政体和文学等问题作了分析和论述，被公认为拉美马克思主义者的经典作品。

马里亚特吉认为，社会主义是一场世界性的运动，是人类的希望和前途，也是解决秘鲁和拉美问题的答案，"拉丁美洲的未来是社会主义的"。他充分肯定马克思主义对秘鲁和拉美革命的重大指导意义，非常重视把马克思主义同拉美革命实际相结合，并意识到要在拉美的现实中进一步发展马克思主义。他说："我们确实不想在美洲照搬照抄马克思主义，它应该是一种英雄的创造性事业。我们必须用自己的现实和自己的语言创造出印第安美洲的社会主义。"

马里亚特吉认为，西班牙对美洲的征服中断了印第安村社共有制经济的发展进程，建立起封建的生产方式，实行半奴隶制的发展进程，实行半奴隶制的强迫劳动制度，从根本上堵塞了资本主义在秘鲁社会内部发展的可能性。

马里亚特吉认为，秘鲁的资产阶级是在民族国家形成后才开始发展的。它具有这样几个特征：首先，秘鲁的资产阶级是有产者和食利者，而非生产者。其次，它与外国资本联系在一起，成为外国资本在本地的延伸。再次，与封建贵族联系在一起。上述特点决定秘鲁的资本主义只能是外国垄断资本的附庸，不可能独立发展，也不可能根除封建庄园制等前资本主义的生产关系。因此，他认为，建立在旧的经济结构之上并依附于外国资本的秘鲁资本主义不具有历史的进步性。

---

① ［秘］何塞·卡洛斯·马里亚特吉：《关于秘鲁国情的七篇论文》，商务印书馆 1987 年版。

马里亚特吉认为，随着历史的发展，秘鲁演变成为三种经济因素并存的半封建、半殖民地社会。这三种经济因素是：植根于西班牙征服时期的封建经济、山区残存的印第安村社经济和以沿海地区为先导的资本主义经济，其中以庄园制为基本特征的封建经济占统治地位。

马里亚特吉认为，在秘鲁通过发展资本主义消除封建制的道路是行不通的，只有进行社会主义革命。他认为，秘鲁革命只能是一场纯粹的社会主义革命，视情况可以加上各种形容词，如"反帝的"、"土地的"、"革命民族主义的"。在反对资本主义的范围内进行反封建的斗争，这就是秘鲁社会主义革命的两重性和特殊性。

马里亚特吉认为，秘鲁革命的中心问题是印第安人和土地问题。他指出，"不首先关心印第安人的权益问题，就不是秘鲁的社会主义，甚至不是社会主义"。他认为，印第安人问题不能仅从政治、法律、种族、文化和道德方面去追究原因，而应追根其土地占有制度，印第安人问题和土地问题实际上是同一个问题。它既是社会经济问题，又是政治问题，只有消灭封建制才能解决。他把印第安人的解放与深刻的社会革命联系起来，从而在秘鲁和拉美树立了第一个正确运用马克思主义分析本国实际问题的范例。

马里亚特吉认为，秘鲁的社会主义革命应由无产阶级来领导，以无产阶级和印第安人运动结成的联盟为基础，建立由受资本主义、前资本主义剥削的各个阶级组成的统一战线来共同完成。而无产阶级政党是引导这场革命的先锋力量。

秘鲁共产党等秘鲁的一些左派党将马里亚特吉思想作为党的指导思想。如1996年12月秘鲁共产党"十一大"明确提出以马列主义和马里亚特吉思想作为该党的指导思想。

马里亚特吉思想在拉美其他一些国家也有重要影响。如2005年4月16日在马里亚特吉逝世35周年时，委内瑞拉国民议会通过决议，决定在委内瑞拉开展一系列的纪念活动，以纪念这位"杰出的革命家"、"伟大的马克思主义者"。决议指出，"马里亚特吉思想依然是了解世界工人运动和社会主义运动的源泉，是拉美革命者永恒的思想的源泉和行动的指南"，认为《关于秘鲁国情的七篇论文》"是拉美马克思主义唯一一部理论著作"[1]。

二 古巴的社会主义(20 世纪 50 年代至今)

1953 年 7 月 26 日,以菲德尔·卡斯特罗(Fidel Castro,1926—)为首的古巴一批爱国青年,为反对巴蒂斯塔独裁统治,攻打东部的政府军兵营蒙卡达。起义失败后,卡斯特罗等被捕并被判徒刑。1955 年 5 月 15 日,卡斯特罗等因大赦出狱,同年 6 月 12 日,卡斯特罗和一些革命者在哈瓦那召开会议,组成了以 1953 年起义日命名的"七·二六运动"。7 月 7日,卡斯特罗等人被迫流亡墨西哥。1956 年 11 月 25 日,他率领 81 名革命者乘"格拉玛号"游艇从墨西哥出发,于 12 月 2 日在古巴东部奥连特省南岸红滩登陆,在与政府军激战后转入马埃斯特腊山区,在那里建立根据地,开展游击战争,不久,建立了起义军。卡斯特罗率领的起义军在全国反独裁力量配合和支持下,于 1959 年 1 月 1 日推翻巴蒂斯塔独裁政府,取得古巴革命胜利。

古巴革命的特点是:首先,古巴革命是一次民族民主革命。领导这场革命的主要组织是卡斯特罗领导的、具有激进思想的"七·二六运动",而不是 1925 年就已成立的古巴共产党(后改称人民社会党)。其次,古巴革命的道路是武装斗争的道路,而不是议会斗争或其他和平过渡的道路。再次,古巴革命的道路是在农村开展游击斗争、建立根据地,从农村到城市,直至取得全国胜利。最后,古巴革命的胜利,是以"七·二六运动"为核心,建立反对巴蒂斯塔独裁统治各种政治力量联合统一战线的胜利。

革命胜利后,以"七·二六运动"为主体的革命政府领导古巴人民在政治、经济、社会等方面实行了一系列重大的民主改革,主要有:在政治方面,1959 年 2 月 7 日,颁布了《1959 年根本法》,起宪法作用,以确保政治主权、经济独立、真正民主和社会公正;解散旧议会、所有独裁政权的政治统治机构和行政管理机构;清除政府和文教部门中的巴蒂斯塔分

---

① http://www.rebelion.org/noticia.php?id=15174.

子；取缔一切反动政党；解散特务机关；废除反动法令，建立革命法庭，镇压反革命分子，没收反动分子的财产；解散旧军队，由起义军承担起武装力量的职责；驱逐了美国军事代表团。

在经济和社会方面，改变旧的经济制度，建立新的生产关系，实行土地改革。1959 年 5 月 17 日，革命政府颁布《土地改革法》，这是革命后颁布的第一个土改法，土改法规定废除大庄园制度，对每个自然人或法人占有 30 卡瓦耶里亚（简称卡，1 卡等于 13.43 公顷，30 卡合 402 公顷）以上的土地予以征收。这次土改分成两个阶段，第一阶段主要是没收本国大庄园主的土地，第二阶段把在古巴的全部美国垄断资本所占有的土地收归国有。政府没有将征收的大部分庄园的土地在大庄园的农业工人中进行分配，而是成立国营人民农场和甘蔗合作社。对无地和少地的个体农民，政府无偿地分给每户最多达 2 卡的土地。如果他们耕种的土地超过 2 卡但不到 5 卡，则他们可无偿得到 2 卡的土地，而超出部分可以分期购买。[1]这次土改摧毁了大庄园制和外国垄断资本土地所有制，征收了 217 万多公顷的土地，使 10 万农户得到了土地，并使 40% 的土地成为国有。[2]

革命政府在头两年对本国和外国企业实行国有化。1960 年 1 月 28 日，颁布没收巴蒂斯塔分子全部财产的法令。9 月，政府接管了所有私营烟厂。10 月，宣布将本国资本家经营的 382 家工商企业和全部私人银行收归国有。1960 年 6 月，政府接管了 3 家美资炼油厂。7 月，颁布征用美国人在古巴财产的法律。8 月，把 36 家美国公司收归国有。9 月，没收了美国银行。10 月，美国宣布对古巴实行禁运后，古巴把剩下的 166 家美资企业全部收归国有。至此，古巴革命政府共将价值约 15 亿美元的 400 多家美资企业全部收归国有。

革命政府于 1960 年 10 月 14 日颁布城市改革法，规定每户只能拥有一所住房，房租降低 50%，租房者通过支付房租在 5—20 年内累积还清房价后便成为所居住房屋的主人。革命政府还采取措施，确保充分就业并使所

---

① ［古］埃尔内斯托·切·格瓦拉：《古巴革命战争回忆录》，上海人民出版社 1975 年版，第 277—278 页。

② Ministerio de Relaciones Exteriores. Direccion de informacion：Perfil de Cuba, 1966, p.125.

有劳动者享有社会保险，使全体人民享有免费医疗和免费教育，并开展大规模的扫盲运动。革命政府取缔并禁止赌博、贩毒、走私、卖淫。

随着民主改革的逐步深入，摆在古巴革命领导人面前的问题是：古巴革命向何处去？是"继续处在帝国主义的统治、剥削和欺凌之下"，"还是进行一次社会主义革命？"① 古巴革命领导人坚定不移地选择了社会主义道路。

就在美国雇佣军入侵的前一天，1961 年 4 月 16 日，在古巴历史进程的关键时刻，以卡斯特罗为首的核心领导做出了决定，选择了将革命从民族民主革命转变为社会主义革命的正确道路。卡斯特罗在群众集会上庄严宣布，古巴革命"是一场贫苦人的、由贫苦人进行的、为了贫苦人的社会主义民主革命"。② 同年 5 月 1 日，卡斯特罗宣布古巴是社会主义国家。正如卡斯特罗在古巴共产党"一大"的报告中所说："在英雄的反帝斗争中，古巴革命进入社会主义阶段。"③ 促使古巴向社会主义转变的主要因素是：

（1）美国对古巴的敌视政策。在巴蒂斯塔统治末期，美国资本控制了古巴蔗糖生产的40％、铁路的50％、电力的90％、外贸的70％、镍矿的100％、铁矿的90％。古巴的银行和金融业也基本上操纵在美国资本手中。古巴革命胜利初期，美国同古巴仍保持正常关系。1959 年 4 月，卡斯特罗曾访问美国。随着古巴革命的深入发展，美国开始对古巴采取敌对态度。艾森豪威尔政府就古巴惩处战犯和杀人犯一事发动了污蔑古巴革命的毁谤运动，怂恿多米尼加共和国和危地马拉独裁政府干涉古巴。接着，美国又对古巴施加压力，要求古巴对土改中被没收的美国企业的土地进行高价赔偿。美国还派飞机轰炸古巴城乡，并收买特务轰炸军火库和往古巴运送军火的轮船，策动和唆使古巴反革命分子进行破坏和颠覆活动。

在外交方面，美国竭力通过美洲国家组织孤立古巴，企图进行"集体干涉"。1959 年 8 月在智利圣地亚哥和 1960 年 8 月在哥斯达黎加圣何塞召

---

① ［古］菲德尔·卡斯特罗：《卡斯特罗言论集》第二册，人民出版社 1963 年版，第 265 页。
② 《卡斯特罗言论集》第二册，第 26 页。
③ 《在古巴共产党第一、二、三次全国代表大会上的中心报告》，前引书，第 36 页。

开的第五次和第七次美洲国家外长协商会议，美国竭力拼凑反古阵线。同年9月2日，古巴全国人民代表大会通过第一个《哈瓦那宣言》，针锋相对地谴责美国对古巴和拉美国家的干涉和侵略。1960年7月6日，美国取消95%的对古巴糖的采购定额，同年年底，又取消了全部定额，并停止对古巴的一切援助，对古巴实行贸易禁运。1961年1月3日，美国同古巴断交。

1961年2月3日，刚就任总统不久的肯尼迪下令执行艾森豪威尔总统在任时批准的通过雇佣军武装入侵古巴的计划。同年4月17日，1 500多名雇佣军在美国飞机和军舰掩护下，在拉斯维亚斯省的吉隆滩（现属马坦萨斯省）登陆，对古巴进行武装侵略，企图颠覆和扼杀古巴革命。古巴人民在卡斯特罗亲自指挥下，经过72小时的激战，全歼入侵者，胜利地保卫了革命的成果。美国对古巴的敌视政策促使古巴走上社会主义的道路。

（2）社会主义国家对古巴的支援。在美国企图扼杀古巴革命时，古巴得到了社会主义国家及时的援助。1960年2月，苏联答应向古巴提供1亿美元的贷款，并在5年内每年购买100万吨古巴糖。同年7月，苏联开始将武器运往古巴。1960年7月，中国同古巴签订贸易协定。9月28日，中古建交。11月，中古两国签订了经济技术合作协定，规定中国向古巴提供6 000万美元的无息贷款。中国还向古巴提供了军事援助。

（3）古巴革命的深入发展的结果。古巴革命胜利后，民主改革不断深入，工人的生活水平有了明显提高，贫苦农民分得了土地。工农大众积极拥护革命政府的改革措施，使革命不断深入发展。1960年10月15日，卡斯特罗宣布："革命的第一阶段已告完成，革命现在进入第二阶段"，"革命政府在20个月中已完成了蒙卡达纲领。"[①] 半年后，卡斯特罗又宣布古巴革命是一场社会主义革命。正如卡斯特罗在后来所说："是革命的规律使我们树立了社会主义的信仰。"[②]

1963年10月4日，古巴革命政府颁布第二次土地改革法，规定征收

---

① 《卡斯特罗言论集》第一册，第291、298页。
② ［古］菲德尔·卡斯特罗：《全球化与现代资本主义》，社会科学文献出版社2000年版，第26页。

超过 5 卡（67.15 公顷）的全部私有土地。这次土改共征收了 15 000 户富农的 201.3 万公顷的土地。经过两次土改，国有土地（主要为国营农场和甘蔗农场）占 70%，小农和合作社的土地占 30%。农村中的大庄园制和富农经济均被消灭。

1961 年 7 月，古巴三个主要革命组织"七·二六运动"、人民社会党和"三·一三革命指导委员会"合并成"革命统一组织"。1962 年 5 月，"革命统一组织"改名为"古巴社会主义革命统一党"。1965 年 10 月 3日，在"古巴社会主义革命统一党"的基础上建立古巴共产党，由卡斯特罗担任党的第一书记。

古巴的社会主义建设事业并非是一帆风顺的。从外部条件来看，自 20世纪 60 年代初起，美国一直对古巴采取贸易禁运、经济封锁、军事威胁、外交孤立等敌视政策，千方百计企图扼杀古巴革命。1961 年 1 月 3 日美国同古巴断交，4 月 17 日美国雇佣军入侵，遭到惨败。1962 年美国宣布对古巴实行经济、贸易全面封锁。1962 年，美国唆使美洲国家组织通过驱逐古巴出美洲国家组织的决议；1964 年，美国又唆使美洲国家组织成员国同古巴断绝外交关系，对古巴实行集体制裁。

自 20 世纪 60 年代初起，以卡斯特罗为首的古巴领导人就积极探索和尝试在古巴进行社会主义革命和建设的新路子。革命胜利后近半个世纪以来的实践表明，古巴在这方面既有成功的经验，也有失败的教训。

在革命胜利初期，由于急于改变单一经济结构，古巴政府大幅度削减蔗糖生产，提出迅速实现农业多样化和短期内实现工业化的目标。1963 年甘蔗种植面积比 1958 年减少了 25%，致使蔗糖产量从 1961 年的 677 万吨减少到 1963 年的 382 万吨。1963 年年底，古巴政府又提出了集中力量发展糖业的新的经济发展战略。

1968 年 3 月，古巴政府发动"革命攻势"，接管了几乎所有的私人小企业、手工业作坊和商店，消灭了城市中的私有制。同时，扩大免费的社会服务，用精神鼓励代替物质刺激。后来，卡斯特罗在评价这场"革命攻势"时说："这一措施不一定就是这一时期社会主义建设的原则问题，而是我国由于处在帝国主义的严密的经济封锁的具体条件下，需要最有效地使用人力物力，再加上一部分城市资本家采取的消极政治行动阻碍了革命的发展。当然，这并不能使我国革命推脱掉由于对人力物力管理不善而造成的后果所应负的责任"①，"从 1967 年起，免费政策的实行开始进入高潮，1968 至 1969 年达到顶峰。但在某些方面，实行免费是不妥当的。"②

1963 年年底，古巴政府提出要在 1970 年达到年产 1000 万吨糖的生产指标，强调要充分利用古巴生产蔗糖的有利条件和相对优势，集中力量发展糖业，"以糖为纲"，以增加外汇收入、增强进口能力，确保经济的持续发展。但由于计划指标定得太高，片面、过分强调发展糖业，致使国民经济各部门发展比例严重失衡，经济遭到破坏。1970 年糖产虽然达到创历史纪录的 854 万吨，但未能达到 1000 万吨的原定指标。后来，卡斯特罗在总结这一经验教训时说："国家把大部分力量集中在争取完成……甘蔗产量达到 1000 万吨的指标上"，"这一目标没能实现"，"这个严重的问题给国民经济其他部门造成了严重失调"，"我们在经济工作中无疑是犯了唯心主义的错误。我们有时看不到在现实中存在着我们必须遵循的客观经济规律。"③

20 世纪 70 年代，古巴参照苏联和其他社会主义国家的模式，进行了经济体制的改革。主要反映在以下方面：（1）1971—1972 年间，古巴调低了糖业在国民经济中的比重，注重各部门的比例关系，逐步调整了国民经济结构。（2）自 1972 年起，加强宏观经济管理，执行由中央计划委员会制定的三年经济计划，1976 年起又开始执行五年计划。（3）恢复了预算制度，并陆续设立了国家财政、统计、价格等委员会，建立了全国财会体系，整顿了银行。（4）1972 年古巴加入了经济互助委员会，并同苏联签订了到 1980 年的长期经济协定，实现了同苏联、东欧国家的经济一体化。（5）古共"一大"正式批准实施新的经济领导和计划体制。根据这一体制，古巴逐渐完善和加强国家计划体制，加强中央计划委员会的职权，注意发挥市场机制的作用；把企业作为基本核算单位，实行自筹资金制，使企业有较大的自主权；利用价值规律和其他经济杠杆来调节经济。

---

① 《在古巴共产党第一、二、三次全国代表大会上的中心报告》，第 40 页。
② 同上书，第 89 页。
③ 同上书，第 40—41、87 页。

80 年代前半期，古巴全面推行经济领导和计划体制，放宽经济政策，如 1980 年开设农民自由市场，1981 年开设农副产品贸易市场；1980 年实行新的工资制度；同年，改革物价制度，减少物价补贴并取消一些免费的服务项目；1982 年 2 月，颁布了《外国投资法》，首次正式表示欢迎外资到古巴兴办合资企业，有限度地实行对外开放。

80 年代后半期，在全国掀起一场"纠正错误和不良倾向进程"即"纠偏进程"，展开"战略大反攻"。宣布关闭农民自由市场，恢复国家统购统销制度。同时，政府宣布限制向工人发放奖金并提高了部分劳动定额。6 月，宣布修改住宅制度，禁止私人买卖房屋；禁止出售手工艺品和艺术品；禁止私人行医；调低著作版权费等。卡斯特罗强调古巴不能照搬苏联、东欧的模式，"古巴环境特殊"，"它受帝国主义封锁、包围和入侵"，因此"不能抄袭别国的经验"，强调古巴建设社会主义需要"寻找一条新的道路"。纠偏进程虽然没有促进古巴经济的发展，但它保证了以卡斯特罗为首的古巴领导人坚持社会主义方向，使古巴没有像苏联、东欧那样搞所谓的"改革"和"公开性"，使古巴在 80 年代末 90 年代初经受住东欧剧变、苏联解体对它的巨大冲击。

20 世纪 80 年代末和 90 年代初，苏东剧变给古巴经济造成了严重困难。与此同时，美国又乘机加强对古巴的封锁，先后通过了"托利塞利法案"和"赫尔姆斯—伯顿法案"。古巴调整了经济发展战略和外交方针，开始执行改革开放的政策。90 年代初，古巴宣布进入"和平时期的特殊阶段"。1991 年 10 月，古巴共产党召开"四大"。这次大会是在古巴面临空前困难的形势下举行的，具有特殊意义。大会提出了"拯救祖国、革命和社会主义"的原则和口号，卡斯特罗在开幕式讲话中明确提出了古巴对外开放的政策："我们正在广泛的实行开放，广泛地对外资实行开放。"[1]古共"四大"将对外开放作为国策确定下来。"四大"通过的关于修改党章和党纲的决议指出，古巴革命的最高目标是在古巴建设社会主义，古巴

---

[1]   Fidel Castro: Independientes hasta siempre Discursos de inauguracion y en el acto de masas, Santiago de Cuba, IV Congreso del Partido Comunista de Cuba, 10 y 14 de octubre de 1991, Editora Politica, Cuba, 1991, p. 50.

共产党坚持共产主义的理想，古巴共产党是马列主义政党，是古巴社会的领导力量。① 古巴政府采取一系列应急措施，实行生存战略，维持国家经济的运转和居民的基本食品供应，同时，采取一些有长期发展战略意义的措施，加快纳入世界经济体系的进程。为解决食品短缺问题，古巴制定了食品计划。为解决外汇短缺问题，古巴改变过去重点发展重工业的经济发展战略，把经济发展的重点放在创汇部门，特别是旅游、医疗器材和生物制品的医药产品的生产和出口。

"四大"后，古巴加快了开放的步伐，采取了一系列改革开放的措施。1997 年 10 月，古巴共产党召开"五大"，"五大"制定的方针的要点是：坚持共产党领导和坚持社会主义；反击美国的经济制裁和政治及意识形态攻势；在不改变社会性质的前提下，继续稳步进行经济改革，并尽可能减少由此带来的社会代价。"五大"召开后，古巴又推出了改革的新举措。古巴通过改革开放，逐步从巨大的灾难中摆脱出来，它不仅经受住了美国封锁和侵略的考验，也经受住了苏联东欧剧变的严峻的考验，使社会主义的古巴依然屹立在西半球。古巴的经济逐步好转，政治社会基本稳定，人民的基本生活得到保障，古巴的国际环境不断改善。

2006 年 7 月 31 日，卡斯特罗发表公告宣布，因他肠道出血而接受手术的原因，他将自己所担任的主要职权古共中央第一书记、古巴革命武装力量总司令、国务委员会主席兼部长会议主席暂时移交给他的弟弟劳尔。2008 年 2 月 18 日，卡斯特罗在写给全国人民的辞职信中说明了他辞职的原因，又表示对古巴老中青相结合的领导班子充分的信任，同时也表示尽管他不再担任具体的领导职务，他仍将继续写文章，把写文章作为武器，"作为一名思想的战士进行战斗"，生命不熄，战斗不止。②

2008 年 2 月 24 日，古巴人大开会，劳尔·卡斯特罗当选并就任古巴国务委员会主席和部长会议主席，正式接替他的哥哥——执政长达 49 年的菲德尔·卡斯特罗。古巴最高领导层完成了权力的交替，古巴最高领导

---

① Resolucion sobre el Programa del Partido Comunista de Cuba, Este es el Congreso mas democratico, Editora Politica, Cuba, 1991, pp. 36—47.

② ［古］菲德尔·卡斯特罗：《总司令的思考》，社会科学文献出版社 2008 年版，第 310—312 页。

层权力的平稳和顺利的交替具有十分重要的意义，它确保古巴的社会主义
事业的继承和发展，也有助于拉美和世界社会主义运动的巩固和发展。

三　智利阿连德的社会主义（20 世纪 70 年代初）

　　智利社会主义是指 20 世纪 70 年代初萨尔瓦多·阿连德（Salvador Al-
lende，1908—1973）人民团结阵线政府在智利推行的一套社会主义理论和
所进行的一场试验。

　　智利是拉美资本主义比较发达的国家，智利也是具有民主传统的国
家。1936 年，智利激进党、共产党、社会党等组织在反法西斯的旗帜下建
立了人民阵线。在 1938 年的大选中，人民阵线获胜，成为拉美第一个有
广泛群众基础的反帝联合政府。阿连德曾任人民阵线政府的卫生部长。

　　阿连德生于智利瓦尔帕莱索的一个中产阶级家庭。早年曾参加和领导
学生运动。1932 年获智利大学医学博士学位。同年，马杜克·格罗韦
（阿连德的亲戚）等一部分军人夺取政权，宣布建立"社会主义共和国"。
尽管它只存在了 12 天，但对阿连德触动较大。1933 年，阿连德参与创建
智利社会党，先后担任该党的副总书记、总书记和主席。1937 年当选为众
议员，1938 年任人民阵线政府卫生部长。1945 年起曾 4 次当选为参议员，
并曾任参议院副议长、议长。阿连德曾作为社会党或人民行动阵线的候选
人参加 1952 年、1958 年、1964 年的总统竞选，但遭到失败。1970 年他作
为人民团结阵线（又译"人民联盟"）的候选人再次竞选总统获胜，于同
年 11 月就任总统。

　　以阿连德为代表的智利社会主义[①]的主要主张是：

　　（1）通过选举和平过渡到社会主义。智利人民团结阵线所设计的具体
方案是，第一步通过选举取得行政权，第二步再通过选举赢得议会绝对多
数而掌握立法权，然后实现政权的社会化即进行经济结构的改革。

　　（2）在资产阶级法制范围内进行社会主义变革。阿连德在 1971 年 5

---

　　① Ⅱ. La vía chilena al socialismo, en el libro de Hugo Latorre Cabal：*El Pensamiento de Salvador Allende*，
Fondo de Cultura Económica，1974，México，pp. 16—39.

月 21 日向国会提交的第一个总统咨文中提出，要"开创法制化的途径来实现新形式的、具有多元化和自由的社会主义秩序"，"在尊重法制、体制和政治自由的条件下，改变资本主义制度"①。

（3）多元化的社会结构。阿连德在总统咨文中提出要在智利建立世界上"第一个民主、多元化和自由样式的社会主义"。他认为多元化是马克思主义前辈预言过但没有具体实现的革命道路，是建设社会主义的一种新的方式。他主张要"在民主、多元化，特别是意识形态多元化中过渡到社会主义"。人民团结阵线所主张的多元化包括建立多党制政府，允许多元化的政治观念和意识形态，建立多元化的经济成分，以公有制为主，公有制、合营和私有制成分并存。

阿连德在同法国记者雷吉斯·德布雷的访谈中说："智利现在发生的事情在世界上是独一无二的——社会党和共产党的协作行动，这两个政党都是马克思主义政党"，"组成人民联盟的六个政党制定了一个共同纲领，规定要走社会主义道路"，"我认为我们采用了开辟社会主义革命道路的那些改革。我们宣称，我们正在闯出一条不同的道路，而且我们正在证明，实行基本变革、从而铺平通向革命的道路，这办法是行得通的"，"我们将要成立一个民主的、民族的、革命的和人民的政府，而这个政府就会开辟社会主义的道路，因为社会主义不是靠颁布法令来硬套的。我们采取的一切措施都是导向革命的措施"；"共和国的总统还是一个社会主义者……我也是为了实现智利的经济和社会改革，为了开辟社会主义的道路，才来担任这个总统的。我们的目的是完整的、科学的、马克思主义的社会主义。"②

由智利社会党、共产党、激进党、社会民主党、独立民主运动和统一人民运动 6 个组织组成的人民团结阵线提名社会党领导人阿连德作为阵线候选人，在 1970 年 9 月大选中得票占 36.3%，多于民族党的 34.9% 和基督教民主党的 27.8%。根据选举法，在候选人得票均不超过半数的情况

---

① 西班牙语全文请参阅：http://www.abacq.net/imagineria/discur6.htm.

② ［法］雷吉斯·德布雷：《阿连德和德布雷的谈话》，上海人民出版社 1973 年版，第 33、55—56 页。

下，必须由议会在票数占前两位的候选人中决定总统人选。为了能获胜，阿连德接受了基民党提出的"宪法保障条例"作为交换条件，以取得其支持。"宪法保障条例"要求新政府尊重原有军警体制，不建立与之平行的武装组织。同年 10 月 24 日，在议会投票中，由于基民党的支持，阿连德当选总统，并于 11 月 3 日就任总统并成立人民团结阵线政府。人民团结阵线政府共执政了约 1000 天。这 1000 天，既取得了重大的政绩，也有不少失误。

阿连德的人民团结阵线执政后，实施了一系列改革措施，主要有：

（1）大规模实行国有化。1971 年 7 月在把外资在智利的最大铜矿公司塞罗、安那康达和肯奈科特收归国有后，又将 150 家本国私人大型企业（包括银行、外贸公司和铁路运输公司）收归国有。

（2）大刀阔斧进行土地改革。到 1971 年 11 月征收的土地已达 240 万公顷。任内，共征收了 4287 个庄园的 822 万公顷土地。建立了大量的国营农场、合作社，农村的土地关系发生了变化。

（3）提高人民的收入和改善社会福利。1971 年初把工人最低工资提高 50%，职工薪金提高 30%，工人最低退休金相当于最低工资的 80%。增加对劳动人民的各种补贴，改善医疗与妇幼保健待遇，如免费供应 300 万儿童和孕妇每天半公升牛奶等。

（4）在对外关系方面，加强了独立性。阿连德政府努力维护国家主权和民族独立，扩大对外政治和经济关系，支持亚非拉民族民主运动。1971 年 12 月在南美国家中率先同中国建交；恢复了同古巴的关系。

阿连德政府的这些改革措施具有重要的进步意义。它削弱和打击了帝国主义和本国大地主、大资产阶级的势力，使智利在经济上更加独立。在执政第一年，智利国内生产总值增长 8%。但是，好景不长。由于改革步子过快、过急，打击面过宽，树敌过多，侵犯了中小资产阶级和中小农场主的利益，使经济发展受到影响。由于超越国力增加福利，提高工资，使国家财政开支激增，赤字增加，通货膨胀加剧，市场商品匮乏。美国对智利实行经济封锁，减少或停止向智利贷款和投资，压低铜价，同时极力支持智利国内反政府活动。随着改革的深入，基民党不再支持阿连德政府转而采取对抗态势。人民团结阵线各政党在一些问题上意见不一。再加上人民团结阵线虽然建立了政府，但并没有掌握政权，因为行使立法权的议会（在议会中反对派占多数席位）和作为国家机器重要组成部分的军警和法院都控制在反对派手中，政府的决定和意志很难实现。

国内外反动势力的破坏和国内各阶层人民的不满情绪的增长使智利政局日益动荡。1973 年 9 月 11 日以陆军司令皮诺切特为首的军内反对派策划了军事政变。政变部队袭击总统府，遭到阿连德的顽强抵抗。最后阿连德以身殉职。阿连德的社会主义实践以失败告终，给人们留下了深刻的历史经验和教训。

阿连德参与创建和领导的智利社会党的性质曾确定为"代表工人阶级和智利被剥削群众利益的革命组织"和"工人阶级的革命先锋队"。1971 年召开的党的"二十三大"通过的政治决议指出，社会党将通过"人民团结"政府，"把资产阶级性质的现行制度改造成为社会主义性质的制度"，在智利建立社会主义社会。1973 年智利发生军事政变，阿连德政府被推翻后，社会党遭到了残酷的镇压，大批领导人和党员被迫流亡国外，党组织也分裂成几派。1989 年 12 月，社会党两个主要派别宣布联合，成立"统一社会党"。1990 年，又与另一派合并，重组社会党。1991 年 11 月，社会党宣布，作为一个政党，社会党已不再信仰马克思主义，但不要求党员放弃马克思主义。1996 年 9 月，智利社会党加入社会党国际。现有党员 7 万多人。目前，党内仍分成几派，有一派坚持要在智利建立阿连德式的社会主义。①

四　圭亚那的合作社会主义
（20 世纪 70 年代至 80 年代中期）

合作社会主义是圭亚那人民全国大会党（People's National Congress，PNC，简称"人大党"）及其领袖福布斯·伯纳姆（Forbes Burnham，1923—1985）在 20 世纪 70 年代提出的一种理论。

圭亚那位于南美洲大陆东北部，原为英国殖民地，1831 年起称英属圭

---

① http：//es. wikipedia. org/wiki/Partido_ Socialista_ de_ Chile.

亚那，1966 年取得独立后定国名为圭亚那。人大党成立于 1957 年。1970 年当时执政的人大党伯纳姆政府将圭亚那改名为圭亚那合作共和国。1974 年人大党领袖伯纳姆发表了《莎法亚宣言》①，对合作社会主义进一步作了理论阐述，宣称人大党是社会主义政党，要在圭亚那建设合作社会主义。

伯纳姆生于圭亚那首都乔治敦附近基蒂镇。非洲黑人后裔。1947 年毕业于伦敦大学研究院法学系，获法学学士学位。1948 年获律师职衔，加入英国格雷法学协会。1947—1948 年担任伦敦西印度大学生联盟主席。1949 年回国后在乔治敦开业做律师。1950 年与贾根共同创建人民进步党。1950—1955 年任该党主席。1953 年当选为议员，同年任教育部长。1952—1957 年和 1963—1965 年任英属圭亚那劳工联盟主席。1957 年与贾根决裂，另成立人民全国大会党，任领袖。1959 年任乔治敦市市长、圭亚那律师协会主席。1964—1966 年任英属圭亚那总理。1966 年领导圭亚那独立后任总理至 1980 年。1980 年 12 月当选为总统。1985 年病逝。1975 年、1977 年和1984 年三次访问中国。

圭亚那在历史上有搞合作社的传统，圭亚那人民普遍存在着向往社会主义的情感。圭亚那的两大政党人民进步党和人大党都主张在圭亚那建立"正义的社会主义社会"，在人民群众中影响较大。为了同贾根领导的人民进步党的社会主义相区别，伯纳姆提出了合作社会主义。

伯纳姆合作社会主义的主要论点是：

伯纳姆认为，合作社会主义是："第一，我们相信社会主义这一意识形态，并且争取建立这样一种制度；第二，我们利用合作制作为主要渠道或工具，来达到这一目标。"

伯纳姆认为，合作社会主义是以马克思主义为主导的，但他表示不愿意接受共产主义国家业已准备好的思想和答案，他认为要避免资本主义社会中普遍存在的人剥削人的异化现象，只有实行合作社会主义。

伯纳姆引用马克思和列宁关于合作制生产和合作社与共产主义、社会主义的关系的论述来证明人大党宣称的合作社会主义属于科学社会主义的范畴，而不是乌托邦。伯纳姆说，"按照我的理解和认识，只有一种社会主义，

---

① Burnhan, L. F. S.；Declaration of Sophia. Georgetown：Guyana Printers Ltd.，1974.

这就是以马克思的著作为基础的社会主义。当然，每个国家都可以自由地，我想也是必须根据自己本身的历史、传统和民族的特点，也就是像马克思所说的客观条件来选择达到社会主义的最好的道路"，而在圭亚那，这就是合作社会主义。

伯纳姆认为，合作社会主义的基础是合作社。合作社是一种团体，在这个团体中，每个劳动者能直接或间接贡献他的劳动力、技术和思想，最大限度地发挥智慧，有权参与决策和其他经济活动，从而使每个人能在收入和管理等方面处于平等地位。因此，合作社比国有制更为先进和公正。

伯纳姆认为，合作制原则有狭义和广义两层意思。狭义的合作制原则，指的是组织形式，如合作社。广义的合作制原则指的是"思想形式"，如合作精神，包括国有企业和各种机构的"民主管理"。后来，他还强调合作制"还应在社会领域和政治领域实行"，是"圭亚那民族得以全面发展的统一原则"。

伯纳姆认为，实行合作社会主义的途径是使用和平方式，要独立自主、自力更生走自己的道路，对外要坚持不结盟原则，"不做东方或西方的走卒"，要逐步向社会主义过渡。

在伯纳姆任总理和总统近20年期间，伯纳姆政府为实现合作社会主义，对圭亚那的政治、经济和社会生活都进行了一系列的改革。

在政治方面，1980年2月20日圭亚那国民议会通过圭亚那新宪法，即圭亚那合作共和国宪法。宪法规定，圭亚那现为不可分割的、非宗教的、处在从资本主义向社会主义过渡过程中的民主主权国家，国名为圭亚那合作共和国。宪法规定，为了获得经济独立和政治独立，国家将对国民经济进行革命，国民经济将以生产资料社会所有制为基础，最终消灭人剥削人的关系；经济将依据社会主义的经济规律来发展，国民经济计划将成为经济发展和管理的基本原则；实践中的合作主义将成为进行社会主义变革的重要原则。新宪法还规定，政府官员和议员必须是圭亚那公民。人大党政府对政府官员实行圭亚那化，加强了人大党对政府的领导，在党内实行权力高度集中；注意缓和种族矛盾，特别注意搞好同印度族人的团结。

在经济社会方面，在20世纪70年代伯纳姆政府实行"拥有、控制和开发圭亚那资源"的政策，通过赎买等方式实现了铝土、蔗糖、林业、航运、机械工程、油漆等部门外资企业的国有化。至 1977 年国有经济约占国民生产总值的 80%。伯纳姆政府大力发展合作社，到 1981 年共建立 1435 个合作社，社员人数达 13.5 万人。但合作经济在国民经济中占的比重不大，为 5%—8%。政府设立了合作社部，由伯纳姆亲自兼任部长，政府还建立了合作学校，开办了合作银行。

在外交方面，奉行不结盟政策，主张同各国友好，支持各国民族解放运动，反对超级大国对外侵略扩张。1972 年圭亚那同中国建交。

在 20 世纪 80 年代前期，由于圭亚那经济形势不断恶化，"合作社会主义"理论不断遭到不少批评。1985 年 8 月 6 日伯纳姆去世后，继任总统和人大党领袖的原第一副总统兼总理休·德斯蒙德·霍伊特（Hugh Desmond Hoyte，1929—2002）多次表示圭亚那不放弃"合作社会主义"；但在实际上，霍伊特在 1985 年 12 月 9 日举行的大选中当选总统后，在其任内（1985—1992）所采取的措施，如国有企业私有化、强调党政分开、注意发挥个人作用、关闭一些长期亏损的合作社等，同伯纳姆已有很大区别。1987 年 1 月，霍伊特公开宣称其政府从"合作社会主义"开始后退。1988 年霍伊特政府制定了新的投资法，规定所有经济领域向外资和国内私人资本开放，宣布"国有化时代"已结束。在 1992 年大选中，人民进步党获胜，人大党失败。人民进步党政府不再执行合作社会主义的政策。①

五　委内瑞拉争取社会主义运动的新社会主义

新社会主义是委内瑞拉争取社会主义运动主要领导人在 20 世纪七八十年代提出的理论。

委内瑞拉争取社会主义运动成立于 1971 年 1 月，它是从委内瑞拉共产党分裂出来的。20 世纪 60 年代末，委共内部发生激烈争论。曾领导和参加过 20 世纪 60 年代反政府武装斗争的政治局委员庞佩约·马克斯（Pompeyo

---

① LEE, Franz J. T.; La Evolución e Involución del, Socialismo Cooperativista " en Guyana, 1930, 1984. Mimeo., Mérida: CEPSALULA, 1985; Involuci［on del Socialismo Cooperativista en Guyana despues de Burnham, http：//www. geocities. com/maymartin2001/notas. html.

Márquez，1922—）、特奥多罗·佩特科夫（Teodoro Petkoff，1932—）不同意总书记赫苏斯·法里亚（Jesús Faria，1935—1995）等否定60年代的武装斗争，反对死守"反帝土地革命"的传统公式，反对法里亚等支持苏联1968年侵略捷克。1970年12月，马克斯和佩特科夫等22名中央委员宣布退出委共，并于1971年1月14日召开"一大"正式成立争取社会主义运动。

从佩特科夫发表《捷克斯洛伐克：社会主义问题探讨》（1969）、马克斯发表的《帝国主义依附性和大庄园制》（1968）和《走向新多数》（1979）等著述来看，委内瑞拉争取社会主义运动的新社会主义理论的主要主张是：

（1）主张"革新"马克思主义理论，保留其真理性内容，克服其"局限性"。认为无产阶级革命和无产阶级专政的学说已"不适用"，提出用"新的社会集团统治"代替"无产阶级专政"；认为民主和自由没有阶级性，民主是阶级斗争的历史成果，既反映了统治者的心愿，又反映了人民群众的心愿；"自由既不是资产阶级的，也不是无产阶级的，自由就是自由"。强调经济基础决定上层建筑是"纯经济观点"；认为少数服从多数，下级服从上级，是任何团体都自然遵循的原则，并不是什么列宁主义的民主集中制。

（2）批判现存的社会主义模式。认为现存社会主义（包括苏联、东欧国家）在政治上没有建立起比资本主义更高的民主，在经济上用国有化代替了社会化。认为现存的社会主义有许多弊端，不能鼓舞人们去为变革而斗争，必须公开批评这些弊端，以取得本国群众的信任。

（3）提出建立一个既取代资本主义又取代现存社会主义的新社会主义，即"民主的、多元的、主权的、人民自治的委内瑞拉式的社会主义社会"。在政治上，主张实行多元化的民主，不搞一党专政，而实行多党制，尊重在法律范围内活动的一切政治派别和宗教信仰，允许不同政见和政治派别存在。在经济上，主张实行社会化的自治经济，把资本主义所有制变为社会所有制，不搞单一的国家所有制，实行多样化的所有制，逐步建立和扩大自治经济。在国际政策方面，主张独立自主的国际政策，支持世界一切争取独立和社会主义的斗争。

争取社会主义运动成立后，利用资产阶级代议制民主和合法地位，通过竞选活动和议会斗争宣传自己的纲领主张，扩大自己的影响和力量。自1973年起，争取社会主义运动参加了历次大选，是国内主要政党之一。争取社会主义运动曾在两次大选中提名何塞·比森特·兰赫尔（José Vicente Rangel，1929）为总统候选人，得票均占第三位，但两次得票率均不超过5％。在1993年大选中，争取社会主义运动支持前总统拉斐尔·卡尔德拉（Rafael Caldera，1916—）当选总统，该党党员曾一度成为卡尔德拉政府部长，但后来，该党不再支持卡尔德拉政府。

在1998年大选中，争取社会主义运动参加了由查韦斯领导的"第五共和国运动"、大众党、共产党等十几个左翼政党组成的选举联盟"爱国中心"，推举查韦斯为候选人，在大选中获胜，查韦斯当选并就任总统。争取社会主义运动曾一度成为执政党之一。但后来，党内发生分裂，大多数党员不再支持查韦斯政府，一部分支持查韦斯的党员另成立争取社会民主党（Por la Democracia Social，PODEMOS）。目前争取社会主义运动在民众中的影响力不大。争取社会民主党直到2007年一直支持查韦斯政府，2007年后不再支持查韦斯。2008年，争取社会主义运动和争取社会民主党达成和解，两党有可能合并。

六 拉丁美洲社会民主主义

拉美社会民主主义是拉丁美洲地区主要政治思潮之一。社会民主主义又称民主社会主义。拉美的社会民主主义思潮源于第二国际。19世纪末20世纪初，社会民主主义开始从欧洲传入拉丁美洲。自20世纪70年代起，特别是在80年代末和90年代初东欧剧变、苏联解体之后，拉美社会民主主义在拉美的影响进一步扩大。

社会党国际在拉美影响的扩大主要表现在：（1）建立了社会党国际拉美地区机构。20世纪70年代末，社会党国际在拉美成立了社会党国际拉丁美洲和加勒比地区委员会，竭力吸纳成员党，推行社会民主主义道路。1986年在乌拉圭首都蒙得维的亚召开了第一届拉美社会党协调委员会代表大会，拉美社会党协调委员会正式展开活动。2003年10月27—29日社会党国际在巴西圣保罗举行了第22次代表大会，拉美社会民主主义的地区联合以及同其他地区的社民党联系加强。（2）队伍不断壮大，20 世纪 60 年代加入社会党国际的拉美政党只有 6 个，70 年代中期增至 16 个，80 年代前半期，增至 18 个，其中有 11 个正式成员党，7 个咨询成员党。到 2008 年 6 月 30 日至 7 月 29 日在希腊雅典召开的社会党国际第 23 次大会，加入社会党国际的拉美政党已增加到 37 个。① （3）群众基础不断扩大，无论是党员人数还是所控制的群众组织人数都有增加。（4）政治影响不断扩大，近 20 年来通过大选上台执政的拉美社民党越来越多。

目前，拉美地区属于这一思潮的政党已不下 60 个，不少党现在是执政党或参政党；有的党曾执过政，现在野；还有一些党从来没有执过政，一直是在野党。

根据拉美的实际情况，属于拉美民主社会主义思潮的政党共有三类：

第一类是已加入社会党国际的党。

到 2008 年社会党国际第 23 次大会时，已加入社会党国际的 37 个拉美政党中，正式成员党有 27 个：阿根廷社会党、阿根廷激进公民联盟、阿鲁巴人民选举运动、巴巴多斯工党、巴西劳工民主党、智利争取民主党、智利激进社会民主党、智利社会党、哥伦比亚自由党、哥斯达黎加民族解放党、库拉索新安的列斯运动、厄瓜多尔民主左派党、危地马拉希望民族团结党、海地社会民主党人汇合党、牙买加人民民族党、墨西哥民主革命党、墨西哥革命制度党、尼加拉瓜桑地诺民族解放阵线、巴拉圭二月革命党、巴拉圭团结国家党、秘鲁人民党、波多黎各独立党、多米尼加革命党、乌拉圭社会党、乌拉圭新空间党、委内瑞拉民主行动党、委内瑞拉争取社会主义运动。其中危地马拉希望民族团结党为新吸收的正式成员党；巴拉圭团结国家党和委内瑞拉争取社会主义运动原为咨询成员党，现为正式成员党。

咨询成员党 8 个：安提瓜工党、多米尼克工党、危地马拉民主社会汇合党、巴拉圭进步民主党、圣基茨和尼维斯工党、圣卢西亚工党、圣文森特和格林纳丁斯统一劳工党、委内瑞拉争取社会民主党。其中安提瓜工党、危地马拉民主社会汇合党、巴拉圭进步民主党和委内瑞拉争取社会民

---

① http：//www.lainternacionalsocialista.org/.

主党为新吸收的咨询成员党。

观察员党 2 个：哥伦比亚民主变革中心、海地人民斗争党。其中哥伦比亚民主变革中心为新吸收的观察员党。

其中有的党如秘鲁人民党、哥斯达黎加民族解放党、乌拉圭新空间党、尼加拉瓜桑地诺民族解放阵线、智利社会党、智利争取民主党、危地马拉希望民族团结党①、巴拉圭二月革命党、巴拉圭团结国家党②等目前正在执政。

第二类是未加入社会党国际的传统社会党，1986 年有 12 个，它们均参加了"拉美社会党协调委员会"，目前加入这一委员会的拉美政党已增加到 20 多个，其中一部分是社会党国际成员，有一部分不是社会党国际成员。不是社会党国际成员的政党有：阿根廷民主社会党、阿根廷人民社会党、自由玻利维亚运动、巴西社会党、巴西劳工党③、厄瓜多尔社会党—广泛阵线、秘鲁革命社会党等。

第三类是既未加入社会党国际，也不属于传统社会党，但明确信奉社会民主主义的政党，如哥伦比亚坚定者运动、墨西哥社会民主党等。

同欧洲民主社会主义一样，拉美民主社会主义既批评资本主义，又反对共产主义，标榜走"第三条道路"；主张阶级合作，反对阶级斗争，宣扬资产阶级民主和议会道路，认为资本主义可以"和平长入"社会主义。不同的是，欧洲社会党在最初以科学社会主义学说为指导思想，甚至在共产国际成立后，还以拥护马克思主义作为幌子来反对列宁主义，而拉美的社会民主主义，除少数党在某一段时期（如智利社会党在阿连德任党的主席和就任总统时期曾提出"在尊重法制、体制和政治自由的条件下，改变资本主义"，要在智利建立世界上"第一个民主、多样化和自由样式的社会主义"。）以外，多数党从一成立起就是反对马克思主义的。另外一点不

① 危地马拉希望民族团结党主席阿尔瓦洛·科洛姆作为该党提名的总统候选人在 2007 年 11 月 4 日大选中胜出并于 2008 年 1 月 14 日就任。
② 巴拉圭二月革命党、巴拉圭团结国家党是巴拉圭爱国变革联盟的成员党，在 2008 年 4 月 20 日大选中，爱国变革联盟的候选人费尔南多·卢戈当选为总统并于同年 8 月 15 日就任。
③ 巴西劳工党领袖、总统卢拉曾否认劳工党是社民党，认为劳工党是社会主义政党。但一般都将巴西劳工党视为社民党。

同的是，拉美社会民主主义的政党大多都提倡"第三世界民族主义"，或民众主义，不少党的名称并不称作社会党或社会民主党，而称作"运动"、"民族解放阵线"，如委内瑞拉争取社会主义运动、尼加拉瓜桑地诺民族解放阵线等。拉美社会民主主义的政党中，有传统的社会民主主义党，也有具有民族主义倾向的政党和一批新兴的中产阶级政党。从这些政党的共同特点可以看出拉美社会民主主义的主张：

（1）主张多元政治，允许不同观点并存，允许各阶级参政，因此应实行多党制和竞选制。大多数拉美社会民主主义政党认为，要实现社会民主主义，不能只依靠一个阶级，必须依靠"多阶级联盟"，其中包括工人、农民、企业主、农场主和中间阶层。主张用"革命的改良"，即通过选举、思想教育、对现存社会结构进行和平改造的办法，来实现社会民主主义。

（2）提倡混合经济，认为自由经济造成贫富悬殊，两极分化，而公有制经济会导致"极权主义"，而实现混合经济体制可以实现公有制和私有经济共处，国营、私人和合作社企业同时发展。

（3）倡导社会正义，强调国家应起调节者作用，要关心所有人，要尊重个人的权利和自由。

（4）拉美社会民主主义政党认为，社会民主主义的最终目标是建立自由、民主、平等和正义的新社会，认为拉美社会民主主义理论的来源不是马克思主义的思想体系，而是植根于基督教伦理、人道主义和联盟民族解放运动领袖们的思想。拉美多数社会民主主义政党都自称主张第三世界民族主义，提倡拉美民族主义或民众主义，主张拉美团结和一体化。

（5）拉美社会民主主义政党执政的政府如目前正在执政的秘鲁人民党加西亚政府、哥斯达黎加民族解放党阿里亚斯政府、乌拉圭新空间党巴斯克斯政府、尼加拉瓜桑地诺民族解放阵线奥尔特加政府、智利社会党巴切莱特政府等，一般都实行改良主义和民族主义政策，它们把建立和完善议会民主制作为一项首要任务，反对军人执政和个人独裁。将重要部门控制在国家手中，允许其他部门实现私有化并吸收外国资本，进行温和的土地改革，推动工业化，发展民族经济，实行社会福利措施，对外实行多元外交和不结盟政策，强调拉美一体化和第三世界团结，把建立国际经济新秩序作为对外政策的重要目标，奉行对中国友好的政策。

需要指出的是，尽管属于同一个思潮，拉美的社会民主主义政党的政治取向不尽相同。有的偏左，被认为是左派政党，如：智利社会党、墨西哥民主革命党、乌拉圭新空间党、尼加拉瓜桑地诺民族解放阵线等。有的属于中中间党或中左党，如墨西哥革命制度党；有的中间偏右，如哥斯达黎加民族解放党等。

近年来，拉美社会民主主义思潮又有些新的变化，主要变化是：

（1）拉美社会民主主义作为拉美地区的一种主要政治思潮，在拉美发挥着重要作用。拉美社民党作为中左翼政治力量之一，在一定程度上迎合了中下层群众的要求，起到了作为大多数劳动群众代言人的作用，也赢得了这部分选民的支持，获得了比以前更有利的发展空间。拉美多数社民党政府如智利社会党巴切莱特政府、巴西劳工党卢拉政府、乌拉圭广泛阵线巴斯克斯政府等属于温和左派或中左派政府，其政策相对比较平稳，不像拉美其他一些激进政党和政府那样大起大落，它们的民众支持率比较高。但是，拉美社会民主主义同时又有明显局限性。拉美社会民主主义并不主张从根本上改变资本主义的根本制度，而只是对资本主义的弊病进行了某些改正。拉美社会民主主义有其难以克服的根本局限性，它虽然对资本主义制度进行了一些批判，但这种批判更多地停留在伦理道德层面，没有从生产力和生产关系、经济基础和上层建筑的基本矛盾中把握资本主义的固有矛盾；拉美社会民主主义否定马克思主义关于人类社会由低级向高级发展的规律，否定了社会主义代替资本主义的历史必然性。因此从根本上说，拉美社会民主主义不可能彻底改变资本主义制度，也就不可能建立真正的社会主义制度。尽管有少数拉美社民党目前还打出社会主义的旗号，如巴西劳工党提出劳工社会主义，但从本质上来看，拉美社会民主主义思潮不是科学社会主义，而是一种资产阶级改良主义思潮。

（2）目前社会民主主义已成为拉美多数中左翼政党和组织的主要价值取向。一般说，大多数拉美社民党可归属于中左翼政党。然而，拉美社民党的政治倾向也不尽相同，有的比较激进，如尼加拉瓜桑地诺民族解放阵线、墨西哥民主革命党等；有的中间偏左，如智利社会党、乌拉圭新空间党等；有的属于中间派，如墨西哥革命制度党、秘鲁人民党等；有的中间偏右，如哥伦比亚自由党、哥斯达黎加民族解放党等。因此，我们在分析拉美社民党和社民党执政党政府时，应具体情况作具体分析。

（3）拉美社会民主主义与新自由主义的关系。拉美社会民主主义对新自由主义的态度具有两重性。一方面，它对新自由主义持一定的批判态度；另一方面，在实际上，当前拉美执政的社民党政府的政策主张，特别是经济政策的主张仍明显地受到新自由主义的影响。在对待新自由主义问题上，拉美社民党的态度也不尽相同。其右翼更多地倾向于新自由主义，中派则摇摆不定，左派则对新自由主义持比较坚定的否定和批判态度。可以预料，在相当长时间内，拉美社会民主主义和新自由主义两大思潮仍将相互抗衡和制约，不可能合二为一。

七　拉丁美洲基督教民主主义

拉丁美洲基督教民主主义是拉美有重要影响的政治思潮之一。基督教民主主义于19世纪末开始在拉美传播，同时就有萌芽状态的基督教民主主义组织出现。20世纪30年代拉丁美洲基督教民主主义有一定发展，第二次世界大战后，逐渐发展成为拉美政治舞台上的一支重要政治力量。1947年4月23日在乌拉圭蒙得维的亚成立"美洲基督教民主组织"。20世纪60年代以来，它在拉美的影响不断扩大。目前，拉美地区属于这一思潮的政党有40多个，其中有的党现正在执政，如阿根廷的正义党、墨西哥的国家行动党、智利的基督教民主党等；有的曾执过政或参过政，如哥伦比亚的保守党、乌拉圭的白党、委内瑞拉的基督教社会党、哥斯达黎加的基督教社会团结党、多米尼加基督教社会改革党等。

根据拉美的实际情况，属于拉美基督教民主主义思潮的政党有两类：

第一类是已加入"中派民主国际"（La InternacionalDomócrata de Centro, IDC）或"美洲基督教民主组织"的拉美政党。"中派民主国际"成立于1961年，最初名称是"基督教民主世界联盟"（Unión Mundial Demócrata Cristiana），后改名为"基督教民主国际"（Internacional Demócrata Cristiana），1999年再次改名为"中派民主国际"。其总部在比利时首都布鲁塞尔，参加该组织的共有世界77个国家的103个政党，其中有拉美和加勒比地区 23 个国家和地区的 30 个政党（29 个为正式成员党，1 个为观察员党）。①

"美洲基督教民主组织"属于"中派民主国际"在美洲地区的组织，现已加入"美洲基督教民主组织"的有拉美 25 个国家和地区的 35 个政党（30 个成员党和 5 个观察员党），② 其中大多数是"中派民主国际"的成员党。这些政党有的名称并不是基督教民主党或基督教社会党，如阿根廷的正义党、墨西哥的国家行动党、巴西的民主党（原巴西自由阵线党，2007 年 3 月 28 日改名）、苏里南进步人民党等。

拉美的基督教民主党还有：阿根廷、萨尔瓦多、玻利维亚、危地马拉、洪都拉斯、乌拉圭、巴拉圭的基督教民主党，厄瓜多尔的基督教民主联盟，秘鲁的基督教人民党和基督教民主联盟和巴拿马的人民党等。

第二类是信奉基督教民主主义，但尚未加入美洲基督教民主组织或基督教民主国际的拉美政党。

拉美基督教民主主义宣称要走"第三条道路"，"既唾弃自由资本主义的人剥削人，又唾弃极权国家剥夺人的自由"，主张以社会正义反对资本主义，以自由反对共产主义，以天主教教义为其哲学观点和思想理论准则，通过合法的政治行动实现基督教的社会理想。

拉美基督教民主主义的基本主张是：

（1）认为历史是以"精神为本原"即"精神第一"，不承认经济起决定作用及社会发展有一定规律。

（2）主张建立不同于资本主义制度，也不同于社会主义制度的"共有社会"，即"自由、平等、互助、和平的社会"，对现有政治经济制度进行改革。在政治上，实行"完全的民主"，即个人的民主、多元的民主、共有民主、参与的民主、有机的民主。在经济上主张建立"共有经济"以消灭阶级鸿沟，即限制私有制，多种所有制并存，在经济部门建立共有关系，鼓励工人自治企业发展，让工人入股，参与分红等。

---

① 参加"中派民主国际"的拉美和加勒比政党名单，参见：http://es.wikipedia.org/wiki/Internacional_Dem%C3%B3crata_Cristiana.

② 参加"美洲基督教民主组织"的拉美和加勒比政党名单，参见：http://www.odca.org.mx/miembros.html.

（3）主张改良，反对暴力。

（4）主张国际正义，要求强国富国承担更多的义务，以利于穷国弱国的发展和建立国际新秩序。

从拉美基督教民主主义政党执政的实践来看，它们实行的是改良主义和民族主义政策。在政治上，信奉基督教的社会伦理和人道主义原则，主张实行多元化的代议制民主，扩大民众的参与，建立"民主社会"和"共有社会"，按宪法规定限期举行大选，允许反对党合法活动；在经济上，坚持发展民族经济，实行一些改革措施，如在 20 世纪六七十年代实施的土改、国有化、工业化，八九十年代以来实行的扶贫政策等；在对外关系方面，坚持民主民族主义，实行多元外交；侧重发展同美国的关系，争取美国援助，但力求摆脱对美国的依附，反对美国的控制和干涉；注意加强同欧洲国家的关系，积极推动拉美一体化，强调发展中国家的团结。

20 世纪 90 年代，拉美国家已普遍还政于民，为基督教民主主义政党的复苏和发展创造了条件。除各国原有的基督教民主党继续发展外，一些民众主义政党如阿根廷的正义党等和右翼政党如墨西哥的国家行动党等在这一时期也陆续加入到基督教民主主义政党的行列。到 20 世纪末，拉美基督教民主主义政党进入"黄金期"，与拉美社会民主主义政党共同控制拉美政坛，不少拉美基督教民主主义政党先后上台执政。

进入 21 世纪后，拉美基督教民主主义政党开始走下坡路，由于不少政党在 90 年代推行新自由主义经济政策，加上一些政党党内腐败现象严重，因此力量下降，以致失去执政地位。如委内瑞拉基督教社会党、哥斯达黎加基督教社会团结党、多米尼加基督教社会改革党、哥伦比亚保守党等均丧失了执政地位。但仍有一些拉美基督教民主主义政党保住了执政地位，如阿根廷的正义党、墨西哥的国家行动党等。由于历史渊源和所代表的利益集团的不同，拉美各基督教民主主义政党的政治立场也不尽相同，有的党如阿根廷的正义党属于中左派政党，有的如墨西哥国家行动党属于中间偏右，而大多数拉美基督教民主主义政党属于中间派。

（原载刘迎秋主编《社科大讲堂》国际问题卷，经济管理出版社 2011 年版）